Best Time

实之华之均为过往,
飞飓兮飘零兮终须安住。

1998年，微软公司总裁斯蒂夫·鲍尔默访华，我在北京香格里拉酒店门口迎接他。

1999年3月，微软公司主席比尔·盖茨访问深圳期间，与中国PC界大佬们见面。

1998年8月31日，Windows 98发布会的温暖结尾，孩子们在台上唱《让世界充满爱》。

1998年12月，微软SQL7.0发布会上主旨演讲。

1998年11月,任职微软(中国)总经理期间,企业教练莫师傅通过两天两夜的熔炼将临时拼凑的团伙修炼成团队,一颗颗金沙合成了一块金子。

我当时对莫师傅说:"我退休以后,也想做个企业教练,在中国做。"很久以后,我成为企业家教练,应该就是那时埋下的种子开出的花朵。

1998年12月,微软(中国)新年晚会。
背景中的男人们是我喜爱的精英团队。

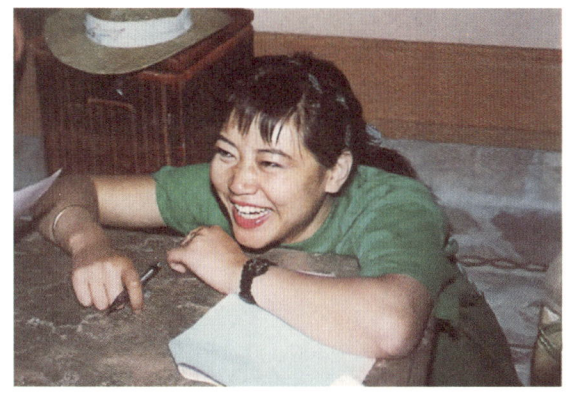

1992年，在IBM做销售员时拿到最高销售奖，在夏威夷享受"金圈奖"（Golden Circle）。

那天在做有趣的小组活动，每组用纸板和胶带做出舢板或小船，全组乘坐上去，推到海水中，看哪个组的"船"走得最远。我组没得到名次，但是很开心。

1996年，主持IBM中国有限公司深圳分公司开业典礼。

那时从广州去深圳还要通行证呢。

1996，IBM服务器全球路演广州站，做开幕致辞。

1997年回到北京时，抓空儿拍几张"艺术照"。

1996年9月，在IBM任华南分公司总经理期间。

2000年11月，在西藏拜见著名高僧波米·强巴洛珠活佛。

2000年，哈佛论坛演讲前，邂逅时任驻美大使的前外交部部长李肇星。
我们在美国现代博物馆前合照。

2006年秋季，诺贝尔和平奖得主、《穷人的银行家》作者穆罕默德·尤努斯教授来到清华大学演讲。

尤努斯教授坚持要我到场，于是，我围着厚厚的护腰出席活动了，我这个译者与有荣焉。

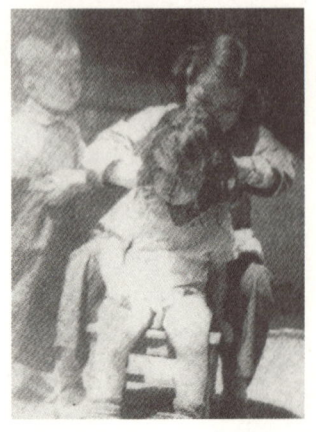

小时候。
小小的人儿,出生刚满57天就被送到托儿所全托,后来升入幼儿园,还是全托。

1983年,大病初愈后,头发重新长出来,自己动手弄得卷了一些,以掩饰参差不齐的头发。

看那张横向的脸,医学名称是"满月脸",长期服用激素的典型表征。

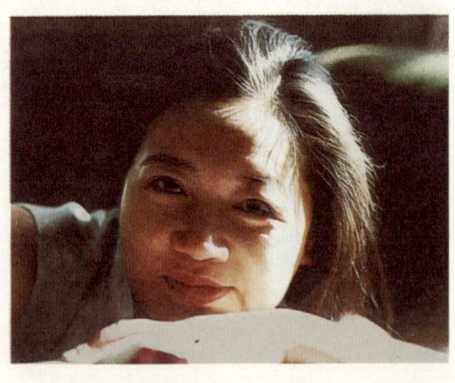

1999年10月,《逆风飞飏》出版前,多年未曾享有的短暂闲适。

2002年，我和狗娃们，毛毛、格格和甜甜。

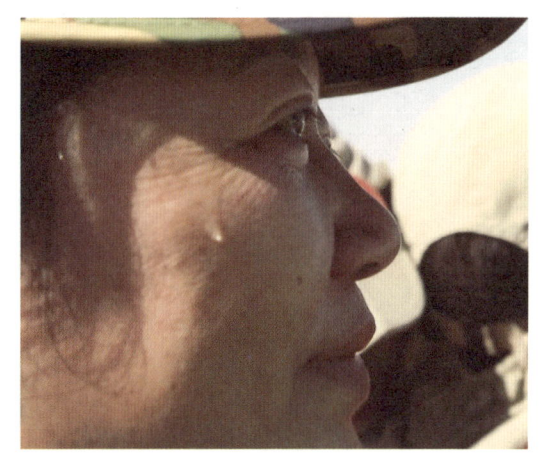

2015年9月，戈壁之行。
见天、地、人，风尘满面，热泪滚烫，洗刷心灵以至纯粹。

2016年11月，巨债清偿在即，心情大好。

2017年，本是临时学几下子，却不料遇见了我的灵魂乐器。从此，鼓舞余生。

2022年10月,《越过山丘》出版后的小庆功宴。我和书中的角儿及几位缘分深厚的朋友欢聚一回,画外有酒有菜有烤全羊。

令我有点得意的是,二十三年后再穿这件套装,依旧很合身。

2000年,初到TCL,拍的个人形象照。

逆风飞飏

— 增订版 —

吴士宏 著

光明日报出版社

图书在版编目（CIP）数据

逆风飞飏 / 吴士宏著 . -- 增订版 . -- 北京：光明日报出版社，2023.5

ISBN 978-7-5194-7116-3

Ⅰ . ①逆… Ⅱ . ①吴… Ⅲ . ①吴士宏－事迹 Ⅳ . ① K825.38

中国国家版本馆 CIP 数据核字（2023）第 049943 号

逆风飞飏（增订版）
NIFENG FEIYANG（ZENGDINGBAN）

著　　者：吴士宏	
责任编辑：许　怡	策　　划：何亚娟
封面设计：棱角视觉 ANGULAR VISION	责任校对：蔡晓亮
责任印制：曹　净	

出版发行：光明日报出版社

地　　址：北京市西城区永安路 106 号，100050

电　　话：010-63169890（咨询），010-63131930（邮购）

传　　真：010-63131930

网　　址：http://book.gmw.cn

E - mail：gmrbcbs@gmv.com

法律顾问：北京市兰台律师事务所龚柳方律师

印　　刷：三河市金元印装有限公司

装　　订：三河市金元印装有限公司

本书如有破损、缺页、装订错误，请与本社联系调换，电话：010-63131930

开　　本：170mm×235mm		印　　张：20.75	
字　　数：299 千字		插　　图：27 幅	
版　　次：2023 年 5 月第 1 版		印　　次：2023 年 5 月第 1 次印刷	
书　　号：ISBN 978-7-5194-7116-3			
定　　价：79.80 元			

版权所有　翻印必究

实之华之均为过往,
飞飏兮飘零兮终须安住。

——自题

推荐序一
凡人的英雄之旅

看吴士宏老师的《逆风飞飏》和《越过山丘》，总让我想起《荷马史诗》。《荷马史诗》也是分为两部——《伊利亚特》和《奥德赛》。

前一部《伊利亚特》，讲的是英雄征战的故事，攻城略地、出生入死、英勇拼杀，去成就一番功业。后一部《奥德赛》，讲的却是英雄回家的故事。英雄奥德修斯忽然发现，原来一腔英勇都不管用了。他要面对的是不可战胜的巨人、女妖塞壬的诱惑，以及无数阻碍他回家的迷途陷阱。与战场的拼杀不同，他的敌人变成了他自己。故事的最后，奥德修斯所率领的浩浩荡荡的船队一艘艘沉没。

这个著名的英雄，只能像个无助的孩子，抱着一根木头逃生。而正是这根木头，把他带回了家乡的海滩。

不用怀疑，那同样是一段英雄的旅程。只不过，它需要的是另一种英勇，跟《伊利亚特》不一样的英勇。

吴士宏老师人生的前半部分，就是《伊利亚特》。她成名很早，在我读书的时候，她就已经是大众偶像和江湖传说。读完这本《逆风飞飏》，你会更好地理解为什么她能够成为大众的榜样。

吴老师的起步并不高，错过了高考，又生了大病，可以说人生颇为困顿无望。可是她并不屈服于命运的安排，通过刻苦学习拿到了自考文凭，又自学英语给了自己一块敲门砖。凭着天不怕地不怕的精神，她进入IBM，又凭着努力和智慧，一步步站稳脚跟，从不知道怎么过五星饭店旋转门的懵懂少女，变成了与"王侯豪杰"同行的"打工女皇"。这是一部妥妥的励志故事。

现在回过头看，吴老师的经历，正像中国当年发展的缩影。从贫穷落后，到重新打开世界大门。起点低却志气高，肯吃苦，能钻研，敢做梦，一步步把不可能变成了可能。就像吴老师在书里说的：

我不敢斗胆为"族人"立传，但斗胆自诩为代表性的"族员"。我也曾以"另类的中国精英"的一员无上骄傲，无尽感激。

读这本书，你仍能感受一个万物生长激情澎湃的时代，一个了不起的年轻人不断突破自我、不断成长的激情故事。你也能顺便收获很多切实的职场经验。就像英雄故事的开始，英雄跨越门槛后，才发现一个他闻所未闻、见所未见的更大的世界，等着他去驰骋。

吴士宏老师人生的后半部分，却变成了《奥德赛》。那是英雄回家的旅程。它甚至比前一段的旅程更难走，因为它要面对的，是自己的内心。在《逆风飞飏》的增订部分，吴老师坦诚地讲述了陷入窘境的那段黑暗的历史。她要面对的不只是创业的失败，也有自己的弱点。

奇怪的是，这种弱点又和年少时的优点同出一源。只不过，曾经的勇猛变成了莽撞，曾经的成功变成了不能失败的负担。吴老师因为这次失败陷入了人生低谷，和奥德赛一样，找不到回家的路。最抑郁的时候，她甚至把死亡当作了一种可能的解脱。可是最终，她还是重新站了起来，找到了属于自己的道路，把经历的失败凝聚成智慧，把走过的黑暗变成了对人性的洞察。

前一段英雄之旅充满了鲜花、观众和掌声。后一段英雄之旅，没有鲜花、没有观众、没有掌声，甚至没有胜利可言。可是如果让我说，我会觉得，那是一段更了不起的旅程。它收获的是另外的奖励，把吴老师变成了充满敬畏而又内心开阔的人。

就像英雄故事的结尾，归来的英雄带着他冒险旅程中的礼物回家，变成了新一代英雄出征的守护者。而吴士宏老师也成了一名成功的教练，把她那么多年的经验——成功的、失败的、光明的、黑暗的，都变成了可以传授给年轻人的财富。这真是英雄最好的归宿。

作为一个研究自我转变的心理咨询师，我喜欢吴老师的这两本书。它们代表了生命的两个不同阶段，两段不同的征程所取得的两种不同的成就。也因此，吴老师变成了我们两种不同的榜样：外在的成功和心灵的成长。

陈海贤
心理学家
2023 年 1 月 27 日

推荐序二
命运的河流

命运是什么？

雄伟的唐古拉山脚下，一片坑坑洼洼的沼泽地，像儿时玩耍的一个个泥水坑，没有想象中的风景和奇观，反而到处是荒凉和贫瘠，就是这么一个不起眼的地方。然而它是长江的源头。

这样一个一脚踩下去就可能断流的孱弱流水，日后如何呼啸而成虎跳峡的凶险激流，又如何撑起八百里洞庭的丰美，又如何号令着自己6397公里[1]波澜壮阔的身姿毫不犹豫地归入大海？

现在，大幕拉起，一出命运大戏即将上演。

登台的有一个"生而自卑"的孩子。穿着一双挤脚的鞋子。

一个护士。但她不甘心成为一个护士。

一个梦想进入外企的打工人。但又不甘心成为一个打工人。

一个名人，四处上电视，还被总理接见。

一个激情满怀、雄心勃勃的海派创业者。

一个抑郁症患者，每天把自己反锁在房间里。

一个孑然一身却幸福的白发女人。

一个企业家教练，每天聆听与解惑。

故事就这样开始了。

开始穷孩子并不觉得穷是个问题，大家都是一样的灰色、差不多的穷，闭

---

[1] 一般提到长江的长度，仍以沱沱河为源头，全长6300余公里，但涉及具体长度，可采用6397公里。（《长江志：卷一 流域综述 水系》，长江水利委员会水文局 编）

——编者注

塞和无聊才要命。所以，穷孩子发奋读书，好好学习，中考考了全年级第二名。然而即便这样，因为家庭穷困，她还是失学了。

那个护士其实不是正规培训出来的，而是被分配去的。她每天洗针管针头，学打针，做杂活，但她毫无怨言，比起更多上山下乡的同龄人，该知足了。然而命运跟她开了玩笑。她生病了，得的还是罕见的血液病，就这样从护士切换成了绝症病人。命运又跟她开玩笑：几拨医生对她的病持不同看法，争持不下，按不同的方案轮番治疗，结果，她卧床四年，被报了三次病危。

梦想进入外企的打工人正在接受面试，对方问她你会打字吗。连打字机都没见过的她一咬牙说会，然后借了二百元巨款买了一台打字机，在自己的出租屋里苦练打字，终于蒙混过关，进入外企，做了一名勤杂工。五星级酒店的办公场所更衬出她在底层的卑微，甚至连一个前台都可以诬陷她偷喝了自己的"上等"速溶咖啡。

那个女名人，开着红色法拉利主持产品发布会，每次亮相，中外记者都会聚一堂。央视的一档对话节目里，有位企业家当着她领导的面给她开一亿元年薪。她被《财富》杂志评为"全球最具影响力的 50 位女性"。

而另外一个创业者就没她这么风光了。20 世纪八九十年代，互联网创业方兴未艾，不少中西合璧的商业模式在中国迅速落地生根，并在未来取得耀眼的成功，而她的项目很不幸，沦为失败项目中的一个。

抑郁症患者有一天推开了门，不过不是研究活法，而是在琢磨死法。比如，什么样跳楼的姿势可以保证头不先着地？这个问题的难度不亚于哥德巴赫猜想。追求完美的抑郁症患者一遍遍地在脑海里推算演习，于是侥幸活了下来。

那个独身的女人，居住在一栋临湖的有点年头的别墅里，但并没有活成刻薄古板、日暮西山的模样，而是打架子鼓，弹钢琴，剃个朋克头，一人组了一个乐队，日子不知道有多潇洒。

企业家教练则很淡定，每天面对无数的焦虑、失意、愤懑者，这些人大都被世俗的名利和处事规则困扰，一身雄心壮志奈何浑身的枷锁，而她只是轻轻一问："你到底想要什么？"就扼住了所有人的七寸，救人于无形。

那么，作为观众，在你眼里，她们哪个人的人生更成功呢？或者更有意义，又或者更有意思呢？

相信每个人都会做出自己的选择。

那么，如果换作是你，你愿意过她们哪个人的人生呢？

相信大部分人都会犹豫，或者不选择任何一项。

因为估计每个人还是只想做自己，毕竟自己的人生还有一大片未知地呢。

什么是命运？

命运是一条孤独的河流。

是一摊泥水，还是潺潺小溪，或是奔流的小河，咆哮的大江大河，静谧却也恐怖的大海？

谁也决定不了它的流向、它的版图，除了你自己。

现在，大戏拉开了下半场的大幕。

所有演员包括导演却仍只有一人。

字幕表上打着"吴士宏"三个字。

没有编剧。

因为人生并不会给每个人预设剧本。

人生到底怎样才是有意义的？

心理学家维克多·弗兰克尔，第二次世界大战的时候曾被关进纳粹集中营，经历了地狱般的摧残后侥幸逃生，成为心理学家，人们经常问他这个问题。他说与其纠缠人生意义这个问题，不妨先问问自己，你为什么不自杀呢？

不自杀的理由就是你当下活着的意义。

我们习惯于从别人的故事里尤其是名人的故事里窥见成功的密码。但其实人生最大的意义在于经历。

吴士宏没有比利[1]的24重人格，却体验了很多种人生。而绝大多数人，要么为了活着，要么为了名利，戴着紧箍过完一生，到死也翻不出命运的五指山。吴士宏不甘命运的操纵，用一双手奋力挣脱，用一双脚尽情奔跑，勇敢打破了人生的边界和命运的束缚，最后，痛苦都开出了花朵，崎岖都变为风景。问汝平生功绩，高峰低谷山丘。

历史上很多真正大彻大悟的人，走到人生尽头时，真的是挥一挥衣袖，不带走一片云彩，更不会留下什么。他们烧掉日记，散去珍藏，甚至毁掉自己一生的作品，纵然一张大白纸留在自己眼前，却不着寸字，一张大白卷交代此生，了却身前身后事。就连李叔同也仅仅给世人留下了"悲欣交集"四个字。

而吴士宏的命运大戏还没落幕。

她不过六十几岁而已，尚还年轻，在渡人渡己的这条路上，正在潜心修炼，且渐渐上瘾。所以，趁着自己彻底大彻大悟之前，她还是会在当下调皮地制造一个戏剧的旋涡，制造出另一种可供观赏的高潮大戏——很多人看到她白发苍苍的现在，惊讶得不得了，惊呼"不是说岁月不负美人吗？"在她抖音短视频里直呼受不了女神的这种反转。

但有谁能读懂她眼神里的幸福？甚至那根根白发，都留着归来仍是少年的最后的倔强和个性。相较于之前对成功的认知，她说现在自己认为的成功是你是不是快乐，是不是安稳，是不是随心，是不是充实。正如苏东坡所歌咏的："虽抱文章，开口谁亲。且陶陶、乐尽天真。几时归去，作个闲人。对一张琴，一壶酒，一溪云。"

这也正是她为自己二十多年前，也是所谓的高光时刻写下的《逆风飞飏》做全新修订和再版的原因。她写下了前面洋洋洒洒风光无限的20多万字后的3万字。这3万字正是她消失的二十年。越过山丘，她不再逆风较劲，但依然在

---

[1] 比利是美国作家丹尼尔·凯斯创作的长篇纪实小说《24个比利》故事中的主人公。他是美国史上第一位犯下重罪，却获判无罪的嫌犯，因为他是一位多重人格分裂者，可以分裂出多达24种人格。

——编者注

飞舞，而且想告诉所有人，尤其是当年的读者们，她找到了自己，也正在成为自己最想成为的样子。她为那20万字续写了最重要的3万字。而这3万字正是人生的阵眼所在。

为此，区别于市场上粉饰过头又往往有所保留的名人书，如金庸《雪山飞狐》里的那位母亲，亲手剖开自己孩子的肚子以证清白一样，吴士宏把自己的过往不加修饰地坦白了出来，是惨烈的、决绝的，但也赤裸得圣洁，令人感动。一个内心不强大的人，一个还未失去名利心的人，一个不能利他慈悲的人做不到这一点。

其实利他并不高级，仅仅是通人性而已。人生永远围绕着"要"和"给"做文章，只会盛产江湖骗子而不是大思想家，是小聪明却不是大智慧，是各取所需而不是真慈悲，但是肯低下头，甚至躺下去，成为路，让万人踏过，甚至在悬崖上纵身一跃舍身饲虎，那是真慈悲。吴士宏的经历就是悬崖上的一座桥。诸君在桥上可尽情地看风景，享受逆风飞飏的刺激，感受脚下壁立千仞的境界以及人的渺小。

那时的你，又会想到什么呢？

不管想到什么，悟到什么，那正是吴士宏写下本书的意义。

命运是一条孤独的河流，希望这本书成为你灵魂的摆渡人。

李国靖

白马时光创始人

2023年1月29日

增订版自序
旧酒加新酿，用了我一个甲子的生命

1999年10月，《逆风飞飏》出版。我12月初就去南方上班了，随即开始疯狂出差，一个多月，我在各地机场收集了13种不同的《逆风飞飏》的盗版书，其中最有"诚意"的一本，居然完全重新排版了。出版社与出版商的朋友都只能双手一摊，苦笑道："说明这书真的火了。"我忙，也顾不得这事，再去机场就绕着书摊走了，眼不见心静。

三年后，我"刻骨铭心"地开始第一次退休，出版社希望续签版权，我婉拒了，说不想再炒冷饭。

如今，二十四年过去了，为什么要再版？

缘起，是2022年，我的第二本书《越过山丘》出版了。我个人认为，这本书比《逆风飞飏》的意义更重要，更值得分享给读者。而我这个作者"神隐"江湖已久，只得再奋起精神尽我所能努力做些推广，于是，厚颜敦请各位大咖背书；出版后又做些直播，意在借各平台的流量，多卖几本书。各直播间里，观众和我互动时，竟不停地刷评道："我高中时（大学时、打工时、迷茫时……）读过《逆风飞飏》……"询问哪里能买到《逆风飞飏》的声音此起彼伏，不绝于耳。

我意识到，那本书当时陪伴的那些人也都已走过了将近四分之一世纪了啊。他们现在都好吗？他们的儿女们都已长成了吧？正在读书、择业、就业？还是创业了？想到这里，我骤然间生出了那么多的牵挂，难以想象，又有无限的想象空间，似进入了元宇宙。

深受感动的不只是我，还有众多朋友，与出版业的专业大腕。于是，有了再版的动议。

朋友们坚称,《逆风飞飏》不是冷饭,而是经过岁月,已成陈酒。酒,我喜欢,那就再诚意添些新酿,并未贪想能调众口,只是奉上诚意。

《逆风飞飏》的扉页上赫然有"实之华之兹乃兼求,顺风兮,逆风兮,无阻我飞飏",现在读来,不禁哑然失笑,好狂妄自大的女人。但那确实是我当时心境的真实表述,我真以为可以做到呢。这版增订部分,我尽量不论其他,只写自己,那么,就避不开折戟沉沙坠落深渊的经历了,那恰恰是与"飞飏"相反的方向!我以为伤疤已经愈合、记忆已被安葬,写起来才知道,撕开伤疤,仍痛,很痛。但唯其真实,才符合原书的风格,也才值得大家阅读。

这次增订,将基本保留《逆风飞飏》的原貌,但当年的那些照片可就找不全了。增写的部分,我秉承那份"真+实",若对读者有一些意义,便不负我此番刮骨之痛了。

旧酒加新酿,用了我一个甲子的生命。读者诸君,敬请品尝,自管调味自己的人生。

这版,因《逆风飞飏》的读者而起,于是,我邀请了跨世纪的读者们分享他们与《逆风飞飏》的故事,这些故事让我感动,感谢你们愿将生命的宝贵体验再一次加持《逆风飞飏》增订版,我无以回报,唯真诚尔。篇幅所限,只能选摘数篇。对投稿的众多朋友,对陪伴过《逆风飞飏》的读者朋友,致上谢忱!

感谢两位作序者,他们的文字和智慧,又为我提供了认识生命的丰富角度。

在增订版上,我题写的是:实之华之均为过往,飞飏兮飘零兮终须安住。

吴士宏
2023年1月30日

初版自序
我清醒又激情，所以我真实

写完书，像得到了超生。

不过两个月余之前还在犹豫，怯生生地试笔。回想，写书的梦断断续续做了二十几年，恍若隔世。

十四岁时就偷着写"自传体长诗"，其实就是顺口押韵的五、七言句，开始时想给自己设计好人生然后照着走，缺乏生活，越编越难。于是，修改成更宏伟的计划：要一边生活一边"自传"，写到几十年后一定是一篇巨著，而且没听说别人这么写过，侥幸可算前无古人？不幸被我妈妈破获了不健康情节，悲愤之余焚稿葬灰，从此不写日记，不读诗不"写诗"。再度梦回大约是十年前，跻身外企职业白领阶层，开始有了些自信和职业感觉，特别不平文艺作品对外企白领一族的"歪曲"描写，偶尔会说出声来："等着，回头我来写一本书，专写这优秀的一群人。"至于等到何时，完全没有计划。

这一次，清清醒醒地却被人诱导着发了梦，这个人就是后来书的编辑。在书的立意上，心里纠缠斗争了很久，最后，这本书像我，也有三条命：一条是作为职业经理人写外企的经营运作，写外企在中国市场的运作；一条是职业白领的成长历程；第三条，是我自己。

二十几年没扯过闲篇，先是忐忑能不能写出来，然后患得患失写出来好不好看。没想到，动笔以后尝到的折磨竟完全是另样的。原以为逝去的记忆突然鲜活地浮现，把岁月结成的伤疤血淋淋地撕开，我不得不数次停下来，为止住痛楚引起的颤抖，也为遏制怨叹，要坚守立意初衷——把真实的生命交到这本书里，写点儿有意义的东西……人们不需要再多一份怨叹。

写书是一件苦事，真情投入的情感震动，逼迫自己思考许多似是而非的严肃问题，加上每天十七八个小时的"自虐式"写作，真把人煎熬得失魂落魄，精疲力竭，至今还生活在晨昏颠倒的时差当中。从此以后，我再也不敢一目十行地"浪费"书籍，单凭对写书人辛苦的尊重，也要学会认真读书。

幸或不幸，我遇到的是最狠虐的编辑，一天写 5000 字竟只得个轻飘飘的"还可以"。编辑不但逼着作者写字，还逼着作者思考，后来我觉得她比我还了解我。我坚持说，她发现了书的灵魂，我们俩一同赋予书生命。岂止是赋予书生命，在书的孕育过程中，对生命意义又有了许多惊喜的"发现"！为此，我感谢暴虐的编辑兼我的好朋友。

朋友曾引诗人的句子形容我：我简单，而又丰富，所以我深刻。

我立刻狗尾续貂：我清醒，而又激情，所以我真实。

"激情"是我的天性，而"清醒"却得来不易。单有"真"是残缺的美，加上"实"，才使我在飞飏时不失根基。只有天才的深刻才能留给后世，多数平凡的人就只能真实地活着一个又一个的"今生"。我喜欢我能欣赏和理解的深刻，也喜欢精彩的真实。以前自诩读书杂而多且快，因为编辑兼着园主，一日去了万圣书园，满眼都是未读过的书，自惭形秽到冷汗涔涔。封笔后我不敢再读我的书，但凭着这份"真实"，无论它是美是丑，就让它诞生吧。康德说，"世上最美的东西，是天上的星光和人心深处的真实"，这是我理解而又同意的"深刻"。

关于书的名字有过一番激烈的争论，朋友们建议叫"摊牌"，我坚持用"逆风飞飏"，总觉得"摊牌"意味着结束，更想要那份风不息则飞飏不止的意境。终于作者获胜，书于是有了这个名字。

给我生命的父母，参与我事业和生活的亲友们，以智慧助我写作的朋友们，读我的书的人们，我欠太多人太多的感谢，让我用这本书代表我，愿我们快乐、成功！

吴士宏

1999 年 10 月 8 日

目录
CONTENTS

第一篇

微软答卷

透视外企在中国的市场运作
十四年两个帝国的切肤体验

- 003 **辞职**
- 004 摊牌
- 014 当孩子诞生（When A Child Is Born）
- 017 最后两分钟的演讲

- 023 **帝国生涯**
- 024 初入微软
- 035 市场经典——Windows 98
- 046 脚下是流沙
- 057 修炼精英
- 068 铁笼超生
- 077 人治，治人
- 089 盖茨，不魅之神
- 097 鲍尔默，微软之魂
- 106 伟大的微软

111	**终曲**	
112	结账	
117	闭幕晚会	

第二篇
IBM 真经
一个职业白领在外企的成长
一个管理精英造就的过程

125	**起步**	
126	我和一个阶层	
129	敲门	
141	求生求存	

151	**淬火**	
152	专业的风范	
162	五年销售员	
170	南天王	

181	**文化不虚**	
182	IBM 真的有文化	
192	"另类"中国精英	

第三篇
我自己
飞飏的个性成就自我实现
把命运真正握于自己之手

201	**回首**	
202	将相本无种	
205	童年五味	
215	生而自卑	

	225	**为业更要为人**
	226	女人，职业人
	234	选择飞飏的天空

第四篇

飞向深渊

自卑自尊自大，归于自识自省
问汝平生功绩，高峰低谷山丘

243	**第一次"退休"**
244	《逆风飞飏》的任性"路演"
246	刻骨铭心的"退休"
249	家居生活
252	"文化复兴运动"，居家读个"本科"
254	2003年，种下了公益的"草"
258	"疯狂的"翻译

265	**第一次创业**
267	注意力所在，能量所至
270	坐着八抬大轿去创业
275	亚马孙的蝶翅微振，已聚成头顶的乌云
279	亡羊补牢与最后一根稻草
283	梦醒时分，已在深渊
287	再回首，哪有高峰、深渊，不过是山丘而已

代跋

编一本书，读一个女人　　292

第一篇

/微软答卷/

透视外企在中国的市场运作
十四年两个帝国的切肤体验

"中国的天这么高,中国的地这么宽,我一定能找到一个足够大的舞台,再做出新的精彩和辉煌,也希望能送给媒体朋友们最想要的礼物——好新闻。"

"最后,我祝各位朋友不仅事业成功,更要健康、快乐、幸福。这也是我给我的团队和所有我关心、热爱的人的祝愿。再见。"

刚好两分钟。我最后走下微软的舞台。

辞职

摊牌
当孩子诞生（When A Child Is Born）
最后两分钟的演讲

摊牌

"乔治，现在是最后一个议题——关于我。请给我十五分钟，我有一番话要讲。"

今天与乔治开会，进行得真顺。

乔治是微软公司大中华区总监，我的顶头上司。下午3点30分开始，还不到两个小时，已经谈完三个议题中的两个：下个财年的组织、人事，还有新财年的预算报告方案。

新财年的组织架构、人事变动没费太大周折，这已是第四次讨论了，乔治基本同意我的建议。这样，后面的变数可能就会小一些。

微软的业务汇报是非同小可的事。以各国家、地区分公司为单位，层层向上汇报，每个报告起码被审理三遍：区域、大区、总裁，最后汇总至总裁和盖茨的最高管理委员会，便形成了微软的全球战略。年初为年度预算，年中为业绩策略检查，其间，总裁会率队亲临十数个子公司听现场汇报。微软中国公司自成立第二年起每年至少一次蒙总裁宠顾。"scrub"是微软为其业务汇报发明的专用语，可意译为：用铁篦梳刮。铁篦之魔法待后文另述。一年两度，微软至少有一千个经理要被"刮"掉两层皮。汇报得好坏的确攸关经理们在微软的仕途，如果听到某某人汇报作得不好被"刮"得很惨，常在被刮之后不久，就会听到或调或贬的消息，越是高层经理越是紧张。

乔治在微软只有五年，曾在美国一家不大的软件公司做过，是纯粹的美国人，有典型的微软人特征——聪明、急躁、骄傲、行动型。他来微软后升得很快,仅三十六岁就是微软大中华区的"封疆大吏"。在微软,有可能升得快,但不一定坐得稳。这毕竟是乔治第一次"降落"到前线,在此之前他从未直接做过市场营销,这也是他第一次作大中华地区年度预算报告。

乔治有足够的理由紧张,一周前我带队做的 scrub 预演实在是乏善可陈:数字逻辑不清,策略轮廓不明,各模块衔接混乱,我自己讲着都不明白,觉得脑子和口齿都不清了,八个小时的预演竟未能过完一半。乔治可不想在他的上级面前丢脸;而我们,是不想给自己丢脸——连自己明年想干什么都说不清楚?公平讲,准备得不好不是因为我们偷懒,实在是时间太短!通常年度计划都要两个多月的准备时间,而今年[1]缩短到一个月,5 月初才接到财年 2000 预算计划指南,即使是久经微软沙场的老枪们也很吃力;中国公司的经理层 90% 以上是第一次作年度计划,连我自己也是真正意义的第一次,而迟至 5 月中旬(两周前)才动手。即便终于开始动手准备了,我们的心和感情都难以集中——仍处在 5 月 8 日北约轰炸的震荡余波中。[2]

于是,我和经理班子开始了一整个星期疯狂混乱的噩梦,无休止的开会,各部门争预算,核对数字,圆圈式的彼此答辩、挑刺、验证逻辑、搜集市场预测统计资料……这次我觉得特别累,用尽了全身力气威逼利诱,不断将脱了缰的人们拉回到议题上。这和我们已经习惯和喜欢的做法不一样:我来引导讨论,每个人在我"挥舞的鞭子"下快节奏地思考,发表意见,争论,不管有多少矛盾,最后以我的定论而统一,再立即跳到下一个议题……这次大家也累,"头儿"突然变得很别扭,我就是不再作定论,非让大家自己吵出结果来。只有我知道,我必须这样做,下个财年计划必须由这个团队自己理解和制作,将

---

[1] 原版《逆风飞飏》的出版时间为 1999 年,故"今年"的具体年份为 1999 年,全书同。
　　　　　　　　　　　　　　　　　　　　　　　　　　　　——编者注

[2] 全书中,事,都是真的;人名,真真假假。如自愿对号入座,请自负快乐与烦恼。所有提及之业务相关情节,均思之再三,但逢敏感之处不得已语焉不详,唯职业准则约束不得触及企业机密;慎之又慎,亦为避免诉讼上身。本篇是论文,希望不要被用来润色刀笔,尤其谆谆切切,特致最擅诉讼的公司……
　　　　　　　　　　　　　　——原注(除特别标注外,书中所注均为作者原注)

来他们执行起来才有可能；我要尽可能少地施加我的影响和痕迹，因为，我将离去。

我的经理队伍"特别能战斗"，交出来的是好活！乔治也不再紧张——不再担心下周一在新加坡向亚太总裁（他的顶头上司）汇报。他看看表，我猜他在想着等会儿的网球约会，已经是星期五下午5点钟了。

"是摊牌的时候了。"我告诉自己。

"乔治，现在是最后一个议题——关于我。请给我十五分钟，我有一番话要讲。"

关于我，是我对自己十五个月微软生涯的总结，已经积累成熟，对乔治只用十五分钟就够了。

乔治心情很好，安安逸逸地听我开始讲。

"乔治，我来微软已有十五个月了，在这里我经历过的挑战、困难、历练，超过我以前全部十几年的职业生涯。我来微软是为了一个理想（我仍以为这个理想与微软长期利益是吻合的，那就是我甫进微软即当众宣示的——要把'微软中国'做成'中国微软'，不过已经不再重要，也不必再向乔治重复），为了这个理想，我做了很多，忍了很多，努力了很多。我终于理解了，对于'总经理'，公司的期望其实只是销售业绩这单一一项。而我当初之所以接受这个职位，是因为被'赋予'的责任是对公司在中国市场的全面策略和运营负责。这个差距太大了。现在，销售业绩做到了。您清楚地了解，我不同意公司在中国的很多重大策略，既然不同意，而在无数次努力之后都无法对其有任何影响，这个总经理职位于我也就失去了意义。我决定，辞职。"

乔治依然安坐，表情还是原来那样，凝在嘴角的微笑看上去有点怪。脸和脖子都已变红，刚才松松交叉相握的两只手的指节都变白了。

我继续："我挑选在此财年交接之时提交辞呈，主要出于以下考虑：第一，三天后要去新加坡作财年预算汇报，我必须提前让你和公司知道我的去意已定,这样对公司公平。是否仍由我领队由您决定。如果我不参加汇报,虽有些困难,但仍有可能由经理们配合进行,因为预算方案是他们真正的集体创作。第二,新财年的组织人事应由新的总经理宣布,新的总经理可以借新财年较多的岗位提升、较好的加薪机会稳定队伍,这样对新的总经理公平。我愿意全力配合公司交接工作,我希望看到我的队伍受到尽可能小的动荡,我太在乎他们。"

"可是……可是,我以为我们已经上了正轨,一切都已变得很好……"乔治口吃着插嘴。

"是的,乔治,如果不是'一切'已变得很好,我绝不会辞职,即使最后落得被辞退我也会坚持到底的。"我说。

问题是:"乔治们"的"一切"与我的定义不同。是的,营收好了,渠道健康多了,终于有了清晰有效的销售策略,队伍成长起来了,经理班子稳定了,岂止稳定,是从未有过的优质、高效、团结。这"一切"在我看来,只是总经理基本职责的一部分,做好了是应该的,连这部分都做不好,就根本没资格言进退。

"这'一切',以今天的经理队伍已经可以做得很好。有我或没我都行。至于我自己,我想做得更多,这里不能做,做不到,我可以离开。现在,我想最后总结一次我对微软在中国的策略的看法,过去我们讨论了多次都没结果。中国有句话:人之将去,其言也善(乔治的中文只是入门,发音挺好,兴趣挺大,偶尔改编个把成语给他听,不算欺负他),希望这次您听起来能少一点偏见——采纳与否,都不再与我有什么关系了。我只想再最后尽一次力,因为我希望我曾服务的公司能在我的国家成功。"

接下来的几分钟里,我自己的评价是"logical, clear(逻辑清楚的意思)"。我不能肯定乔治听进去多少,后来又补了一篇文字给他备考,估计他没再"考"过,倒是方便了我。其实,分歧倒也没多少,不过是这么几条。

第一，微软在中国必须全面调整价格政策，尤其是 OEM 预装 Windows 的价格必须调低。否则，极可能出现的负面结果有三：其一，将失去大部分新 PC 合法预装 Windows 操作系统的份额，而新装机份额和中国的 PC 市场持续增长的前景是微软在中国的未来之所系；其二，将迫使如联想、方正这样的中规守矩的厂商也顺"风"而动，结果是连已有的预装业务也迅速缩小；其三，使本来可以积极有效的产品价格策略失效，甚至可能成为"垄断""恶意"的口实。[1]

眼前的例子：为确保 Office 2000 在中国市场成功，经几个月的努力才得到批准：中文版将大幅度降价。如果是与 Windows 一起降价，就是真正的"适应中国市场和中国客户的需要"，大不了被笑话"微软也不得不……"；而如果 PC 厂商和用户都别无选择的 Windows 居高不下，单单降价 Office 2000，就可能是"恶意竞争"，闹不好又会迅速引起一场风波。

第二，反盗版的策略必须改变，"搜捕"和打击的对象应是在中国的外资企业。中国境内注册的外资、合资企业有几十万家，盗版率再低也低不过美国今天的百分之二十几，罚也好，告也好，既能尽快见到真金白银的效果，也起以儆效尤的作用（用糙点儿的话说：杀外国的鸡给中国的猴看）。

第三，微软在中国只能有一个面对市场的窗口，以保持公司形象、战略、策略的统一。事实上微软在中国已经有了四个市场窗口，即微软中国公司、微软中国产品研发中心、微软法律事务部、微软中国研究院，再加上 OEM 的半个。这是微软全球纵向组织机构使然，只是没听说有别的地方像在中国这样，各个膨胀出直接面向市场的窗口。

结果，就能发生写产品的另雇一个公关公司去炒作连正名都没有的项目（正名没有，代号名声可大了——Venus）；就能出现总经理比全国人民都更晚知道像公司打官司这么大的事（我是从晨报上看到"微软状告亚都"才知道有这么档子官司的）；没有任何媒体接触授权和媒体交道经验的员工，随时可

---

[1] 8月30日 Office 2000 在中国发布，并未立即受到鲜明"抵制"，也许是我过虑，也许微软真有挡不住的威力和魅力，可以化一切抵御于无形。我仍坚信，微软公司要在中国成功，必须全面调整价格政策。

能接受个"专访"……于是,一个微软有四个半窗口各自吹着不同的曲子,吵乱了自己,也吵乱了视听。在自己制造的不和谐中源源不断地授人以柄,帮着把自己做成反面教材。结果,做过的不少对中国真正有益的好事立即变成乌有,辛辛苦苦建起来的积极市场印象顷刻无存。

与本地软件公司的合作计划本已被社会认同为积极正面的好事,而新近都转为"地下进行"了。"捆绑销售的约可以签,消息一定不发,这会儿我们可不想和微软的名字绑在一块儿。"这是一家本地软件公司的总经理说的,他不久前还在热烈要求与微软联手进行市场推广等工作。微软正在中国市场失去其吸引合作伙伴的最大优势之一——强大的合作市场能力。

我想帮大家出名,只要出的是公司的好名,可大家偏要自己出自己的名,原因说得简单明了:不然争不过你Juliet的名(原话:"Otherwise, there is no chance that we can compete with Juliet ...")。不小心,炒出坏名声来了,我背着不要紧,我的职务本来明写着是要担全部责任的,想帮大家收拾。大家说,一定还要自己各做各的市场宣传,把住各自的市场宣传功能,就把住了出名的主动。可谁听过大公司写软件做产品的技术部门兼做市场的呢?

第四,关于人。微软必须注重对员工的培养。总经理应有人事权。

(这一点似乎不直接关乎市场策略,却是我与微软最无法调和的矛盾。)

微软对人力资源的原则是:需要人力时,立即到市场上去找最现成的,最短时间就能担当某个具体的工作;对人员培训的原则是5%通过培训,95%靠自学和在职"实习";公司业务成长而员工没有能"跟着成长"时,就会被淘汰。

我认同这个原则对公司利益是不错的,问题是,我认为公司应花更多的(比5%要多!)投入来培养员工,不只是使用和任其自生自灭。由于微软选用人的原则是注重非常具体的技能和经验,选到的人立即被放在非常具体的职位上,高速运转使得多数人不可能找到时间和花费精力去进行专职之外的"自学""实习",从而难以扩展、提高能力和知识。我认为要帮助员工"跟着企业"成长,这才是在中国市场的可持续发展的"人力资源"策略。中国IT业现成人才供求悬殊,在人才吸引方面,比起其他外国公司,微软并没有明显优势,股权拥有的神话对新人的吸引力正在失去光环（"股权"将后文另述），对已被股权金手铐铐住的老员工的"再"培养和充分利用就更显其重要。公司文化、人文环境在吸引人才时的分量也变得越来越重了。

（我显然太"IBM"了。当我一次次被暗示、被明示，继而被指示去做我所不愿的"行刑"时，我受到的不只是对总经理起码的"人事权"的挑战，而且是对"人"的基本原则和理念的挑战，对于那些我坚信是可以使用可以培养的人，我无法做到"弃之如敝屣"。但只要我是微软的雇员，我就应当服从公司，这是职业人的原则。至无法调和时，我只有以辞职拒绝。我的辞职，可以为一些人换来几个月的"缓刑"，至少能再多挣些该得的钱。）

"综上，是我作为微软中国现任总经理，对公司在中国市场的主要策略的最后一次进言。"

我尽力了，尽量不带民族和个人感情色彩，而是从公司利益的角度去阐述，因为，我仍希望我的建议能被听进去，哪怕是很少的一点。

"即使我已辞职，我也衷心希望我所曾服务的公司能够在中国做得好，做得成功，能为我的国家所接受和认同。我更希望我的团队能够继续在一个值得骄傲的公司工作。"

静默通常是令人窒息的，尤其是当两个上下级无言相对的时刻。终于，乔治开口了。

"我不知道该说什么，我现在很难过。"乔治看上去的确很忧伤，苍白取代了颊面的红潮。我有点儿过意不去，乔治今天的网球多半会输了，这个周末也准过不好了。

"那好，我会等您的下一步关于交接事宜的指示，现在只需确认后天是否仍由我带队去新加坡作年度预算汇报。"

"Yes，你要去！"

"OK！"

留下了一句"周末快乐"，我走出乔治的办公室。我现在拥有了自由。我轻松得裙裾飘飘。

十几个月的微软帝国生涯，是多么浓缩的经验！我付出了太多，学到的更多——

未进门时我对微软一无所知，也不为之动心，认定了要圆我上学的梦。强拉活劝五个月的执着感动了我，在与"顶头上司"会话时，都先把"理想"说在了前头。一个是我未来直接的顶头上司（乔治的前任布莱恩），另一个是全微软的顶头上司（鲍尔默总裁），我以为两个上司能代表微软的全部，以为是搞懂了双方的期望，确凿了理想的契合。理想的契合是最重要的，其他都无所谓，连公司在哪儿都用不着先知道，反正准备着把自己全身心投入，我有的是时间学，有的是时间做，我想做成事业生涯的最后辉煌。

进得门来先宣言：我来是为了把"微软中国"做成"中国微软"。微软也还我以惊诧连番，是一片我从没见过的人治世界。小心行事，虚心学习，一心想平稳过渡求得公司大团结。潜心绥靖没能帮我，待猛醒时已深陷流沙。生意活活地就停了，就算不是微软，哪个公司也不能容忍如此无能的总经理。

别管是什么理想都得先要生存，我奋起自救，明明白白是天灾少人祸多，我就学人治，学治人！自断左膀右臂，从头建一个新的精英团队。绝地求生，反败为胜。

理想是不能忘记的，刚生存得稳当了，我就想要负起更大的微软中国的责任，才发现，总经理是被用来只管挣钱的，沾不上中国市场策略。在IBM十几年早习惯了团队合作，有没有实权照样可以干。我修炼精英团队，建设营销队伍，带领我的队伍去市场求合作、做贡献、做生意挣钱，却眼看着其他各山头各自为政、各行其是，我只能建言不能践行，我根基太浅，没有后盾支撑，我想做成什么都难。

大家都出名是好事，可眼看着闹出了坏名，职业准则不允许我不管。再说，我土生土长最有发言权，当初公司雇我，就是为了要个能真懂中国的总经理，公司成了千夫之指，我理应负起责任。我不怕担恶名，总经理本来是"总"，不管好名恶名都要总担的，十几年恶名脏水受得多了，承担不起就活不到今天。只要能听我进言给我权力让我行动，大家合力为公司的利益着想，一定能再融入中国社会，被中国人接受甚至喜爱。

想承担责任而不可得，也就没有义务再担恶名了。

看清楚了，没什么失望，只是原来抱的希望不对；为了理想而来，既然无地给我实现理想，那就挂了冠吧，反正本来也不是为了"冠"来。微软也不应有什么失望，期望总经理的"一切"，也交代得过去了，只是再要找本地总经理时，应注意先说明期望。

按微软对总经理的期望给自己打打分：前五个月——"差"，中间五个月——"良"，最后五个月——"优+"，平均分"良"。这不是我习惯的得分，我和我的团队想得的只有"优"！但是，如果只为了营销业绩挣出优等，兼做傀儡还搭上名声，还要埋没我的理想，就不值得我付出。我可以去别处挣真正的、我想要的"优"！

十几个月加今天，知不可为而为之，做了该做的事，说了该说的话，尽了该尽的责任，交了该交的答卷，学到了太多的经验。我想以学到的回报公司，想做更多的事而不可得，我决定自己毕业了。

我辞职后引起了好一番议论，说业绩差"被迫"辞职的多，也有说"反微软逆风舆论"所迫的，说是"民族"气节的也有之。众说纷纭，我未置一词，因为我与公司有约，在正式解约之前，我将不以私人身份接触任何媒体，我守约至1999年8月31日。现在可以说话了，也没必要澄清业绩之说，那本是我与微软中国公司之间的事。公司自有给我的业绩评分（和我自己给的正好一样），我走后继续几个月的"优+"，是我的精英团队做出来的，时间太短，还抹不掉浓墨重彩的我的痕迹；而且，由"差"到"良"到"优+"，也是鲍尔默总裁定了论的事，专为贬低前任中国总经理去推翻总裁的定论，微软大概不会有谁想做这等事。如果只为自己，才不必要费这么大的事，找几个朋友做几篇采访就是了。我已有足够的自信，不太在乎一时一事的物议人非。辞职后我荣膺多方邀请，也佐证着社会对我的欣赏和认同。

这一篇"微软"，不是为写我和微软的恩怨是非，我们两清了；也不是为自己计想借此以正各方视听。我想写"微软"这一篇,是想交一篇毕业论文,为在中国的外企(包括微软),为在外企的中国白领,提供一个从未有人写过的参考:一个中国本地人,作为外企高层管理人员,对外企在中国运作的观察和体会。如果也能对中国人、中国企业稍有启发,我就喜出望外了。

如果当初我没来微软,去了那个美丽的小城念书,到现在也正好从EMBA毕业,肯定写不出这样一篇毕业论文。如果毕业了恰好能来微软当这个总经理,各种历练还是都得从头开始,不一定就多些超生的机会。为着我学到的一切,我感谢微软!

当孩子诞生（When A Child Is Born）

我辞职时，孩子正在出生！

我本该直入正题，偏偏在辞职的这天发生了这个情节，有关生命乃是宇宙万物最重大的意义，感动莫名，不得不写……

那天从乔治的办公室出来，已经快下午 6 点了，没走到大办公区先听见热闹喧哗。心情踊跃地想凑热闹，脚步自动地快起来，裙子忙跟着沙沙地飘。

原来是为谷倩倩开的小小送别 Party。倩倩是市场部的秘书，拿到了签证，终于要和老公双双移民加拿大了。倩倩高兴，大家也为她高兴，虽是送别，倒也是喜气洋洋的。

我冲上去操刀切蛋糕，蛋糕做得真精致，让人只想欣赏不忍下手。草莓又红又大，根儿上都带几个小绿叶的芽，奶油丰满地溢出来，刀落处，这儿、那儿露出点儿黄的橘子和菠萝，蛋糕美丽又性感。我一块块地分给一群嘴急的"孩子"，还得时时吆喝着："别掉在地毯上！"

不知怎的，欣珊开始了"模仿秀"，不说话只模仿动作，学谁像谁！大家嘻嘻哈哈地"点秀"，点到乔治时欣珊学不上来了。"看我的。"我排开众人，开始走"乔治"的步，身后一片寂静，再爆发大笑！我松一口气——要是模仿得不像可太丢面子了。我以前可是有名的 Mimic（善模仿者）！

天！多久没有这样的快乐！

今天真像过周末，才不到 7 点就离开公司了。先去那家养了只小兔子的花店，上次偶尔去过，因为兔子记住了花店。小小的白兔一点儿也不怕人，猫似的凑到我脚边，任由我抚弄，很享受的样子。我挑了最爱的花，纯白百合，每枝都是一花一苞，配紫色勿忘我，紫白两色的绸带，素色花瓶，小小心心地抱着去了医院。

房间在三楼。屋子里静静的，柔柔的灯光，墙居然也是柔柔的粉。床上是疲惫的小母亲，摇篮里是个小小的包裹，一端露出一只红脚丫。感动涌上来，我有点头晕。

朋友醒来了，自然是一阵的乱和亲热，谈的都是妈妈经。朋友在我家过的孕期的最后几个月，我们经常谈论胎儿、胎教，共同期待着孩子的出生。有时我竟错觉自己也参与了这个小小生命的孕育，听着朋友讲述分娩时的痛苦折磨，格外地惊心动魄。不过，我看得清清楚楚朋友脸上的幸福，把所有的磨难都用个"值"字盖过了。

"你必须孝顺妈妈一辈子！"我严厉地对孩子说。我深深地知道他的妈妈为他承受了多少深重的苦难。这是孩子出世听到的第一句训责，应该能记一辈子吧！

"算命的拿了生辰算过了，说这孩子命里需水，还说是注定愚孝的。"朋友替孩子回答。

其间，那新生的男孩儿吃奶、尿尿、运动（哭），还被大人们细细地检视了一回。"这孩子将来要闯荡世界！"我断定。因为那双脚丫出奇地大，有道是"男儿脚大走四方"。抱着小小孩儿，是受不了的温柔，全世界都不要紧了，只要有这新的生命……

定好了明天中午会送来老火炖鳖汤和其他的零零碎碎。往家走时已是晚上9点多了，好像想着很多事，心里又明明是一片安详。

"那孩子是下午生的，When a child is born。"猛省过来了：我辞职时，孩子正在出生！

如潮的莫名感动又充满了我，我无法，也不想去琢磨什么隐喻关联，心里响起了那首歌——When A Child Is Born（当孩子诞生）

It's all a dream , an illusion now

It must come true , sometime soon somehow

All across the land dawns a brand new morn

This comes to pass , when a child is born

…

The wind of change whisper in the trees

All the walls of doubt crumble tossed and torn

All across the land dawns a brand new morn

This comes to pass , when a child is born

幻象梦想

终会成真

大地新晨

孩子诞生

风会林涌

疑惧烟消

大地新晨

孩子诞生

我没了疑虑，有了自由；我的梦想已成理想，总会成真。孩子的生日是1999年5月28日。孩子和希望一起诞生。

我已在盼着明天新的清晨。

最后两分钟的演讲

刚好两分钟。我最后走下微软的舞台。

辞职后转眼六个星期了。日子跟着计划一步步清晰地走。

6月1日去新加坡作新财年预算报告，业绩好了什么都好说。给下期内部双月刊《视窗里 de 事儿》提供一条一句话要闻：微软中国预算代表团6月2日于新加坡顺利通过财年2000年度预算，并得到亚太区总裁等人高度评价。

6月6日辞职得到正式批准。完全符合我的预测：公司不打算采纳我的建议。几级上峰谈话，均有挽留之意，无改变之实。

6月8日做了极小范围的通报，核心团队的情绪受到极大震动。当然要告诉四月儿和大龚。四月儿是我的助理，玲珑剔透的聪明人儿，又忠诚仗义，能找到她是我的福气，如果能留下她，是微软的运气；大龚是我的司机，起早贪黑十几个月，一心盼着我成功，对我的决定他不像四月儿那么理解，只会重复："多么不容易打下来的江山，为什么不多坐一会儿呢？"恨不得要发动一场挽留运动，被我坚决制止了。

6月9日我做了右眼手术。到微软后我一直超支时间和心力体力，用眼也用得太狠，本来弱视的右眼视力都快没有了。现在正好，九天病假天衣无缝地填进整个计划当中。从未休过假的总经理突然"消失"整整九天，小道消息不胫而走。

6月18日星期五下午5点，正式宣布。公司大会（外地的分公司接进电话会议）全体通报，同时发出给各媒体的通稿。时间是特意选的：员工们把消息带回家，周末能消化得差不多，少耽误些工作；多数媒体也只能赶下周出稿了。

原定下周的微软中国公司新年记者招待会推迟至 7 月 6 日召开，为能有更充足的观察和准备。原本我不一定参加，但三周的追踪观察表明，媒体对辞职一事热烈炒作仍呈有增无减之势，竟至"蔓延"至大众媒体，对辞职"个人"原因的众多猜测与"维纳斯""亚都"搅在一起，针对微软的各家之说形成了主旋律。"乔治们"决定最好还是让我露面，友好地将我"承上"为历史之后，再"启下"推出微软新财年的策略和友好形象。

会议程序是按分钟周密设计的，希望达到四个主要效果：

1. 将乔治介绍给中国媒体。

乔治以前露面不少，但没能留下深刻的媒体印象；加上他有了一个新的重要身份需要介绍：代理微软中国公司总经理。

2. 产生一些对微软正面的新闻。

通过总结上个财年在中国的投资、投入——我们费了好大的劲儿投入了很多，可惜都淹没在"维纳斯""亚都"的声音里，令人心疼！——介绍新财年的积极策略。

3. 为总经理辞职引发的负面报道画上句号。

4. 确定微软中国状态良好，高层经理队伍稳定的印象。

幕僚们的最大担心是无法控制我在媒体面前的局面，万一我临时说出什么"不合适"的话。他们给我的发言都设计修改了好几稿，我提了两次修改意见。

删掉初稿中的："在竞争激烈、压力巨大的 IT 行业服务十四年之后，吴士宏提出辞去微软中国公司总经理职务，得以去实现一些她个人的长期梦想，譬如上学……"我可不是因为干不动了才辞职，既不想改行，也不想去上学，至少现在不想。当初我曾为上学的诱惑而犹豫是不是来微软，十几个月在微软"胜读十年书"，我已拥有我的"EMBA"。

6 月 18 日给媒体的通稿中用了"个人原因"之辞，于是也有了一些很"个人"的猜测。再稿中又一次出现了"由于个人原因……"我又一次改为"为了事业和生活中其他一些也很重要的事……"事业还未结束，生活中的确有一些事对我永远重要，譬如，做人做事的原则和理想的追求。

按照设计，我要同乔治一起出场，我出现的时间是五分钟，包括不超过三分钟的简短致辞。我说两分钟就够了。

"哦，对了，你等会儿打算讲点儿什么？"临出场时乔治还"随意地"问了句。

我笑了，拍拍他的袖子："放心吧。"

其实乔治不必担心，既有约在先我承诺好好配合，必会守信。再说，我也不需要借微软的台子才能说自己想说的话啊。当然，我也不一定照念给我"设计"的话，本来我也从不照念稿子的——因为记不住词儿。只有一次例外：1998年8月31日Windows 98发布，那次的词儿是预先背过的。

我和乔治面带微笑并肩走入会场，里面已是坐立均无虚席。细看才发现边上和后排站了许多微软员工。记忆中微软的记者招待会少有这么多相机争相闪动（偷偷地想了一下：今天我会很上相）。全幅背景上书"微软公司对新世纪中国充满信心（Partner With China Into The New Century）"，点出积极的主题。

乔治的开场一句中文"大家下午好"效果挺好，旋即转为英文。公司专为乔治请了一个翻译（以后，这笔开销是规定的了），翻译水准专业，语调高昂激越。

先逐一介绍过前排就座的高级经理们，乔治进入正题：

"今天的主题是为大家介绍微软在新财年的策略。但开始之前，我想再一次表示对Juliet Wu的感谢。在Juliet就任微软中国公司总经理期间，她倾注了极大的努力和热情，带领微软中国公司走上健康成长的轨道，建立了优秀的管理队伍……"乔治在"广泛的"意义上肯定了我的功绩。

"我们非常不愿看到她的离去，但是我们尊重她的个人意愿，全体微软中国的员工会记住她。"

当说到"……我此时的心情是沉重的……"，乔治用的语调是"沉重"的，由翻译高亢嘹亮地翻译过来，产生了意外的喜剧效果，我走上台时还在笑着。笑着，我开始说：

"首先感谢微软和乔治给我这个机会，因为我也很想和各位说几句话。"

（我知道各位也很想听听我说。）

"这绝不是一个容易的决定，但我有足够的好理由，我也很骄傲终于能最后做出这个决定。"

（此时此地我只能语焉不详，"骄傲"的"好理由"是个以后才能抖的包袱。）

"我选择微软中国公司取得优秀业绩时离开，心中要多一点欣慰。"

（本不必特意澄清业绩，但能如此"淡淡"带出仍是好的；毕竟，总经理做不好业绩怎么说也不值得"骄傲"啊。不过也不怪"业绩不佳被迫辞职"的猜测，好端端的，居然就辞了这个本地人唯一坐过一次的宝座。不是被迫才怪——搁我是局外人也多半这么猜。）

"在我任内能与这么一群优秀的人共事，是我永远的骄傲。"

我伸开手臂指向我的经理们，我用我的心拥抱他们。他们还我以火热的目光，其中有晶莹闪烁。我们的心都在痛！我们都会长久怀念一起走过的艰难，一起分享的快乐。

"我知道，他们都会继续努力去追求我们共有的理想——那绝不仅是为微软或是别的外国公司做出好的业绩，而是想为中国的IT产业、为中国有所贡献。"

（我们真的很努力，也做了些好事，对学校、教育、政府、本地合作伙伴的投入，在短短十几个月里就超过过去几年的投入总和，虽然相对微软的财富而言不足九牛一毛，要做到却绝非易事。不幸的是"好事不出门，坏事传千里"，今天，骂微软代表时尚，即使有媒体反潮流刊登一个豆腐块"微软为……捐赠……"，立即就会展开大讨论"揭开微软的真实用心……"。我本来自愿在逆流中恪尽职守，只要能稍稍给我可为的余地。现在，只能留给我的兄弟们去承担这许多尴尬了。）

"我还想对各位深深地说声谢谢，承蒙媒体的朋友们对微软公司和我本人的关心和支持,特别是过去几周以来对我的热情关注。"

笑!大家都会意。六个星期以来,随便在一个网站上用"吴士宏"三个字查询,就能出来百十来条相关新闻,IT媒体就不用提了,大众媒体也套红整版地发,连外地的晨报晚报,北京的《精品购物指南》都要登消息,除了演艺、体育明星,有多少人能获此"殊荣"?我不介意各种猜测,因为,我自己还没有说话;我真的心存感激,因为——

"我知道大家的关注不是因为我个人,也不仅是对微软中国公司的总经理,而是传达着对我所代表的一群中国人的关切和期望。你们的关注一直在鞭策我努力。"

(从我上任之初,媒体的注意就大大超出了一般的公司高层变动,尽管烘托渲染的焦点多是在"从底层奋斗上来的一个中国女人",我引为鞭策的是那种对成功和平等的期许。)

"我在任的时候身不由己,婉拒了不少朋友的采访要求,有不少得罪的地方,在这里一并对大家道个歉。"

(我其实挺喜欢媒体的,可能是因为有好几个好朋友是优秀的记者。)

"至于我自己嘛……"

一直盯着我的眼睛们都唰地一亮。

"中国的天这么高,中国的地这么宽,我一定能找到一个足够大的舞台,再做出新的精彩和辉煌,也希望能送给媒体朋友们最想要的礼物——好新闻。"

(我不是为了去别的地方而离开,我是为了离开而离开。我不知道下一站是哪里,但我知道,下一站是在中国。那里应是更接近我的理想,那里可能有新的辉煌。)

"最后,我祝各位朋友不仅事业成功,更要健康、快乐、幸福。这也是我给我的团队和所有我关心、热爱的人的祝愿。再见。"

刚好两分钟。我最后走下微软的舞台。

我听到的掌声,比以往都响,比以往时间长,我的经理们、同事们,我自己也在其间。

帝国生涯

初入微软

市场经典——Windows 98

脚下是流沙

修炼精英

铁篱超生

人治，治人

盖茨，不魅之神

鲍尔默，微软之魂

伟大的微软

初入微软

> 所有新上任的总经理都一定能得到第一次"热烈掌声",我也一样。至于以后是掌声是嘘声,就要好自为之了。

与 IBM 的"离婚"过程使我心力交瘁。十二年半了啊!在 IBM 时,我经常说的是"我为公司贡献了多少",要离开才意识到"没有 IBM 就没有职业的我"。IBM 是我十二年全部的社会和生活领域,要跨出门时竟不知道外面是暖是寒。

迟来的"慷慨"不能让我动心,但老板们数次挽留之恳切不能不为之动容。也有前辈警告:"微软是残酷无情的地方,用人成渣后即唾之。"当时我还问:"倘若唾出来的'渣'多是百万富翁,那又如何?"老人之言可不全听,但是不能不信的,后来证实,这真的是微软的用人之道,而我最不能接受的也正是这一点。同事、朋友们则多为之鼓舞,"愿相随相助"者甚众。十多年知己则谆谆嘱咐,为我忧大于喜。我把最后的时刻全心用在 IBM,工作交接事无巨细,谈及一个具体案子时仍在处心积虑如何使微软出局。我虔诚地、全心全情地与 IBM 诀别。

1998 年 2 月 17 日,星期二,我到微软上班。该上班了才想起来不知道在哪儿上,根本没去过公司。因不认识路,先到香格里拉饭店会齐了布莱恩,我的老板(前任大中华区总裁)。今天他特高兴!上了车第一句话就是:

"我费了整整一年的时间找你,你终于来了。"

从猎头公司第一次找我算起也不过是五个月,怎么会算出来"一年"呢?

原来他的算法是从1997年1月,那次是鲍尔默来上海"scrub"年中业务汇报,跟着就做了决定:寻找新的本地总经理。这些我还是第一次听说。

说着话车停在白颐路上的一个小路口。跟着布莱恩进了胡同往里走,心里嘀咕不知他是不是要找个小铺买盒烟?他径直去推一个没有商店牌子的小门儿,我忍不住拉他一下:

"这是去哪儿?"

"这就是你的公司,总经理小姐。"布莱恩绅士地作"请进"状。

我退后一步,顾不得一脚踩进掺着泥雪的路边土堆(路本来窄,迈一步就到路边了)。打量这个小楼,怎么也看不出一点高科技的痕迹,至多像个堆放高科技产品的货栈。我刚问一句"现在改主意不进去行不行"就被布莱恩扯了进去。"开源商厦"的牌子挂在里面墙上(还是像货栈!),十几米的小门厅里有几个旧沙发,一个门卫和几个司机身子和手都裹在大衣里。我打个招呼"大家好",大家着了股凉风似的一激灵。

"微软不是特有钱吗?"我傻子似的问。

布莱恩只是促狭地笑,出电梯时才告诉我,公司在这儿快三年了,已经开始准备搬迁新址了。想着我能亲手把这破家搬到新楼去,心里又很喜欢了!

进到办公区,大家进进出出的,很忙碌,显得特有信心特有目的性。穿什么的都有,就是没有一件西装一条领带。办公区五颜六色到处堆得高高的(又想起"货栈")。人们说话都是喊着,像要让全世界都听到。听着"价格""折扣"满天飞,我真有点心惊,不停地提醒自己这儿不是IBM。

被布莱恩催着,我提早几天来上班,一应准备尚未就绪。临时办公室安在一间会议室,我的电脑要明天才准备好,桌上空空的什么文件都没有。对我的隆重推出要等到晚上公司大会,今天我只需要跟着布莱恩旁听几个会。第一个会是为"白包装(White Box)"问题,听不大懂,只记住了"白包装"(我当时怎么也想不到这个问题要等到十个月后才得到彻底解决);第二个会是关于 Exchange 5.0 的市场计划,听不懂!跟着又是什么也记不得了……这时我才清楚地意识到我对微软真的是一无所知！

以前我在 IBM 时，非常内向地专注，与外边的世界隔得挺远，一方面是由于 IBM 实在太大了，硬件、软件、服务网络……什么都有，自成一个世界；另一方面，是我自己必须专注才能做好事情，没时间对"无关的"事情分心。偶尔听到微软继续暴发疯长的消息，我也觉得没大关系，所以没兴趣。与 IBM 交接完成之前我一直拒绝染指有关微软的内部信息，这是起码的专业守则再加上对 IBM 那份虔诚。微软对于我而言几乎全然陌生。

我第一天的感觉：这儿的一切都和 IBM 正好反着。适应起来得很费些劲儿。不过没关系，我做好了心理准备：尽量不要把以前的偏见和痕迹带到微软，要尽快地了解、适应这个公司的一切。我的打算是把微软当成我事业生涯的最后一站，三年、五年，我有的是时间。

有一样感觉我很喜欢：这儿的人和精神都是年轻的，躁动的激情似乎随手都能触摸得到。

下午 5 点全公司大会，先由现任总经理进行上半年总结，然后由布莱恩介绍我出场。在新的组织架构图上，我和原任总经理、现任总裁并列在布莱恩之下，所不同的是，总裁下设一个助理，而新任总经理下面是全部的中国营销职能部门，还有中国香港公司！我是会前才听布莱恩讲中国香港公司归我管的！不知道还有多少微软风格的惊诧等着我，此时只能以不变应万变，处变不惊了。

布莱恩提醒过我要作个简短致辞，因为是第一次，所以格外郑重，暗自打了好几次腹稿，确定能讲得谦虚得体。可上台的一刹那我改了主意：

"各位，第一次见面，我不多讲，因为我以后会有很多机会主持这样的会议，会有很多机会讲和听大家讲。"

"我本来准备的致辞是谦虚的外交辞令，临时决定最好从开始就把真实的我交代给大家。我接受微软中国公司总经理的职位是为了一个理想：想把'微软中国'做成'中国微软'。我所谓中国微软的定义是：公司在中国成长，也要为中国做贡献；员工与公司一起成长，在公司里得到最好的事业发展。我和在座的大多数一样，是土生土长的中国人，我更希望有更多的本地员工更快地成长起来。"

"我希望大家同意我的理想，愿意和我一起做这个事业。"

"我前面十二年多的经验都是IBM的，我在微软的经验比在座任何一位都少。我会努力学习做一个真正的微软人，努力做一个合格的总经理。我需要大家的帮助，我不打算'带自己人来'，想和大家一起做这番事业，拜托各位！"

所有新上任的总经理都一定能得到第一次"热烈掌声"，我也一样。至于以后是掌声是嘘声，就要好自为之了。

布莱恩是真洒脱，第三天就飞回香港，接着就是两个星期度假，去个无人的小岛深海钓鱼，根本断了通信联络。现在我才明白他为什么催我提前上班！不过我喜欢布莱恩的风格，经过五个月的接触，他赢得了我的好感和信任，他是那种小事能甩手就甩手的大掌柜，但大事有远见，有担待。他在微软十年了，一直没在总部干过，闯荡的都是国际市场，从欧洲到南非到印度到大中华区，各种不同的文化都适应理解得很好。人有股子江湖仗义劲儿，很合我的风格。

我开始逐个和经理们谈话，夜里再上网查阅相关的信息，瞎子摸象似的把各个部分往一起凑。幸亏有费南多在，他在微软七八年了，一直是布莱恩的左右手，似乎把所有微软的工作都做过了，急躁、正直，绝顶聪明且聪明绝顶，头顶上的大部分头发都转移成大胡子了。我俩挺投缘。我把不懂的事记下来，把他当字典查。布莱恩靠不上，费南多是我真正的师傅。但我还不知道，这个师傅也指望不了多久了。

我给自己定了个短期目标：不超过六个月要全面学会微软主要业务和战略策略，认识每个内部员工，大面积接触客户、伙伴和媒体，掌握总经理的全局，制定出微软中国的长期战略和营销策略。

经常对主要任务制定明确的、可衡量的短期目标是我的习惯。"明确"，就不容易忘记或拖延，"短期"，可以帮助自己缓解无尽无休的压力，时时有"就快做到了"的安慰和阶段性的成就感。对我有效。

布莱恩休假还没回来，我就被"摆了几道"。

先是新任总经理就职的新闻稿迟迟发不出去，英文稿是布莱恩临走前亲撰并由总部核准的（这是大事，布莱恩不马虎）。症结在于中文和英文的内容大相径庭，偏巧我正好懂英文，看出来了：明明是我和微软公司之间的双向慎重选择，偏要庸俗成某个人慧眼把我"挖来"辅佐，把本来很明朗的消息制造出些暧昧，都是用中文添加的，英文稿里根本没有的词儿。我不能接受"以前都是这么做的"的说法（天哪，"以前都是这么做的"？），又不想立即卷入纷争，就只好压到布莱恩回来定夺。

稿子不发，消息照样可以"透露"，而且是在我未出席的情况下向几位媒体大腕儿透露的，于是本不真实的故事成为最早的版本，流传至今。

接下来的一招中得更狠。头一天快下班时一位总监来找我（总监们现在都向我汇报了），邀请我与总裁一起参加第二天与邮电总局的合作意向签字仪式。我仔细询问需要有何准备，被告知，一切不用操心，只要坐在那儿被介绍一下就行了；我又问那有什么必要呢？答案是我不能拒绝，因为是重要的客户。在我坚持之下终于在出发前拿到了会议议程，我仔细看过，确实我只是列席陈设，我注意到客户贵宾名单上有一位我认识的处长。

进得会场面对的是五十多位记者。我谦逊如仪，待贵宾和总裁就位后再落座。会议立即开始。

"首先，由微软中国公司新到任的总经理介绍来宾……"

突然袭击之下，我没乱阵脚，暗自庆幸先看过会议议程，不但看过还随身带着，就摆在面前。我按图索骥刚要介绍第二位来宾，突然意识到第二位坐着的不是我认识的那位处长！急瞥一眼那位面前摆的桌牌，只看见是三个字，而名单上的名字是两个字，再远远看去，第三位名字好像也对不上，一小时前拿到的名单是错的（后来知道，五个客户嘉宾的名字里有三个是错的）！我不敢继续错念，小声求助左右均不得要领。此时坐在主席台上的嘉宾已显现不耐烦，记者席间开始活跃，这是我以微软身份第一次在媒体前露面，记者们本来就兴致盎然，谁又见过总经理连念念名字的活都做不来？总裁大度地拍拍我的肩表示安抚，充分体现上级对下级的优越，把这个总经理更是衬托出十足的低能。我万般无奈只好站起来：

"各位，我新来乍到，急切想参加今天的盛会，能认识我们重要的客户和各位记者朋友，很抱歉却没有做好准备，请各位原谅。现在就请我的总监来介绍嘉宾。"

我听得真真儿的——咕噜噜咽下去十几颗打落的牙！

不管是有意设局还是粗疏草率，这个"事故"都是不可原谅的。总经理是公司形象的主要代表，怎能如此糟蹋戏耍？我通报所有直接向我报告的高层经理：为避免类似有损公司形象的事件发生，总经理将不与总裁在公共场合共同出现。抄送总裁，抄送布莱恩。

只此一次爆发，从此绝了类似在公众面前醍醐的可能。我仍守着虚怀若谷、谦虚谨慎的既定原则。中招吃绊儿先要怪自己功夫不到，连防身都不能，还谈什么坐江山打江山？我心里下了狠劲儿要尽快地学。

学得真苦！每周工作起码九十个小时的生活就此开始了。周末用来清理积存的非紧急电子邮件和会议。微软的电子邮件特多，我平均每天收一百七八十封，留在周末看的多是复杂的提案，在不同部门之间转了很多圈的，每件都得从源头看起才看得明白。周日晚上多半是乘最晚的飞机出差。再能有周末休息的奢侈竟会是在一年半以后了！

4月中旬，我参加全球营销经理大会。微软一年有两次全球营销大会：一次是8月的全球营销大会，规模在七八千人，是新财年开始承上启下、鼓舞士气的嘉华年大会；一次是4月的经理大会，规模一千五百人左右，主要传达新财年的基本战略、预算方向，各层经理领会精神后回去就要开始准备财年预算计划。第一次到微软帝国的首都"朝圣"，我兴致勃勃。来了两个月已经摸到些头绪，三天会议期间我又听又记，忙得不亦乐乎，盖茨、鲍尔默和一系列的头头脑脑全见到了。我突然想到，这可能是世界上集中了最多富翁和财富的一个聚会，觉得有点不可思议。既到了西雅图，一定去试试太空塔，"欢迎你到太空塔来，你现在身处以每小时 10 英里，或每分钟 800 英尺速度运行的电梯里……"，电梯里的解说证实了《未来之路》描写不虚……

微软还有更多的惊诧为我预备着。

第三天下午是亚洲区分会，亚洲区总裁宣布"布莱恩将调回美国，乔治将接任大中华区总裁"。

事先没有丝毫消息！布莱恩一直把我和其他直接相关的所有人都蒙在鼓里，他怎么可以如此毫无尊重不负责任？白相信他了，微软的人怎么如此行事啊？

我震怒之下冲到布莱恩的房间，指着鼻子骂他。"You, liar（骗子）！"我说，"事先说好的，你要支持我至少一年，是你告诉我这在微软很重要；现在全不算了，出尔反尔竟连个招呼也不能打吗？"我这才发现，布莱恩自己也是刚刚知道的！他一直对继续留任有很足的信心，他也是会前刚刚知道的确切消息！

我震惊，微软对于它的高层经理就是这么随意摆布，毫无起码的尊重吗？我不关心那些我不能理解的公司政治，但我讨厌这种公司人治的随性，我讨厌这种对人的不尊重。对我更为切要的是，我在微软还未立足，就要失去唯一的支持，布莱恩虽是大而化之不问细节的做派，但他是个好老板，也是个好人，有经验，有远见的智慧，肯关心支持人；更重要的是，他了解、接受并喜欢中国，为说服我来微软他下了五个月的功夫，我和他也有了比较深的理解和默契。有他做后盾我就不用担心后方。现在可好，不但布莱恩走，费南多也走！财务总监和市场总监统统都走。我才半只脚踏进门槛，业务不懂，队伍也不熟；新的老板从未做过营销，也没有任何海外工作的经验，更别提对中国有任何了解了。工作上一点指望不上他的帮助，我又不是"他的人"（"不是他发现，雇用的人"，我学会了微软的讲法）！这一点在微软至关重要。

在 IBM 十二年我因为常换工作（或说提升得较快）起码换过十个老板，不管脾气秉性合不合得来，从来用不着患得患失老板是谁。曾经和一个 IBM 的台湾同事聊天，他说最佩服我，我笑他"嘴太甜，当心甜掉牙"，他正色道："是真的,我们台湾同事都佩服你走到今天没靠任何God Father、God Mother(教父、教母)。"其实,在IBM也用不着太过依靠老板的提携,有一整套规矩摆在那儿,是所有人统一的标准。

可在微软不同!换个"天子"就得洗牌,不管是不是"真命天子",先得把亲信"群臣"换成"自己人"。布莱恩老资格,但不是"当朝"的臣……我已深深感受这个公司浓厚莫测的人治氛围,我尚未立足,何以为继?让我痛苦的是,我对微软是不是一家好公司第一次产生了怀疑,才来两个月,我竟已萌生去意!我深深地思考,理想又一次战胜疑惧,我不可以不战自退,我要努力,直到山穷水尽或是海阔天空。我只有靠自己了。

幸亏布莱恩、费南多5月底才走,帮着做完了财年预算。我当时庆幸不必淹没在几十页电子表格的数字里,几个月后才知道那些数字的残酷意义。

乔治举家搬到北京,从此我有了当地监管(布莱恩是住在香港的)。第一次谈话基本是礼节性的,乔治告诉我,他是非常注重细节、事事上手的人(哦呃!恰恰最不适合我!),希望我们合作愉快,并顺便告诉我,他准备把中国香港市场的业务再分出去由他直接负责。我倒是没有任何失落,当初宣布中国香港市场的业务归我管本来是出乎意料的事,既然宣布了也无可奈何。我当即和布莱恩讲好,我的绝大部分精力都会专注中国内地市场。但像这么大的决定能说变就变,两个多月内就翻转180°,实属罕见。我虽然没有太多插手中国香港市场的业务,毕竟去过香港两次,消息新近才见诸香港媒体,围绕我接管中国香港微软的焦点,也小有一番炒作。

我向乔治表示欢迎,说我对微软还不熟悉,希望得到他的支持。也说了我的风格是比较独立惯了的,以前为十来个老板工作过,合作都还不错,只是没有一个表扬过我有事事汇报的好习惯,我会努力注意配合,但如有疏漏还请包涵。中国香港市场的业务分出去我没意见,只是应该注意不要误导媒体,造成微软内部又大变动的印象。

应该说我和乔治都一直努力想建立起良好的相互沟通,我们有规律地每月至少开两次正式会议。后来也有了一定程度专业层次上的信任和相互尊重，但是一直也没能达到相处默契和自然的程度。分析起来有几点主要原因：

第一，如上所说个人风格不同。

第二，没有社交联系这个非常重要的环节。我知道这在人治氛围浓厚的微软很重要，尤其是当不存在"我是他的人"这个信任基础时就更是必要。但总是告诉自己实在太忙，也就失去了建立自然和谐、轻松交流等很多微妙而重要的联系的机会。

其实，与乔治成为朋友是有可能的，他人很聪明、热情，有和我的几个美国朋友很相像的性格，只是那几个朋友都不是我的老板。

能够迅速建立有用、有效的社交联系是在任何地方想成功而必须掌握的能力和手段，很实际的事，没什么可假清高的。我的人际交流能力很强，但从来对接近老板有种心理障碍，这其实是一个缺陷，后来证实，我失去的"社交优势"至关重要。

第三，最根本的是事业志趣不同。我的根在中国，在乎的不仅是短期还有长期、不仅是微软的还有中国的利益；乔治的根在美国，目标是微软阶梯的更高一层，他最在乎的必然是老板和微软，他在微软不够久，还做不到因财富而不在乎。他更急切看到的是任期内一个接一个明显的短期建树。

这个矛盾稍有外因就很容易凸显，一旦凸显就难以调和。

不过，接下去的几个月倒没有太大的矛盾。我和乔治都小心翼翼地找着平衡，专门分几个客户和伙伴请乔治"帮忙"，再加上需要他与我国相关部委单位以及美国使馆方面建立和保持关系，一时间各忙各的，相安无事。

忙起来日子就像飞，转眼到了7月。其间不知道开了多少个会，见了多少次媒体（再没有出丑露怯，哪怕是产品发布会上技术性的问题），做了多少次演讲，飞了多少里程（曾创下七天六个国内城市，七十一个小时往返美国的纪录），多少……多少……天天是紧张而兴奋的，天天有新的刺激，使我一直保持饱满的精神。

7月好像是最忙的：大队人马先去桂林开全国代理商大会，不仅山好水好，"会也开得明白"（代理商语），节目中也有我的贡献——率众一路劲舞上台开的场，讲公司策略又讲营销策略，和东西南北的合作伙伴好好地交流了两天。跟着是公司搬家，原来的"货栈"办公室已经拥挤不堪，在楼顶上又加了一层"违章建筑"，洗手间漏缝漏风，夏暖冬凉。新的希格玛办公楼比起老地方像天上，我用广州学来的习俗主持"暖新居"仪式，切乳猪，照全家福，大家都兴高采烈。

　　选了搬家后的周末，7月18日、19日，召开新（财）年公司大会，上海、广州的同事都来了。车队浩浩荡荡直奔顺义怡生园。能如此集中地亲近我的员工这还是第一次，聚在一起更显出这个公司有多么年轻。大家撒欢儿地玩，男孩儿甭管有没有酒量手里都拿个大啤酒瓶，女孩子就帮着敲桌子打点儿助威。我和乔治轮流站在椅子上表演整瓶整瓶地"吹"大瓶啤酒。彩排过第二天的会议，已是快半夜了，实在撑不住先回去歇一会儿，不想就睡过去了，听说整班人马的狂欢一直到凌晨2点。

　　会议最重要的内容，无疑是全年的营销策略和主要任务，三天前已经先在代理商大会上讲过。财年1999的六项主要营销策略清晰明确。其中有三条强调对本地合作伙伴的支持：

◎加强渠道建设；

◎大力发展企业业务；

◎支持伙伴发展行业与通用应用方案；

还布置了财年1999其他主要任务：

◎加强与政府的关系与合作；

◎"世纪同行"——广泛技术传播；

◎积极参与建设中国软件产业；

◎提高自身队伍素质（微软员工和伙伴）。

　　各职能部门、地区都围绕营销策略作了具体的人员部署和下达了具体的任务指标。

在会上我提出了微软中国的长期使命：

微软中国公司要成为最好的微软子公司——以我们在中国市场的领导地位，获得最好的客户满意度及对投资者的优秀回报。

微软中国公司要成为最好的中国软件企业——

为政府所认可：因为我们对中国知识经济建设的贡献。

为伙伴所认可：因为我们的支持和在发展共同事业进程中所提供的真正价值。

为客户所认可：因为我们的优秀产品、技术和人。

为员工所认可：因为个人事业机会、荣誉感、乐趣。

我强调，微软在中国须奉行长线投资、长期承诺的战略和态度，我们的使命是长期的。

众多员工评论："从来没开过这么好的会。"我心里自然是高兴的！会议结束已是星期天下午，我在大门口一直看着送走了大轿车车队。

我突然注意到怡生园里人工的风景也有独具魅力之处，叫着大龚照了好几张相。大龚是我的司机，也是多年的朋友，现在又兼了摄影师。

"这下总算能喘口气了吧？"大龚问。倒霉的大龚，过去五个月里他不知早起半夜爬过多少次楼。他家的电梯工早6点到半夜12点上班，他住的是二十一层！

"哪有个完呀！"我学着电影主角说，忘了是哪部日本电影了。

我比计划提前感觉到了"阶段性的成就"。我心情好极了，好像我第一次把车子开起来的感觉——我能驾驭了！我毫无意识，车路前方即将出现的是流沙。

市场经典——Windows 98

> 我们把 Windows 98 做成了"市场经典之作"——这是媒体、伙伴、贵宾、观众、合作公司的一致评语,当然,也包括我们自己。

盖茨的敌国巨富和他的微软,是全世界讲了二十年也不过时的愈演愈热的话题。IT 业内业外说到微软必定有 DOS 和 IBM 的渊源故事,以及微软无与伦比的市场操作能力。

Windows 95 发布耗资 5 亿美元的市场大制作已经铁定了市场经典的价值,不管人们记住的是盖茨的倾情演出,还是天文数字的发布费用,或是只记住了甲壳虫乐队为 Windows 95 唱的价值 1200 万美元的歌,结果是两年之内,全世界将近 90% 的个人计算机都装上了 Windows 95,只剩下少部分未加入 Windows 95 的历史潮流,多半是因为配置过于老旧装不下这扇华丽的窗,或是一些"不甘灭绝"要固守苹果或 OS/2。

Windows 95 发布花费了那么多的金子,生出了一座金山,值! 更何况,金子不是只为 Windows 95 花的,有很大一部分是未来金矿的引子,计算好了为两年后出生的弟弟 Windows 97 预支的,比预产期推迟了一年所以取名 Windows 98。这才是微软市场操作的博大精深之处:任何产品的发布都不会是昙花一现的孤立的辉煌,哪怕是火山喷发似的灿烂如 Windows 95 之发布,岩浆也要流向设计好的轨迹,去接引后辈产品。产品发布,不仅要做出精彩,而且一定是产品整个生命周期中的一个环节。每个新的环节,都可以毫无顾忌地把前身作为参照物对比出新的光彩,在自身的精彩中又要带出下一代产品新的悬念，使得市场在接受和品味刚出炉的新产品时已经不自觉地在期待着下一个。市场炒作大手笔是微软的传统，早在1990年Windows 3.0发布，出手就是1000万美元，赢得了与OS/2对垒关键的一战，也为盖茨赢得了摆脱IBM的自由，盖茨的妈妈欣慰感叹："这是我儿子一生中最伟大的一天，他可以不再依靠IBM了。"当市场心理随着微软纯熟操作之手起伏跌宕的时候，产品研发和市场策划这两条龙又已蜿蜒并行在下一个产品发布的中途了。今天的中国IT市场上，产品发布会越来越精彩翻新，如果在表面热闹声势的背后，还能有产品战略层次上的承前启后，那就真正精彩了。

前面说过，我来到微软是一片未知，如果说有什么具体期望的话，那就是我期望亲自参加Windows 98的发布！布莱恩曾花了很多时间为我描述微软的激动人心之处，Windows 98发布最让我心向往之。想想看，在中国做盖茨做过的大手笔！布莱恩忘了告诉我，Windows 98可没有那么多的预算费用。

4月份全球营销经理大会上传达的财年1999主要任务中，Windows 98发布是重要的一件。巨大屏幕上先出现的是"007新片预览"，007和邦德女郎都是神秘的剪影，灯光亮起，欢呼炸响：原来詹姆斯·邦德的扮演者是Windows产品主管、高级副总裁布莱德·蔡斯。蔡斯一副皮衣墨镜的打扮，在台上两个小时亲自操作演示，把Windows 98的"酷"演绎得淋漓尽致。

公司重要产品发布由最高首脑主持并不少见，最通常的形式是先由最高首脑如皇帝般隆重出场，宣科如仪，隆重下台；再由技术人员进行产品介绍或演示，光辉都给了公司首脑，到介绍产品时难以再起高潮。经常感觉企业最高首脑与企业的产品之间没有"血缘"的联系。最要命的是有时听到主持人介绍"今天特别荣幸地请到"自己公司的总裁，好像台下被请来的客人们也必须跟着感到荣幸。我就被微软自己人如此介绍过两回，我的反应极为激烈鲜明，以致没出现过"再三"的错误。

微软的传统是经常由最高首脑亲自动手演示，即使盖茨也只是配角——主角只能是正在发布的产品。我觉得这是光荣的传统，值得企业和企业家们效仿。

企业花费无数智力、财力做出产品，为的是得到市场最大限度的认可和接受，产品发布是产品生命中最重要的时刻，很大程度上决定它的命运。企业不惜重金策划产品的出生典礼，但企业首脑却常常不能配合做"最佳配角"，甚至喧宾夺主分散主题气氛，成为新生产品的悲哀，这是企业资源（最昂贵）的浪费。

微软的总裁们不仅亲身参与市场发布，还亲力亲为参与产品研发测试的全过程，并且要通过如"邦德演绎 Windows 98"的形式，把产品的旋律、性格、特征、发布的主题氛围等，激情地传达给更多的微软人，而这些人将要向全世界进行激情的传达。我所得到并带回来的信息是：Windows 98 是非常人性化的、亲近的，功能更好更多都在其次，重要的是它代表速度和华丽，代表时尚和潮流，酷！这些信息在后来 Windows 98 中文版发布会中有强烈的体现。同样，六十几个国家、地区微软分公司在设计自己的发布会时，也会体现同样的主题精神，结果形成产品调性和公司形象在国际范围的高度统一，而又有各区域充分发挥地方色彩的创作余地，这真是一个无比奇妙的和谐轮回。

我和产品经理一样对 Windows 98 充满热情，甚至有过之无不及。这无疑是副总裁的成功内部市场推广的结果。但还有一个私心：我从来没做过真正的产品市场炒作。以前的经验都是直接或间接的销售，后来做渠道也接触到市场，但那是概念的炒作，与产品炒作是两回事。我渴望参与创作，而且是 Windows 98 这样难逢的精彩。原来最担心发布经费非常有限，到现在已不重要，重要的是，在我们的手中会创造出一个杰作，我们要让它超过 Windows 95，事实上我们后来做到了，在中国。

我还赶着学会了最"酷"的几招，但逢机会合适就要演示一把。有一次和一位重要客户会面，快结束时我又按捺不住了，要演示两台笔记本电脑之间红外线无线传输的功能，刚好重要客户也带了笔记本电脑，兴趣一下子成了双方的。重要客户时间金贵必须出发，我们就在相跟着的两辆车里通过手机联络，到底做成了试验。

这样的举动在以前我是想不到也不会做的，只是因为一个惯性的思维：

总经理怎么能做技术人员的活？我在看到微软总裁们的表演以后，深深体会到"这样的举动"所传达的感染力和影响力，不仅是蔡斯的 Windows 98，还有保罗·马瑞兹的 Office 2000，还有 SQL7.0 和 NT5.0（后更名为 Windows 2000），都是由主管副总裁亲自做内部、外部产品演示推广。我开始觉得总裁、总经理做公司的产品推介是天经地义的事。

这个经验在中国可能更重要，因为只有总裁、总经理才有机会向官员首长和企业首脑们推介，官员首脑通常是不会参加产品发布会的，最多是在开始时贵宾席就座，正式产品发布开始时前排贵宾席就空了。我这种"非常理"的演示总是能给他们留下深刻印象，不仅能引起对产品的浓厚兴趣，还能充分传达对自己公司自己产品的激情和信心。我能做的演示都只是浅显易懂的初级水平，但我的职位角色使我能很容易地揉进高层次的业务价值。我还很喜欢那个经常的"意外"效果：能在最短时间内意想不到地拉近与谈话对象的距离。当然，效果也是来自"出其不意"，如果所有的总经理都习惯于做产品演示也就没什么意外效果了，"适当场合"的营造和把握也不是易事。但是，我坚决认为，企业最高层领导要对自己的产品了解，要有激情，这怎么说也不过分，那是你的公司赖以生存的根本啊，怎么能漠然地说"那不是我（这么大的官）管的事"。不管你是不是搞技术出身的，不管你是不是要随时演示。

Windows 98 中文版发布吉日定在 1998 年 8 月 31 日，比美国晚两个月，是历来中文产品发布滞后时间最短的一次，首要原因是中国境内的产品研发部门历经三年积累起来的规模效益。发布日期是周密计算出来的，需要与产品研发部门、OEM 渠道伙伴、分销零售渠道伙伴、生产厂等各个方面协调：试用版何时能出来，需要发放几版试用版（发试用版既是为了取得用户和专业人员的反馈意见，发现 bug，借以最后修订完善中文界面和功能；也是为了预热市场的期待），最终产品版何时定稿，从定稿到产品到交运要多久，一定把握好时间，先要让微机制造厂商得到 OEM 预装版本，又要保证发布之前让分销商拿到产品，并能在最合适的时间送到零售渠道而又不能有太多存货；当然还有意外预测和备份计划——万一出现了"万一"而不得不推迟发布时间的对策。早期微软的口号是"我们出售的是诺言",从 Windows 1.0 开始,许诺的产品发布从 1984 年 2 月拖到 1985 年 5 月,被誉为"世界上最长一出肥皂剧,充满悬念,让人不忍卒看",从此产品拖期成为传统。还是后来鲍尔默的口号更为恰当:"在微软,唯一不变的是变化。"我们当时想得最多的"万一"是产品的延迟,这是微软多年经验形成的习惯思维。后来真的发生的好几个"万一"却是完全始料不及的。

虽说提前四个月就订好了日子,但有太多的准备工作要做,倒推起来时间一点也不富余。我和陶娜的接触越来越频繁,也越来越清楚地看到一个优秀的微软产品市场经理的典型。

产品市场经理,曾经在很长时间里是微软最重要的角色,说这话也许唯一不同意的是编程序写产品的软件工程师。这种不同意倒不是仅存在于微软,这是 IT 业内永恒的争论。最折中的解释可能是:工程技术人员和市场营销人员是两种具不同性格天赋趋向的人群,都特别为自己的能力和职业骄傲,这比"异类相轻"是更合适的说法。

微软的产品都是基于个人微机的,至今在所有的微软发出的新闻稿最后都有一个标准段落:"微软公司成立于 1975 年,是全球领先的个人计算机软件供应商。微软公司为企业和个人提供内容广泛的产品和服务,每种产品及服务均为提高人们每天利用个人计算机全面功能的便捷性和趣味性而设计。"很久以来微机的用户都是真正的个人用户,以个人应用为主,面向的客户以人、机为单位,广大而分散近似消费品市场的特征。

微软的营销渠道有两个:一是"OEM",即向微机厂商销售预装 Windows 操作系统许可,厂商卖出多少台微机,就交给微软多少份 Windows 的"份儿"钱,只要把握住最主要的十几家、几十家微机厂商,全世界大部分新生产的微机就已在掌握之中。这令我叹为观止,我一直觉得这是营销史上最智慧的发明,至今行之神效!另一个渠道是二级分销零售系统,各地区分公司直接管理几家分销商，再通过分销商间接管理零售商，零售部分 Windows 操作系统（主要是升级版本）和其他产品。两种渠道相加构成 100% 的渠道营销模式，可以最有效地影响、管理乃至控制最广大的市场，而微软直接营销资源得到最大限度地节省。以前有"微软是隐形的"的童话：到处都有微软的产品，却看不到微软的人——因为微软不需要直接面对市场和客户。微软最集中的直接亮相都是在 COMDEX 之类的国际会展，再就是产品发布。

微软的 100% 渠道营销战略持续成功了十几年，被多少同行艳羡却无法效仿，如有效仿也是效颦者多。因为只有微软同时具备几个必要条件。

第一，产品相对独立，简单开放。我这里的"简单"指的是界面友好，最终用户容易使用；单机应用，不牵涉网络的复杂或者企业应用要求的高度可靠性；"开放"指的是使用方面的求助极易获得，软件本身的求助功能是"傻瓜"式的，只要会点击"帮助键"，总能被带着亦步亦趋找到答案，再加上到处可以找到用户手册或广大用户间的咨询。这就免去了微软和伙伴的技术支持之累。

第二，已经具有的市场份额的绝对优势。

第三，成功的市场运作不断保持客户对产品的期待热情，甚至达到狂热，保证产品一出世即能在渠道中顺畅流通。

而今直销、分销相加已是 IT 业主流的营销模式，厂商无不强调支持伙伴，争着要赢得伙伴忠诚。说到底，渠道的最大忠诚度永远属于卖得动的、能赚钱的产品，属于"叫得响""站得住"的厂家。风雨同舟共患难的商业伙伴是有的，但多是在比较小规模的伙伴之间（要有也大概多是在中国式的社会文化环境里），而绝大多数商家都必然地遵循着"在商言商，利益为先"的规律，亘古已然。

按以上观见如此推理一番，我就同意了说法之一：产品市场经理于微软之无上重要。

不过，这几年发生了很大的变化，"个人计算机"的涵盖范围已经发生了重大变化。微机功能的日新月异不断强大，配合 Windows 操作系统的普及，使其在企业中的应用地位越来越重要，具备较完善的网络功能，微机真正开始具有了与 Unix 中小型计算机抗衡的能力。

五六年前，微软开始建立了面向企业客户的销售职能和销售组织，零售渠道产品形态也出现了彩盒包装之外的授权许可证，是为大企业客户批量采购设计的，一纸授权协议，真正无生产成本，容易做到优惠价格和捆绑服务，授权许可证有"权"无形，不会流入零售市场造成冲击。

要想进入企业，必须满足企业客户完全不同于个人用户的需要，于是新建或大大增强了相关的服务于企业客户的功能，如产品技术支持、顾问咨询、支持独立软件开发商基于微软平台的业务应用系统等，微软的产品线从种类到功能都大大扩展了。组织机构和市场的变化，使得产品市场经理的角色比起"纯微机"时代显得淡化了。连带着，产品市场经理们也渐渐感觉失落。

我仍然坚信产品市场经理无可代替的重要性。道理很简单：不管胎儿在母体孕育得多么健康，如果不能出生，或者生下来活不久，病病歪歪，那无论如何也不能体现生命之辉煌。在微软，产品研发部门负责开发新的产品，就如培养孕育漂亮的"胎儿"，产品市场经理要为它接生，为它创造生存的环境——市场，负责它的健康成长。即使是直接面向客户的销售人员，也不能不相当依赖于产品市场经理的工作，不管多棒的销售人员也难以推销不被市场认知和接受的产品。

陶娜是微软中国公司的产品市场经理，北大毕业，玲珑苗条，热情开朗的性格赋予她魅力。她戏称自己是"所有微软产品的妈妈"——因为她负责 Windows 产品。说起来难以相信，Windows 98 发布的偌大活动，就是由这个女孩子单枪匹马扑腾开的。她要靠自己调动所有相关的资源：游说、筛选参与发布的伙伴，落实赞助！前面说过发布经费很少，拉赞助很重要。其实经费少也有少的做法，但是优秀的产品市场经理不会让经费管住的，钱少就去找钱，钱多也从不会嫌多，千方百计要把新的产品做得轰轰烈烈，花团锦簇。陶娜要管的事还多着呢：同广告商讲解产品的主题，然后无数次地审核反复修改广告设计；订好十几站不同城市的场地，还要盯着十几个不同的场地设计；时刻关注产品的进度，一听到 bug 就心惊肉跳生怕耽误了大日子；随时吸取着其他先发布地区的经验教训，补充调整自己的计划；与临时配备的系统工程师（发布期间为全时搭档）设计排练发布的演示内容……还有无数其他事情，我怎么也数不清楚。

在微软，产品市场经理的市场能力要求很高，还要能干全活，平时就是自己一个人，到发布会临近时才会有一大批"增援部队"聚集在一起，不仅是内部的还有外包承办单位、合作伙伴、会议场地人员等，产品市场经理还要有相当强的领导能力，使得临时组成的队伍高效地协同工作。陶娜表现出很强的实践能力和组织能力。

开始时我每两周参加一次项目例会，随着日子迫近，我参与的频率越来越高。进入7月，重点集中在发布现场的设计。我对设计一直不满意，意见是"没有一个突出、鲜明、能让人记住的主题氛围"。连续几稿在我这儿通不过，陶娜终于急了，说："你能不能提出具体的更好的方案？"我顿时哑了，是啊，我有什么是可以"具体"实现的方案。

在微软，不需要只有理论只会说"NO"的经理，你必须提出更好的方法，不然，你的价值何在？陶娜的问题刺激了我对微软经理角色的认识，也刺激了我想象的灵感和速度……对！就是"速度"！速度、时尚、酷，这就是 Windows 98 的发布主体氛围！

第二天我迫不及待地抓住陶娜商量，很快就"具体"了后来的设计：发布现场内外布置成赛车场，由轮胎、油桶、地上跑道划线、音响传出轰鸣车声等表现"速度、现代"的主题气氛。有了主题以后，开场白、串场词等一下子变得容易、流畅，共同创作灵感碰撞火花四溅，最后加上了"人性化"的一笔，堪称绝笔。

那真是一段创作的享受过程。我至今仍为我建议的广告设计记忆深刻：一条绿色的路，几个站牌，由近至远（由下至上）是 DOS（在底缘露出半边代表着历史），然后是 Windows 95；Windows 98 突显在中间，路的远处（上方）是 Windows 2000 的站牌在彩虹之上，预示 Windows 的发展趋向……最后未被采用我耿耿于怀，我猜是广告设计无法体现我要求的"反视觉效果"——道路远处要越来越宽，远处的站牌上的字反而要更大……但毕竟产品市场经理是陶娜不是我，也只好由她。

其间还做了一个活动，请一些记者聚到一起接触、感受 Windows 98。记者们反应热烈，被 Windows 98 的"酷"感染甚至上瘾。我们心里更有底了。赞助落实了，产品进度正常……一切正常，诸事就绪。感觉有点像电影里的"总攻前的宁静"。陶娜在桌子上挂起 8 月的日历，已经划得剩下了"距发布会还有 11 天"。

8 月 20 日，星期四，我被北京市公安局传唤！四月儿站在我面前小脸儿煞白，我的脸色估计差不多，我僵在那儿几十秒钟只有一个想法："我根本没时间犯罪啊，我根本没时间犯罪啊……"

很快我就得到一点线索：是因为 Windows 98 "涉及不合规成分"，传唤的是公司负责人，所以就是我这个法人了。知道不是我自己的事儿（也不知道自己能有什么"事儿"？！），我的心反而吊得更高了，一系列可能出现的危机让人不敢往下想，又开始心里念叨"Windows 98 别出事啊，别出事啊……"我急忙叫来测试工程师和陶娜把 Windows 98 扫描了一通，终于找着一个"不合规成分"——是在求助信息里一处微软中国台湾公司通信地址，中英两种文字，中文是"台湾"，英文地址最后是"ROC"，再译回来就成了"中华民国"。这个该死的 bug 埋藏得很深，即使预先知道路径也要经过好几步周折才能找到，而且是"如需就软件版权事宜咨询请联系微软公司各地法律事务部"才有可能用到……但是，不管怎么说，这就是大问题，是触犯国家法律的。

因为有关产品，我拉上产品研发中心主任同去，也是为着壮胆。一路上惶惶不安，想不出什么，听着主任讲当年 Windows 95 刚刚发布后就被发现"不合规成分"，结果是把所有的上架货品全部收回销毁，还挨个检查了一些大量使用微机的公司，凡有预装 Windows 95 的都要求立即销掉。我一下想起来，当时好像也去 IBM 公司检查了，不过 IBM 那时候都用 OS/2，大家当笑话谈谈罢了，好像还有点幸灾乐祸。现在这可不是"笑话"。

"Juliet别担心，如果你'进去了'，我们会给你送牢饭。"主任为使大家轻松点开着玩笑。

我打起精神嘱咐："得送素食。"——我居然还没忘了自己吃素的事，也可能牢饭本来就是素的？

传唤我们去的是主管国家数据信息安全的部门。进大门时，我真感到害怕了。

见主任和办事人员打招呼像是认识，我刚想放点儿心，听到办事人员开口心又马上高高吊起。"俗话说事不过三，这是第四次了吧？"我心里说冤啊，这可是我的第一次。按着程序从姓名、年龄、性别、职务开始询问，详尽记录，最后本人看过属实后签字。办事人员们都很和气，还起身送我们到门口，我倒退着往外走，摆着手把他们往回送，说着"请留步，别送了"。

遵嘱回去听候下一步指示。可不是干等着，要做的事可多了！一方面将全部有分发记录的试用版火速收回集中备查（我心里庆幸当时坚持试用版不能标价销售，不然情节要严重得多，也不可能收得回来了）；另一方面要将最终版本的生产母版"消毒"，牵涉与美国、中国各相关方面的一系列复杂协调（又是万幸——"叫停"赶上了工厂正要开始生产的千钧一发之际）。昼不安夜不寐七上八下，终于一周后得到公安局指示：鉴于屡犯，将课以重罚；允许发布消毒后的产品。万万幸！距发布会还有三天。我们没时间庆幸，忙于处理另一个危机：所有彩盒包装上必须贴上软件登记号条码才能出售，而现在刚刚拿到软件登记号（软件登记是刚出的新规定），条码还没印出来，需要在星期一早晨各地几十个零售店开门前送到每一处，而今天已经是星期五……墨菲定律再次充分验证：所有不可能的事都发生了。我后来觉得最不可能却终于发生了的事是：Windows 98发布如期举行。

任何公司做海外生意总要吃很多堑，才能长一些智。但有些教训是学不起的，那就是：必须对当地国家法律、政治、宗教、文化永远保持高度敏感和尊重。海外公司运作通常与本土的总公司有日常密切联系，而总公司往往缺乏在海外公司看来是常识的认知,譬如 Windows 98 不合规成分事件的发生,就是因为产品是由北京和西雅图两地的产品部门配合做的,两地都有扫描检查的程序(专门检查地域性敏感词语信息),北京该做的都做了。西雅图方面负责非重要附加信息录入,因其"非重要"就由临时录入人员做,又大概因其"非重要"没有 100% 地扫描,就偏偏漏网了地址中的三个英文字母。这些是绝不应发生、绝不敢重复、绝不能侥幸的事。

终于到了发布的日子。

我不想详细地描述,因为表达不出我记忆中的辉煌和震撼。

我相信,再过好长时间,好多人还都会记得——

陶娜兼任的产品市场经理和主持人两个角色同样富有魅力和具有高度专业性……98 秒倒数催促下,赞助商们的例行发言变成趣味竞赛……"谢谢,再见"后上千人不退场,驻留在白衣白裙"希望天使"们充满人性魅力的稚嫩歌声中……午夜街头等候热卖攒动的人群……还有那红色的"法拉利",尾号是:Windows 98……

我们把 Windows 98 做成了"市场经典之作"——这是媒体、伙伴、贵宾、观众、合作公司的一致评语,当然,也包括我们自己。Windows 98 的发布经费是 Windows 95 的 ××%,全球销售指标是要在发布后 100 天内超过 Windows 95 同期销售套数,在中国,同期对比超过在太庙发布的 Windows 95 销售套数的好多倍。现在想起来,我仍然激动,因为特别投入,就总觉得那也是我的创作,而且是处女作,弥足珍贵。我在其中领悟了微软市场操作的神韵,受用无穷。

时代变了,世界被互联网连成一片混沌自由,不管多小的软件都有可能在网上找到插针落足之地,不管多大的软件也不可能再形成 Windows 曾达到的统一,新生的公司、产品、概念正在抢走"创新、时尚"的风骚。微软的产品线也正在统一到数字神经系统的概念之下。如何成功地将产品运作成"概念",同时又能突出各个产品多年具有的鲜明个性,如何能保持公司的创新、技术领先者的形象——微软的市场操作面临新的挑战,比 Windows 9× 时代要困难得多。

脚下是流沙

我经历着事业生涯中最黑暗的日子。心沉到底，我何术回天？

我记得清楚，布莱恩告诉过我，不必担心生意，微软的"生意会自动流进来（Business will just flow in）"。我当时回答，"肯定会有其他的很多问题，不然不会想起来要换总经理"。我有足够多的事情要去全神贯注地应付，潜意识里也确实对生意没有担心。

但总经理不可能不管业务，我是做销售行伍出身，对业绩的敏感是第一位的。我拿到基本的业务报表先从销售看起，刚开始真不习惯：做惯了IBM的生意，项目最小也是以十万美元为单位，而这里五位数就算不小了；也没想到销售报表是每天由系统自动出的，真够先进，可有必要每天吗？转念一想我就明白了，微软的生意是每天"流"进来的，就得有"水表"每天量着。后来知道这个"水表"还有个"三通"，连接着工厂和全球营销管理的大数据库，功能奥妙可多呢！

我注意观察阶段性的收入曲线：财年1998下半年（1999年1月至7月）预测的收入曲线平缓，与上半年持平，肯定做不到年初的预测指标。最先谈话的是负责营销的总监们，我问原因，都答说因为没有新产品发布，下一年会好的，Windows 98、SQL7.0等新产品出来生意就会好了，和"自动流进来"的意思差不多。我又问："既然没有新产品为什么当初会预测高了？新产品计划不是年初就知道吗？"无论如何问，无论问谁，都不得要领，我想，"不得要领"的原因一定是我还没学会，所以不能理解。

在我来之前，财年1998下半年和全年的指标已重新调整过了，达到调低后的指标看来没问题。我不想过多纠缠我来之前的诸事缘由，我希望在平稳过渡的几个月里完成我的"入门"，带着我的队伍以新的精神、清晰的策略和计划跨入新的财年，那才是我真正的开始。

开完全公司新（财）年大会后，我心里有一种由衷的欣慰，认为"和平过渡"已经完成，因为我能感觉得到大多数员工已放松心态，接受了我。我可以带领我的队伍踏上光明坦途了。

我先带着大部队踏上去美国的路，参加 8 月初的全球营销大会（MGS）。我又一次领教了什么是大手笔！七千多人的大会，好像把整个新奥尔良都包下来了。满街的人胸前都挂着比巴掌还大的 MGS 胸牌。会场各入口外都有牌子，赫然是"高分贝！给心脏病患者的善意提醒"。容纳八千人的会展中心主会场，迎面顶天立地大屏幕横跨足有一百米长！屏幕上变幻滚动风云雷电，雷声越滚越近，十分钟的酝酿使人的情绪发酵膨胀，倏然，百米大幕陡然落下，好像从地里升起来个舞台，全体起立欢呼，鲍尔默总裁出场！我没听过最高分贝，但心想肯定顶多也就是这样了。我想我看到了顶级的制作，我怀疑会再有机会看到如此规模的人群将如此高浓度的激情贯穿整整三天！听老资格们讲，今年的 MGS 确实能算得上顶级的。煽情主要来自鲍尔默荣升总裁，他带出来的全球营销队伍为之兴奋而又有些惜别惆怅：不愿鲍尔默从此远离前线。

大会的内容多半是在 4 月的经理大会上听过，不过听上去仍有新鲜感，这次是为全体营销队伍开的，为使每一个人听懂，更清楚；为使大家激动、记住，更"酷"；为能带回去立即能做起来，更具体。我和我的队伍也都很狂热地发了三天的热。

回来的路上我在夏威夷停留三天，心境有点特别——好像是准备投入战斗前的清静所为。住的酒店是纯为游客准备的，只有极简单的商务设施。我一进房间就检查电话接头，发现接不上手提电脑，跑去找商务中心，原来所谓商务中心就是前台的一个信箱、一部传真机。黑头发、黑皮肤、黑眼睛的夏威夷接待小姐说："没有商用设施表示不建议休假时还工作！"我就真的休假了。从来没有试过连续几天断了业务联系，有点怪怪的感觉，不过倒也不太担心，全体总监都留在家里看着生意呢。

我带着一身夏威夷的阳光味道回到北京，心情也是新鲜的，正好配合新的里程。

第一件事当然是看久违的报表。报表上显示的数字是七天前的。哈，"水表"坏了。请人检查，结果是"系统正常"。不管我信不信，事实是整整七天没有生意，也就是从我启程去美国那一天开始，"水表"停了！

"为什么？哪里出了问题？"我从我的总监们那里仍不得要领！

我不能接受诸如此类的解释：

"因为政府机构改革许多项目延迟"——我们本来也没有多少与政府相关的项目！

"洪水灾害使得许多项目延迟"——到底是哪些"许多"项目？并不是7天前才发的洪水，也不是全中国都停产了啊！

这次，我可不能再囫囵吞下了。既然指望不上应该指望的人，我要自己找出问题！我开始发狠，从分销零售渠道的最上游到每个分支每个环节，逐个领域、逐个企业项目、逐个销售人员、逐个分销商、逐个……用放大镜检查，问题开始一个个显现，脉络根源清晰起来，很多问题都不是新的，而我现在才发现！

在发狠检查营销渠道的同时，我每天夜里痛苦地检查自己，我自己都做错了什么？来得及修复吗？还是我能力根本做不到？这么多的问题我为什么要等到危机来临才想到去发现？

我回想，为能尽快地融入微软，我不带"自己人"单枪匹马地来了，先做"安抚"，声明"希望与现有的队伍精诚合作，没有做大调整的想法"，我希望人心稳定，希望被真正接受。我小心翼翼时刻提醒自己要温和，不要太强势；每每在想刨根问底或发表见解之前先要小声问自己："这是不是微软的风格？是不是太'IBM'了？"我想把从前的文化烙印抹掉，把从前的自己全部打碎，再融入这里。

我实际上已是太不自然，我在扭曲我本来非常鲜明的自我风格，我本来突出的正确判断、迅速决断的能力被大打折扣，我也常常不再相信我本来敏锐的"感觉"。回头看看，觉得自己更像个新进门的童养媳，心态上根本不是个总经理。不错，我在较短时间内赢得了大部分团队的接受甚至喜爱，那是因为我刻意用"最可爱"的面相去赢得大家。我根本没有掌握最重要的核心管理层！

几天下来，随着深入问题我看得越来越清楚。我痛苦地对自己承认：我用五个多月得到的只是表面的业务了解，没有深度的理解也就不具备掌握全局、指挥队伍的能力，就没有真正的权威。我小心翼翼对我的经理们，不得要领就不再深究，告诉自己要放心、要信任、要放权。

我有了一个要永远记住的原则："放权"，只有胸有成竹、有能力驾驭全局的统帅才够资格说"放权"，否则就是不负责任，甚至是玩忽职守。

我已经错在患得患失，到现在没有能够获得驾驭全局的能力。但是，我仍相信我有能力修复，我要把已成颓势的局面扭转过来，这比驾驭和平的全局要难得多，我非做到不可！我要承担起责任，做回我自己。微软既然挑选了我，也应该能接受我的作风。

我按我的作风我的风格行动起来。

8月19日（何等的讽刺：我们"团结、胜利的大会"刚刚开过一个月！），我召开了一个紧急营销会议，所有的市场销售人员都参加，不光是总监。我告诉大家，我们的业务状况现在面临真正的危机状态，全体进入非常时期。要求每个人要"非常"行动起来，必须"非常"——因为我们的常理出牌已经输了！所有行动要围绕当前的最高优先：销售业绩！生意！"水"！

企业客户销售：每一个销售员要就手上每一个单子做出新的计划——目的明确——如何加快项目成熟，需要何等资源，每个项目必须由高级经理负责，当然包括总经理本人，必须成为具体项目的资源，与销售员对项目共同负责。

经理：我深知企业客户项目是很少能短期内发生戏剧化进展的，我的目的是让每个销售人员都有危机感,要直接感受到我和公司的压力,然后才有可能谈分担压力。

渠道销售管理:一周内整理出确切的各分销商库存种类报表,详细分析各分销商近期付款状况及实际资金流转状况,详细分析各地区零售趋势,并拿出新的精确销售预报——要每三天核查进度,兼查销售额和预报准确性。

分销零售从来都有预报,每次销售额与预报不符都有后知后觉的理由,我没时间等着后知后觉,那些个理由要让我编能圆得更好!我用每三天检查逼着渠道部门走出去,走到分销零售伙伴的前线,给我拿回来真实的资讯!

市场部门:做所有的市场活动不能只以参加人数、回收多少张反馈意见表为衡量标准。必须跟进所有在市场活动中收集的"有购买意向"的客户,一直到交到销售或渠道伙伴手里,还要平行跟进一段时间,确保客户跟踪没有断线。

技术人员和市场人员:必须主动成为渠道伙伴或销售员的资源。不能光干赔本赚吆喝的买卖。

我的做法真的引起了危机感!微软已太习惯于成功,成功到今天似乎真到了可以不战而胜的境界,生意会自动"流"进来。但微软中国还差得远,从市场到渠道到自身都没有成熟。前几年开始阶段性高速增长,从年销售额几万美元到十几万美元到几十万美元到上百万美元,快速增长的百分比一直令人欢欣鼓舞,使人们忘了基数与增长的规律,也有了"微软不败"的信念,拒绝接受"危机"。原来歌舞升平,突然这个新来的总经理(还是从IBM来的!)告诉大家微软在中国不能不战而胜,还要逼着大家干活!

人们也不愿接受总经理的突然转变:我的声音不再"温柔",不再耐心听长长的故事,我坚决急促地下达命令,盯着期限催命,追究任何延误;我每星期见几个客户、伙伴,经常有第一手的资料去"逼迫"前线销售人员;我刨根问底逼着我的总监们不断地返工去找来我要的清楚、真实的答案……会议第二天,乔治找我谈话,让我注意不要给营销队伍太大压力,会影响士气。我不想多说,只是简单地说:"知道了,请给我一点时间。"我知道有人去乔治那儿投诉了，我没工夫也用不着管，我做得其实还是很客气呢：与各销售员谈话时都请总监在座，没有完全越过他们。如果总监把活做好了我当然不会去抢着干，也没听说过总经理不能直接与销售队伍对话的。

继续我行我素！我就是要让整个队伍充分感到和接受危机的现实，才有可能把思维转向如何改变危机，才有可能加快行动的速度，就是要让队伍"惶"起来，"惶者生存"。同时，只有在危机的形势下，总经理越过高层经理直接进入前线才说得通情理，我必须这样才能在最短时间驾驭全局，我现在要做的是下达作战任务、督战、参战，而不是放权。我在没有资格"放"的时候已经"放"得太久了！"权"都没被用来干活儿，别怪我把权收回来。

最关键的渠道、销售、市场都有严重问题。

◎分销零售渠道：

分销商周转不灵——微软的分销商都是以做 PC 为主，微软软件分销对 PC 分销意义重要，但只占分销商业务很小的比重。当时，整个 PC 市场因国家整理进口渠道全面阻滞，分销商主流业务受阻，压力陡增，要全力支撑资金物流系统，根本无力、无暇再顾及软件分销。PC 供应链下游的零售网络同样受到直接影响，当时报纸有标题直说"中关村无（PC）货"。分销商不但"吃不动"微软软件新货，应付款也收不上来了。

库存问题严重——我亲自与分销商开会，有更严重的"发现"：各分销商都有大量过期库存！而过去我一直看到的报表显示都是库存正常。我好不容易弄懂其中就里：分销商确实一直都遵守微软要求按月报告库存，把数据填入标准表格邮件抄送给微软，微软人员再将其与其他数据合成为整体报表。但各分销商内部管理系统往往达不到精准，分销商有很多分公司各自都有不等量库存，向总公司月报在汇总时就可能有很大出入。

分销商生存的根本是大量快速的货款流通，更重要的是要通过精密的管理最大限度地降低成本。国内的分销商现状是以量和周转速度竞争，比拼的是销售额，管理多为粗放型的战地指挥，经常要到年终算账时才知道是亏是赚。现在虽然没到年终，突然出现的压力迫使各分销商立即清理内部，以期释放所有可能的资金。不约而同的发现是：微软软件库存是最大问题。有的库存已超过500天，就是说，分销商订货付款给微软以后一直压在自己手里没卖出去，当然也没有钱收回来。有的产品已经更新过两次版本，软件过时就分文不值了。

库存管理是微软渠道管理的首要职责，居然，要等到和总经理一起"发现"真实情况有多么严重！

市场价格混乱——这是与销售部门有关的问题，所以下面再谈。

◎企业客户销售：

企业客户销售业绩从报表上看相当不错：从1998年为总销售额的30%到现在提高到50%。眼前我手上的企业客户项目预报上大都是些"八套Office""十套NT"之类的，再乘上几次也凑不到50%。仔细研究后发现：原来主要是销售与渠道部门之间友好协商，"内部划拨"的结果。真正卖到有名有姓的企业客户的软件许可协议只有20%左右，其他都是通过零售渠道卖的全包装产品，"划拨"成企业销售业绩，根本无法核实最终用户。

软件许可协议原是为企业客户设计的，考虑到企业客户经常需要批量购买，集中安装，集中支持，不需要每一个最终用户人手一套全包装产品。用软件许可方式：以一纸协议授权用户数量，再按企业需要配以少量光盘和手册，由于省去大部分全包装产品的生产和流通成本，给客户的价格可以优惠得多，还能捆绑服务；对于分销商没有周转的压力，利润自然就更高。如此有益各方的产品却"销不动"，太简单的原因我却好不容易才看清：没人去卖。

我就几个我了解的客户（都是年年花数百万美元购买IBM机器的大客户），询问销售员和总监"客户今年主要IT购买计划是什么""客户的高层主管见过哪几个"，总监的回答是"放权"给了销售员，销售员的回答是见不到高层主管。大客户高层主管门前总是排着各大IT公司的求见队伍，排队的差不多都是"总字辈儿"，饶是微软赫赫威名，也"牛"不到这个份上——只有销售员跑客户，经理不出门见客。销售员们很难见到"真佛"，能零散卖出去几套这个、几套那个就算不错了。将在家，兵何以捐躯？

那么销售任务怎么完成呢？靠内部配合：不出去卖软件许可，再发明一个"白包装"，就是把零售的彩盒包装产品，折扣到与许可证相仿，当作为企业客户制定的优惠价格政策。分销商定购成批"白包装"都要有具体客户项目名称，一订货就自然反映成为企业销售部的业绩，再由分销商负责发货到最终用户。看起来中规中矩，只是有个"小"漏洞：成批的低价"白包装"中有很大一部分流向了零售市场，而所谓"白包装"实际就是在彩包装盒外贴了个不粘胶的小条，写着"此产品为特价产品不许零售"，只要撕下小条与彩包装一般无二，撕时小心着点儿就行了（七个月以前布莱恩曾下令停掉的"白包装"一直活跃至今）。这一来二去出来的价格差距，使得零售市场价格一片混乱，低价战杀得分销商彼此都是遍体鳞伤，价格混乱又掩护了水货、假货。再加上分销商有六个之多，根本没有透明度，也就别想管理了。

IBM在中国几亿美元的渠道生意是本人做起来的，我当然深知"水至清则无鱼"的渠道法则，但是，水"混"到这个份儿上，多好的鱼也怕活不长了。

◎市场推广：

年初制定的市场策略是要大规模推广数字神经系统的概念，不再是传统的强调每个单一产品的功能，而是要介绍每个产品在为企业构成数字神经系统中的作用和价值。声势浩大，十几个城市，都是当地最大的会场，每场两天，除两场例外，场场爆满，观者如潮，参加者反馈正面积极。但是就是见不到对于销售业绩的任何实际影响。

销售和渠道部门抱怨市场部门推广不力，说是"用卖鱼翅燕窝的方法卖萝卜白菜"；市场部门委屈得不行，说是因为销售不使劲，渠道不跟进，做得多漂亮也是没用。

市场部门是按照计划花钱，销售部门没按照计划实现，比例上出现严重失调，如果销售不出现奇迹，半年没过完，已经没有任何市场经费了。

还有，我的队伍全体惶惶，士气低落。营销指标呈加速度继续下滑（有这么多问题能回升才怪）。几十年不遇的大水却继续凶猛上涨，中关村依然无货……

我经历着事业生涯中最黑暗的日子。心沉到底，我何术回天？

已经不用再喋喋责备自己无用，没能洞察先机。现在要回答的是：怎么办？我其实没多少选择。或者，尽量维持，与各个分销商协商再努努力，每家压上一些库存（又是"以前一直是这么做的"！），让我的销售业绩能看到点起色，等渡过难关后再当"后报"；形势即使能侥幸缓和，仍是后患无穷，这样可能会拖死几个分销商。或者，就此解决积弊，彻底整顿，但是，短期内对业务的影响是极坏的，销售业绩持续下滑，红灯警告已经惊动西雅图的最高层，不尽快扭转颓势，我自身难保。

我到此地步反而从未想过以"辞职"求全身而退，就好似身陷流沙中央，进也可能死（被炒掉），退一定是死（死的是职业名誉）。我做了职业经理人的选择，只要在其位，就要尽职尽责。

我开始断臂疗毒：
◎核准分销商库存，一律退货。

这意味着用好几百万美元吞回一文不值的一堆过期光盘和手册，退货直接从销售额里全额划掉（写到此处，我眼前又是当时报表上一片血红的数字）。

其实，根据分销代理协议条款，微软并没有法律约束非这么做不可，责任是可以推脱掉的。我仔细考虑之后决定要这么做。第一，负微软管理不善的实际责任。第二，从微软的中长期利益考虑，当此严峻局势，分销商和分销渠道只能扶持，不能加压，压垮了分销商，对微软只有坏处没有好处，应收账永无指望，重建分销渠道意味着更长时间的生意"断流"。第三，商场道义。合作伙伴应该互相支持一起活着，而不应该临危就让伙伴替死。微软吞得下、消化得了这几百万美元，而如果让分销商扛下去就可能成了压死骆驼的那根稻草。吞回过期库存最难过、最难看的是我，但这样能非常有力地扶分销商一把，分销商只有在脱了资金的死扣以后才有可能再盘活，也才能再做微软的生意。

◎停掉两家分销商，减少到四家。

又少了两个能分担危机帮着承担点塞货的出口，终止合同就要清盘全部库存又增大了回收库存的负担。但是以后的分销商管理会顺得多。软件分销商不宜过多是经验所证实的规律，美国偌大的市场只有三家分销商做微软几十亿美元的生意，欧洲、亚洲，连东南亚都是只有两到四家；多一个分销商就会增加协调、管理上好几层的复杂，过多的分销商也很难形成市场的稳定，价格争斗在所难免，分销商利益最终都受损伤。

这真可能成为压死我的那根稻草，但是于微软中国长远之计，泰山都扛了，再扛上根"草"又如何？

◎彻底停掉"白包装"。

大客户销售员重新调整销售任务，明确销售软件许可协议部分的定额，意味着必须全力地去抓真正企业用户的项目，要出去销售，再不能依靠坐在家里内部配合了。

◎阵前换将。

9月、10月我分别宣布销售部和渠道管理部总监已经或将要调离，临时拆借一个经理和我本人兼任。多人劝我"阵前换将，军中大忌"，我笑答"不是换将，我无将可换"，我自断左膀右臂，先断臂后寻医。

我先前失去了大好的几个月，没能掌握业务也没能掌握队伍，现在只有置之死地后才能求一线生机。我扑到前线全方位督战，兼着寻求愿意并能够临危受命的大将。

我做这些事时有强烈的紧迫感，12月的年中业务汇报已经迫近，必须在此之前扭转形势，不然我的死期就到了，微软的耐心是有限度的——以半年为限，大限来临，没人会听你的故事，再说，我能讲什么呢？讲我如何一心抱着美好的希望，然后如何身陷绝境才失望，才开始断臂疗毒……到底谁是总经理呀？我好意思讲吗？即使真的不能及时扭转，我也要在"死"之前尽量把能做的都做了，留下一个基本健康的组织和营销渠道，算是些许的自慰，也不枉微软信我、用我一场，"死"也要死出个职业人的"光荣"。

我的一连串动作快如旋风，只有一部分决定曾简单地知会过乔治，没有太多与他商量，一方面是真的没有时间，另一方面是我还另有个真实想法是少让他参与，后面他转圜的余地就能大些，本来是我的责任，应该我来担当。

8月、9月两个月业务下滑到谷底，10月终于稳住，11月开始回升，但由于回收库存这两个月零售产品显示负数，幸亏大客户的软件许可销售开始见效，不然总数会是负的——无可救药的血红赤字。12月开始是真正的增长！

天不绝我：几位大将都找到了！到12月初，我有了一个新的领导班子，一半是新的！只差一位要等到一个月后才能来，其余全部到位。他们来自五湖四海，为了一个共同的目标走到一起来了。我感到了信心。我从流沙中挣扎出来，要稳一下脚跟，好带领我的团队前行。

修炼精英

> 两天的熔炼把一颗颗金沙合成了一块金子，尽管仍然粗糙，
> 但毕竟是金子了。

进入 11 月，我终于"凑"起来新的经理班子。

刚从外面请来的几位，没有一位是我以前认识的。他们都有很深的 IT 行业和外企服务资历，在哪里也算得上精英一级的人物。他们经验老到，来之前多少都做过内查外访，IT 圈子里的流言之活跃可能仅次于影视圈，很容易知道公司业务正处于困境。我也没有刻意隐瞒粉饰，他们能猜到我本人所处的严峻形势。如果现在接受我的邀请，一荣俱荣的可能性不大，倒是很可能受"覆巢之累"。微软所付的薪酬是他们在业界其他公司可能得到的较低水平，比起眼前要承担的风险和责任，股权利益的吸引也显得太遥远。但是他们都接受了我的邀请。其中一个简单但是主要的原因是：微软中国有个本地人做总经理，他们接受和分享我的理想。他们来了以后立即义无反顾地全身投入，在极短时间内就表现出他们的优秀。

有几位是从内部刚刚提拔到新的位置，我挺得意能"挖掘出埋藏多年的金子"。还有几位是在微软中国公司服务了几年的，像华东、华南的分公司经理，财务和人事经理。现在所有直接汇报给我的经理有一个共同点：都是本地人。我对这个班子很有信心。比起不久之前，简直就是幸福。

但是我的班子还远远没有成型，每个人向我负责，但彼此之间还没有默契。新来的，对微软的学习还没入门；新提拔的，需要建立威信。我有一个观察：从公司内部提拔起来的干部往往受到更多的挑战，差不多都要听到很多的

"他/她凭什么就能……"，我自己以前也有过这种心态，是几年前才完全克服的。这是不好的习惯，这一点好像在外企的中国雇员里表现得更充分（也许因为我一直在外企做，所以有如此感觉）。

不错，这些人大多数都很优秀，有激情、有理想（共同的理想），但是一群优秀的个人凑在一起简单相加，只有很小可能性能自然成为一个团队；因为优秀的人往往都有鲜明的个性和主见，反而容易产生更多的摩擦和矛盾。我的班子在过去一段时间表现出可以"共患难"的可贵品质和能力，但我可不想让自己和公司总是处在患难之中。我的管理队伍不仅要能冲锋陷阵杀出困境，更重要的是能领导公司的业务走上正轨，健康发展。

我要把大家迅速"黏合"成一个团队。我注意花更多的时间把大家聚在一起，经常的聚会时间是晚餐时间，确切地说是"夜宵"时间，人人都加班，到精疲力竭时就呼啸一声去吃饭。每到晚上我早就累得根本吃不下什么，但从不想错过和大家聚会，哪怕有时"大家"只能聚起两三个人。这样做的好处是浅显直接的，能让大家尽快彼此认识、熟悉，并对各部分业务经常性地有所沟通，从而能有更多的配合，而不总是单组作战。但是离真正的"团队"距离还很远。我暗暗急躁，如何尽快跨越这段距离。

这时，乔治提出一个建议，把我的队伍集中起来做一次"团队建设"，就是经常讲的"team building"。"团队建设"正合我意！但是对他的具体建议就很不以为然了：为什么要从美国请一位顾问来？我可不愿意浪费我和经理们宝贵的时间去陪什么老外玩儿，还是个从未来过中国对中国一无所知的老外，对我的团队能有什么"建设"作用？我见过许多这类的顾问，也参加过不少次team building，那对于帮助比较成熟的团队提高团队修养能有些作用，我现在需要的是尽快把我的班子用急火淬成铁板一块的团队，距离能侈谈"修养"的阶段还早着呢。

我委婉地向乔治表达："有专业的顾问当然很好，但是所有经理聚起来两天实在是非常不容易，我想尽量紧凑有效地利用这段时间……"，乔治很容易听出来我的实际意思是"用外面的顾问是浪费时间，没用"，但是他还是坚持"建议"这样做，我也就同意了。乔治在过去几个月里跟着干着急又使不上劲，我一直忙着也没顾上经常汇报请示，现在他兴致勃勃提出建议是好意想帮忙，我怎么也不能再拂他的面子，但心里还是不怎么乐意。不管怎么说，能把大家聚到一起"建设"一下感情也是好的。我没有太高的期望也没多管，就由乔治和那个顾问去商量准备。

12月10日星期四，上午是SQL7.0发布会，开场演讲完还有记者招待会，下午参加了一个合作伙伴的产品发布，是基于SQL7.0开发的产品，所以一定要捧场。回到公司已经下午4点多了。约好全体十几个人当晚在龙泉宾馆一起吃晚饭，然后开始三天的team building。三天里有两天是周末，为的是不要耽误了工作。我的经理们随了我的习惯，全没有周末了！龙泉在门头沟郊外，下了雪，路不好走，我准备早出发。四月儿追出来提醒我，说那个顾问一直等着见你呢，这才想起顾问是今早飞到北京的。我赶快过去打个招呼表示礼貌。

顾问名叫斯蒂夫·莫尔（Steve Moore），后来我们给他起了个中国名字叫莫诗赋，与他的名字谐音，还有个意思是"莫师傅"。看起来是个好老头，花白的头发也理成板寸，正好符合中国的时髦。我们简短地谈了十分钟，他问我通过这两天的训练最希望达到的效果是什么。

我说："不是乔治已经和你谈了吗？"

我不想和乔治的期望有出入，免得太难为这个顾问。再说，同样的话明天还得说一遍，顾问们都是这一套：先让大家写下期望值，比如"想增强团队精神啦""加强沟通啦"，到结束时再问大家是不是达到了预期。大家刚刚"修养"过，感觉都比平常好，谁也不能说一点儿没效果。但这些效果往往都无法量化，回到熟悉而紧张的工作环境后很容易被忘记，迅速消解掉了。

莫师傅说："我想知道的是你的期望，因为是你雇我来的，你是老板。"

我想想，对啊，他的费用是用我的预算支付的！怎么能连期望都不提呢？

我先说了我不期望见到的，那就是时间被浪费在任何不实用的地方。

"我期望的是，两天后我的团队里的每一个人都清楚地知道今后六个月里公司要做的几件事，如何做到；每个人自己要做的几件事，如何做到；问题在哪里，如何解决。我期望每一个人的态度都完全积极坦诚，互相之间只有支持，没有猜忌隔阂；我期望两天之后拿出来的都是具体的、可行的行动计划，而不是只是些精神和口号；最后，我还期望两天之内这个团队学会做年中业务报告。"

最后的这个是脱口而出的，因为我太担心这个年中业务报告了。我觉得对这个好老头有点太苛刻了，这哪是顾问能做的活儿啊，连总经理也犯难呢。我有点不好意思。

莫师傅一点没被吓着，沉着地说他都能做到。这倒是和我印象里的顾问不一样，顾问们通常都给自己留着好大的余地，可以说大话，不能说满话。我追问一句："连年中业务报告也学得会吗？我的人连我自己可都没做过也没见过！"莫师傅答："能学会，只要你们听我的。"我的兴趣一下子上来了，只要能做到这一件，花的钱和时间就太值了！可是，怎么可能呢？我知道莫师傅是独立咨询顾问，他家和公司都在西雅图，微软是他的老客户之一，他为总部的好几个部门都做过咨询项目，但他毕竟连微软的员工都不是啊，怎么能教我们做年中报告呢？那可是连微软资深经理都视为畏途的。这个莫师傅还真没准有点功夫，明天就能见到了。

第二天一早，莫师傅好像换了个人，精气神儿高涨，声音洪亮，好像对着几百人而不是眼前的十几个人。

"我先声明我不是顾问！"莫师傅的第一句话让大家莫名其妙。

"我是教练。以前教练橄榄球队，后来受伤跑不动了，就改做企业的教练。今天、明天我就是你们的教练，你们要服从我的训练方法，包括Juliet，也得服从，要不然我做不到她的要求。"

莫师傅真的做过橄榄球队教练，从20世纪70年代，从高中、大学、西点军校橄榄球队、比尔水牛队（美国赫赫有名的"甲A"橄榄球队），一直教练到国家队（national football league），1983年到1988年执教西雅图海鹰队，也是 20 世纪 80 年代的美国橄榄球"甲 A"级别，1986 年、1987 年、1988 年连续三年创超级杯俱乐部队连胜纪录，Super Bowl 赛季连胜 12 场，取得西区冠军，1988 年差一点问鼎超级杯冠军，他训练过的一个球员后来还做了参议员。

他的演示稿第一张是一幅漫画：一个打手在台上手执长鞭介绍自己是"激励专家（motivational expert）"。台下坐的人们敬畏地聆听。莫师傅说，他就是那个专家，也有一条巫师的鞭子，随时会用鞭子催赶保证进度，把"球员"随时赶回训练场地，不然就做不完要做的事，而他不想因为完不成而被辞退！他把我期望的和不期望的都原封不动亮出来，说这就是必须两天内做完的事，然后宣布在这两天里必须遵守的十几条规矩。

后来我们把这些继承为团队规矩，一直自觉遵守下来了。其中有几条我很喜欢，譬如：不含敌意的冲突是好的；附和意见之前先问自己：出了门是不是还会支持团队决议，为其辩护？尊重日程表的时间，一次一个人发言，发言人要简单明了，不要浪费大家的时间……（多么简单的事，我们以前很少做到过）。我也从此继承了那支长鞭，每当我的团队显露涣散、偏离团队规则的时候，头顶就会盘旋起它的可怖鞭挞。

接下来每个人只用十分钟自我介绍一下是做什么工作的和一件大家都从不知道的事情。我意识到我的经理们相互之间还是多么陌生。我介绍自己是"为四月儿和大家做事的"。想说的一件事是："昨天晚上我拉着行李离开办公室，在走道上遇到几个员工，我告诉他们我们去做什么，他们提了一个请求，我答应了，要为公司带回来一个真正棒的经理团队。"

我说完后大家都很安静，大家都知道，我们还称不上一个团队，更别提"棒"了。员工的期望是对每个人的鞭挞。

训练开始了。莫师傅的确一点也不了解中国，但毫不妨碍他坚决地推进训练计划。他有二十五年"教练"经验，前十三年执教橄榄球队，后十二年教练各行各业的团队，从软件企业（包括微软）、教育机构、政府机构，到零售企业等，教练过三百多个团队……他坚信：任何团队的终极目标都是要"赢"，而运动队凝聚体现"赢"的精神，所以不管是哪个行业的客户团队，他都用教练运动队的法子来训练。"教练"的方法是鞭策、激励、指导、示范、参与，甚至是不容分说的粗暴指令。与"顾问"的启发、引导的温文做派完全不同。我们像一群临时组合的球员，开始时缓慢、笨拙，但很快知道重要的是要听懂教练的号令，跟上全队的节奏。莫师傅一个接一个地下着指令：

"三分钟之内，每个人写出对微软中国最重要的市场机会，量化。"

"三分钟，各组讨论，选定全组认定最重要的市场机会，不许超过三条！"

"五分钟，各组代表简要解释你们认定最重要的机会是什么，原因。"

共有四组，每个组的代表都拼命在最短时间内说明自己组提出的最重要的看法。这时白板上贴了十几条看法，有几条看法是各组不谋而合的，自然被大家公认是最重要的，对剩下的七八条——

"每个人可以有两次——只有两次——举手的机会，表决决定最重要的两条。"

如此这般二十分钟之内，墙上就张贴出来"机会的宇宙（globe of opportunities）"这一条。常见的企业思维模式是，拿过去的业绩＋现实的资源＋已有的策略来制订"增长"的计划，最习惯看销售业绩百分比增长的柱状图形。莫师傅训练我们要脱离与自己的过去相比较的窠臼，强迫我们习惯去看"机会的宇宙"，它代表与微软中国业务相关的中国IT市场的机会，小小的"一角"假设已有的市场份额，衬托出一个巨大的市场空间。

莫师傅指着"宇宙"问我们：想要多少？（How much do you want？）

我们太长时间专注于救火，两眼紧盯着火情，限制了向外的视野，只把扭转危机作为团队的最大目标。莫师傅豪情万丈指点"宇宙"，激活了我们向前、向外发展的想象力和胆量。

"机会的宇宙"一直挂在墙上，它的量化虽然粗糙，但时时提醒我们，有的是机会，有的是发展的空间，我们只需要找到并专注于最有效的区间，制定有效策略，调整部署资源，就可能把机会变成现实。在我们讨论制定下半年和明年的销售策略、销售指标时，我们参照的是"机会的宇宙"，而不再是对比过去。人们最习惯的参照物就是过去的经验，而实际上"宇宙的机会是无限的，有限的只是人们自己的思维"，惯性地参照过去就是人们给自己最大的限制之一，企业也往往如此。

别看莫师傅不会中文，他能"听懂"！每当我们陷入具体而细微的细节争论时，他总能察觉，立刻叫停，问："你们在争论如何抓到这些大机会吗？"一次又一次，我们被从习惯的思维拉出来，直到摆脱束缚，形成新的习惯。

"停！转入下一项！微软中国今天最重要的问题是什么？三分钟……"

"停！下一项！要抓住最重要的机会，最重要的策略是什么？七分半钟……"

在莫师傅一个接一个口令的呼喊声中，每个人的思维都被强迫脱离"我自己、我的部门"，大家开始统一到"微软中国"的思维频率，我们的动作开始协调，越来越像一个团队的动作了。墙上张贴的越来越多：

◎微软中国今天最迫切解决的最重要问题。（注意，最迫切的不一定就是最重要的，反之亦然。）

◎在最重要的机会领域里，较之竞争对手，微软所没有或不能为客户提供的价值是什么？

◎微软中国的三年目标是什么？

◎财年1999下半年的目标是什么？

◎实现目标的策略是什么？

渐渐地，我意识到这些顺序也是有道理的，先看清无限的机会与自己当前的限制，就能更现实地把握机会；对着无限的机会定出来的三年目标就显得一点也不可怕；而为了要实现三年的目标，下半年、明年的阶段性目标就必须定得很高；要实现很高的阶段目标就必须定出新的策略……

我开始"双重"参与：一方面我是队员和大家一起参加紧张的"训练"；另一方面，我用思考参与"教练"的角色，下面应该进行什么项目？如何与前面联系、为后面铺垫？如果用不同的"口令"，效果如何？

莫师傅有时也会让大家喘口气，讲上一些笑话或故事。

一次，他要求"每人写出其他三个部门的最重要的策略，假设你是那三个部门的经理"。大家顿时鼓噪反对，说我们不懂其他部门，不是专家写不出来。莫师傅非常赞同专家意见的重要性，并立即举出一些权威专家的意见经典：

◎ "重于空气的物体飞行绝无可能"——Lord Kelvln, President, Royal Society, 1895。

◎ "所有可能发明的东西都已被发明"——Charles H. Duel, Director of the U. S. Patent Office, 1889。

◎ "任何有理性、负责任的妇女决不会参加选举"——Grover Cleveland, President of the United States, 1905。

大笑之后，大家突然觉得不是专家也可以提"专家"意见。我特别喜欢这个换位训练，它不仅能使各部门互相关心，而且"外行"的意见特别能帮助"专家"与其他部门的配合。我后来常常这样做，大家越来越默契，再不需要启发诱导。

莫师傅还讲过一个故事，他说是真事（不过我们后来发现，他的严肃和玩笑是随时交叉的）。故事的名字是"为什么？"讲的是，美国首都华盛顿广场的杰弗逊纪念馆大厦年深日久，建筑物表面斑驳，后来竟然出现裂纹，采取若干措施耗费巨大仍无法遏止。政府非常担忧，派专家们调查原因，拿出办法。后来报告交上来写明调查结果。

最初以为蚀损建筑物的原因是酸雨。研究表明，原因是冲洗墙壁所含的清洁剂对建筑物有酸蚀作用，而该大厦墙壁每日被冲洗，频率远胜于其他建筑受酸蚀损害严重。

但是，为什么要每天冲洗呢？

因为大厦每天被大量鸟粪弄脏。为什么这栋大厦有那么多鸟粪？

因为大厦周围聚了特别多的燕子。为什么燕子专喜欢聚在这里？

因为建筑物上有燕子最喜欢吃的蜘蛛。为什么这里的蜘蛛多？

因为墙上有蜘蛛最喜欢的飞虫。为什么这里飞虫多？

因为飞虫在这里繁殖得特别快。为什么？

因为这里的尘埃最宜飞虫繁殖。为什么？尘埃本无特别，只是配合了从窗子照射进来的充足阳光，正好形成了特别刺激飞虫兴奋繁殖的温床，大量飞虫聚集在此，以超常的激情繁殖，于是给蜘蛛提供超常集中的美餐，蜘蛛超常聚集，又吸引了燕子聚集流连，燕子吃饱了，就近在大厦上方便……

解决问题的结论是：关上窗帘（杰弗逊纪念馆大厦至今完好，不信可以自己去看）。

后来，每当我们分析问题原因寻找解决办法时，总是互相提醒："真的能关上窗帘了吗？"找不到问题的根源，就会天天重复冲洗表面，直到可能出现大的裂纹，大厦斑驳、剥落，甚至坍塌……

两天下来，墙上张贴满了一整套文件，包括了使命、远期目标、近期目标、部门指标；财年 1999 下半年六个月内的五个关键领域（代号"5KRA"，即 five key result areas）和各领域要产生的营销结果，战略，策略，实施计划，资源配备。

莫师傅要求我们做最后一个作业：集体完成一篇文章，是预备六个月后财年结束时要向全体员工发表的，它是对今后六个月里我们要完成的事的总结。文章共四段：开头，业绩总结（分两段，围绕 5KRA）和结尾。分成四组，各写一段，同时在十五分钟内完成！我们已经习惯莫师傅的各种乖张指令，但这个是太离谱了！莫师傅坚决不让步，说："如果真的如你们所说，每个人都已经清楚团队的目标、策略、任务，你们就可以做到！我教练过好多团队，真正好的团队什么都可以做到，别说合作一篇文章了！"威逼利诱之下我们还是做了。

莫师傅把各组作业收齐，十五分钟竟然有了将近两千字的文章！每组的代表依次高声朗读，读的人激动，听的人也激动，每一个人都被我们的作品震撼，真的是一篇绝妙文章。各组分别写的段落，都确切表达了整个集体的想法，全文修辞得体，文笔流畅，如出自同一人的手笔，其中跃动的激情又是团队的集合。我们意识到我们可以做多么"不可能"的事，文章描述的六个月后的业绩令人激动，我们充满实现业绩创造奇迹的冲动！我们可以是多么"棒"的团队！而个人能作为这个团队的一员又是多么骄傲的事。

莫师傅说他为微软总部的很多部门做过很多场训练，最爱的是微软中国的这个团队。这是顾问们通常要对每一个客户讲的套话，但莫师傅说的时候，眼里有泪。

我感谢莫师傅超额完成我的期望，他说要告诉我个秘密，不过我得保证听完后不能克扣他的饷银，我答应了，他说："其实，所有的事都是你们自己做出来的！"

是啊，年中报告还没影儿呢！不过我还是会付钱的。我和我的团队知道该怎样去做了。

我的团队成形了：有一个优秀的"头儿"（我），一个共同的理想，一群能够实践的优秀的人，还有了将理想具体化而得成的清晰阶段性目标，接下去要以执着、凝聚（"如激光束般的集中专注"——莫师傅语）的精神去实现确定的目标……这些理论都读过很多遍的，但莫师傅教给我们的是如何去实践这些理论的方法，他帮助我们发现自己可以是多么"棒"！

两天的熔炼把一颗颗金沙合成了一块金子，尽管仍然粗糙，但毕竟是金子了。师傅走了，该看我的团队和我这个队长的了！团队的速度、效率、成绩和精神，很大程度上靠队长和教练，我要兼任二者，要把我的金子团队修炼出更耀眼的光彩。

我和我的团队后来的实践证明，"运动队"式的团队精神不仅能形成危机中的凝聚力，在"和平建设时期"也非常有效。我们不仅完成了"不可能"的财年1999下半年的任务，还做出了漂亮的新财年计划。我的团队喜爱自己新的精神、新的风格，我们开始向更大的集体传播这种精神和风格，初见端倪，我即离去。

我有过很多难忘的团队回忆，但没有如此浓缩的类比，在无喘息余地的危难之中把颗颗金沙淬炼成金，把自己熔炼成金子团队的领袖，那是无法描述的惊心动魄的壮美。今后我还会不断有新的管理经验方面的领悟，但是，这一段的经验是永远无可替代的。我将与未来的团队发扬光大精英团队精神，也衷心希望我的微软旧部能保持我们共同学习、共同创造的团队精神，至少会保持属于我们每个人难忘的幸福回忆。

我感谢乔治推荐了莫师傅，更永远感谢莫师傅。我退休以后，也想做个企业教练，在中国做。

几个月后，我们一一做到了自己的承诺，我决定辞职，先与莫师傅打了招呼，他费尽心思说服我留下，直到我问他："你是我的朋友还是为微软工作？"越洋电话静默了十几秒钟，莫师傅终于长叹："作为你的朋友，我理解你骄傲的决定。我为微软无限遗憾——明星队失去明星队长，明星将不再光彩。"

铁篦超生

> 要能以最少的资源"拨动"全球市场渠道，要"隔"着渠道准确把握市场、客户和竞争对手，最重要的手段就是"铁篦"，铁篦的牌子是"鲍尔默"。

在"摊牌"一节里提到的一年两度的业务汇报是市场营销最集中的管理手段，因其严厉而得名"铁篦"（微软专用词 scrub，后来被通用于所有的计划审批了）。顾名思义，以铁篦梳理，刮掉所有虚浮谬误，招招无情，损皮到肉，铁篦过处常常牺牲几打经理的微软仕途。正是因其严厉，每临 scrub，微软经理无不兢兢业业尽心准备，得以超生无不以为幸事。现在提起，我仍似心有余悸。要谈"铁篦"得有一些铺垫，先介绍一下微软的组织结构。

微软有三万多名正式员工，超过一半是做软件开发的，另外一万人左右做营销。其他几千人分布在各管理职能部门和法律事务部。

因为微软最主要的财产是版权，法律事务乃至诉讼繁多（legal intensive），可能仅次于专门的律师事务所，法律事务部因其重要性也一直保持独立运作。各海外分公司驻在地的法律事务部人员都是直接向法律部上级纵向汇报，与当地公司管理层只是配合的关系，有些法务机密甚至不会知会当地总经理。司法部官司缠身，法律事务部人员自然有所增加，但主要是增加经费，大量使用律师同业资源，而不是全部直接雇用。

这正符合微软一贯的资源战略，有的是钱，需要用时可以尽量从社会上买资源，不必太多直接雇员。微软一直成功避免机构臃肿膨胀，没有患上这种成功企业的常见富贵病。

人事、财务、生产、流通等，所有的管理职能统称财务行政部门，人员精减，但管理效率极高，靠的是功能无比强大的实时在线管理系统，并将所有可能外包的功能一概外包，外包方（如工厂）和供应商都必须达到微软管理系统的要求，比如外包的工厂必须严格执行联机日报生产状况，并根据系统下达的销售预报准备生产计划和材料，管理也必须十分严谨，否则达不到微软的效率管理目标；供应商必须能够连接微软的联机采购系统，处理联机采购订单。

IT部门管理着微软自己的"数字神经系统"。盖茨曾提出衡量企业数字神经系统的标准，也是对微软IT部门的直接要求，其中最重要的几条：

◎企业记忆是否完整；

◎企业最高领导掌握的信息是否所有管理者都能唾手可得；

◎能否很容易地找到关于客户的任何信息；

◎能否很容易地收集、传达客户的反馈；

◎合作伙伴是不是系统的有机组成部分；

◎在危机情况下，是否所有人能够迅速通畅地接力做出反应。

不管用什么标准衡量，微软自己的数字神经系统都可能是世界上所有企业中最好的管理系统，覆盖及至所有功能末梢，而具有不可想象的灵活。这个系统也是世界最大的微机广域网络，在雷德蒙德（Redmond）总部就有三千多台服务器，数据库超过5TB，连接全球几百个WWW站点，四万多台微机网络用户，每年在系统上传输超过五亿封电子邮件（人均每天多少封?!），从采买文具、销售报表、分析统计，到个人绩效计划与评定，所有的管理工具都是实时在线的，在其他公司要由经理执行的管理职能，有很大部分都由员工自己分担了，经理们被最大限度地解放出来，去做"实事"。这个系统还承担着所有新产品的测试运行任务，从1998年起，系统平台全部转换为微软自己的软件，这是微软产品足以支撑大企业的严格要求的最好证明。如此庞大的系统的维护支持队伍只有三百人左右，尽管微机网络具有一些先天弱点，连续可用性仍达到99%以上。

盖茨的新书《数字神经系统》远不如第一本书《未来之路》卖得好,我自己认为原因是观点并不是最新的,文笔欠生动,又缺乏类似 Windows 95 发布的旷世之作的内容描写。如果是写《微软的数字神经系统》就一定会卖得好,应该是所有企业的必备教科书,至少是重要参考书。

软件开发测试大部分人员在西雅图雷德蒙德总部园区,还设有几个海外产品研发中心。海外中心主要为非英语地区市场做产品的本地化,像日本、中国台湾、北京等国家与地区都有,本地化的工作也要与总部的产品部门密切联系配合。随着产品的复杂程度越来越高和产品线越来越长,测试的工作量和难度与日增加,测试工程师已远远多于编写程式的软件开发工程师,在产品发布前还要雇用大批临时测试人员。

传统上,产品研发一直是独立运作,与市场营销的并行配合部分主要在协调产品周期方面,而产品功能主要由技术部门做主,从市场营销直接得来的客户的需求和意见往往"仅供参考"而不能充分影响技术部门对产品的计划。好处是开发人员有相当大的自我发挥和自我实现的余地,缺点是技术官僚的无上权力使得微软越来越以产品为中心,对客户和市场的敏感度被削弱,产品拖期延误已形成规律,带给市场营销部门无尽的苦恼。公平地讲,微软的产品研发即使在后期患上很多弊病,仍是全世界历史上最优秀的。一个简单的数字足以说明:微软只拥有 5% 左右的美国软件工程技术人力资源,而创造的产品产值却高达美国软件业总产值的 ××%。(待查:美国 1998 年软件业产值 VS 微软财年 1999 销售额 197.5 亿美元)微软也拥有世界上最多的千万富翁程序员。

鲍尔默出任总裁前已经和盖茨达成一致,到了"重塑微软"的时候了。二十几年发展起来的组织机构被全盘打散重组,将产品研发和营销功能组合为各以目标客户为中心的六个业务部门,几个主流产品线从研发到销售连成一气,每个部门由同一位副总裁负责;另外有一个统管市场营销和服务的集团副总裁(Group VP)扮演鲍尔默从前的角色,对这六个部门协调指挥,并兼管客户服务。客户服务的功能组织是几年前随进军企业客户市场大战略应运而生的。鲍尔默总裁酝酿了一年，1998年年底宣布了全盘改组方案，重组的结果是副总裁的位置减少了一半。软件工程师和市场营销人员本是两个不同的人种部落，突然被组合成家要一起生活，双方都不知所措。至今总部尚未脱离"休克"治疗阶段的副作用，每天都有高级经理和职员离去。1999年7月19日公布的1998财年业绩是历史最高，之后几天内部抛售股票也创造了历史纪录。西雅图一夜之间新注册了上百家公司，CEO多是刚刚从微软"退休"的资深员工。

在其鼎盛时期重塑一个最成功的企业，要比改组危机中的公司难得多，企业史上只有过一个成功的范例，那就是通用电器。微软或许会成为又一个成功，最根本的条件取决于能否改变企业血液中自大和自我中心的基因。我对鲍尔默抱有信心，肯用自己的钱打赌微软最终会成功，但我却不愿再用自己有限的事业生命当赌注压上去，从美国到中国的路，要比从鲍尔默办公室到微软总部的各个角落遥远得多。

至此，全部业务相关部门统归鲍尔默总裁领导。直接向盖茨汇报的只留一个部门：技术研究部。这个部门是在1990年才成立的，从招揽人才到课题方向一直由盖茨直接关注，比起如贝尔实验室、华生实验室（IBM）等老牌的研究中心，微软研究部晚了近一个世纪，但是短短九年已经聚集了一批世界顶级的科学家。盖茨对于"对未来的投资"毫不吝啬，有一个新鲜的例子：微软募请到全球最权威的数据库泰斗，要试验世界上最大的数据库。地球的数据是最大的，于是买来美国地球地理数据，再买来苏联克格勃的卫星资料，做成"Tera Server"，能将全世界所有地方的地形地貌在计算机屏幕上显现得一清二楚，充分显示微软数据库产品的强大。

微软研究部是微软唯一没有业务指标、没有预算限制的部门，科学家们可以自由地试验任何相关计算机软件的创意和灵感。盖茨对这一投资的期望仅仅是：这些世界顶级智慧能帮助他不断瞄准对未来软件、网络，乃至世界的制高控制。

前面提过微软的所有营销都是通过OEM预装和分销零售两个渠道营销系统完成的，是少有的100%的渠道营销模式。微软的一万人左右的市场营销队伍管理、配合着全球上百万家直接、间接的合作伙伴，每年在渠道中有一百多亿美元的生意"流"到微软，财年1999公布的营业额是197.5亿美元！一万人销售额近200亿美元！即使以全员三万人为基数算出来的人均销售额也是难以置信，"四两拨千斤"在这里显得多么笨拙！

要能以最少的资源"拨动"全球市场渠道，要"隔"着渠道准确把握市场、客户和竞争对手，最重要的手段就是"铁笼"，铁笼的牌子是"鲍尔默"。鲍尔默在微软十九年间有十八年负责营销，升任总裁前全面负责全球营销达七年之久。微软的海外业务已经有十几年的历史，发展到今天，六十个国家和地区的海外分公司的营业额已经超过美国本土（超过一百亿美元），鲍尔默发明了这套铁笼来管理全球营销系统，经过多年的发展，它已远远超过衡量管理业务绩效的作用，它涵盖了营销链上的所有环节，从市场的宏观经济状况，到具体每个合作伙伴的销售和实际的综合状况；从各行业、各客户群、各大客户的整体IT投资，到微机的装机量和新购买量；从每个销售员的业绩，到每个竞争对手的情况分析……无所不包。

由于职业守则我不会详细描述属于企业机密的内容，可以形象地"看"，看这个魔法无边的工具：四十几页纸的一份文件，第一页文件名平淡无奇：某分公司某某财年年度预算（或年中汇报）。年度预算以新财年预算为主要目的，预算要以营销策略和详尽的计划为根据；财年年中汇报则要检查年初所定指标阶段业绩，更重要的是检讨策略执行情况，为新财年的战略计划开始铺垫准备。年中检查比年度计划还要复杂得多。除去封面，其余页张全部是由最小号字码的数字组成的Excel电子表格，需要填入大量的新的原始数据，系统会根据新的数据和历史数据再生成上千种分析结果，把市场和业务的所有角度、层次完全以数字显示，所有关键数字彼此呼应关联。鲍尔默对不断改进他的工具有偏执的激情。表格年年都可能有变化，通常是有增无减。他对于数字的敏锐和记忆令人生畏，无人敢心存侥幸。他每年会亲自到十几个分公司听现场汇报，其余分公司则由负责各洲际市场的副总裁集中向他和盖茨的最高管理委员会汇报，便形成了微软的全球战略。

1998年12月26日，鲍尔默到北京听取微软中国的财年1999年中汇报。这是他连续第三次来中国听取年中汇报，1997年年初汇报后做出了寻找新的总经理的决定；1998年1月我第一次见到鲍尔默，那是我的最后一个面试；这次再来，他要听取我这个十一个月的总经理汇报财年1999上半年的"成绩"：三个月停摆，两个月修复，最后一个月转机，只做到上半年指标一半多一点！全微软绝无一个人愿意在此时接手我的工作。

我也没指望任何人能接扶我一把，连乔治也是第一次参加地区年中检查。我能依靠的是我的团队，我的团队尽管没有经验，但是我们已经是一个真正的团队，愿意无条件地互相支持，能够互相依靠，彼此靠得住！

12月12日星期六，也就是莫师傅走的当天，我们进入scrub战时状态，全体做好充分准备：今后的二十四天将生活在水深火热之中。

我们有好几个难关，第一关是最难的——我们得先学会看懂那些表格和那些数字，看懂六个月前做出来的预算数字和后面的逻辑。我的队伍包括我自己，绝大多数没有真正介入六个月前的scrub。看懂了以后才有可能分工合作。这时我才后悔，当初还庆幸有费南多帮忙主持一切事宜，放弃了宝贵的实习机会，现在回头去理解是一片茫然。没时间后悔，我必须最快地进入角色，才能带领我的团队。我开始看数字了，看了两天两夜，没看懂！还竟然对数字有了生理反应——只要一盯着数字我就会恶心，只要放下就好了。感觉像晕船晕车似的，可是没有治晕数字的药！只有恶治，白天大家一起研习，每天凌晨终于爬上床躺下时，我强迫自己从头翻到尾再翻回来，死盯着数字看，像个受虐狂。好像是第四天还是第五天，突然我眼前的数字开始有了意义，当时就不晕了。我高兴极了，总算排除了最大的隐忧：我真担心我看不懂。从小我听大人讲吃鱼子多了数不清数，我的数理化底子很薄，还偏偏特爱吃鱼子。

看懂了只是第一关，这才能开始真的往下做，有很多数据需要填进去，由于没有经验，好多数据都没有准备好，需要现去找，像半年的市场数据和竞争对手的销售数据找起来特别困难，有些只能靠估计了。

填进大部分数据后，我们要反复地检查验证数据之间的逻辑关系，所有逻辑不通之处一定搞明白问题的原因是什么。这可不是玩数字游戏，scrub 的精髓正在于此：挑出所有业务运作中的毛病，看清楚根本的和相关的问题，才有可能去纠正。你最好能够先自己发现尽可能多的问题，而不要等鲍尔默帮你发现。这个训练的过程异常艰难，经常进入死套出不来，但正是这种反复的挣扎过程使大家越来越真正清楚明白了。我们做得特别认真、诚实，我们不是为应付过关，我们想要学会我们正在做的业务，想学会如何能做好。团队的每个人全身心地投入，对分配给自己的任务负责任，完成后要确认与其他部分的接合无误，还主动地互相帮助。这好像是很普通的事，可我们知道这样的团队精神来之不易，以前没有过。

说到 scrub 的精髓是为了真正了解问题，为此鲍尔默不断修磨他的铁笼，并不辞躬亲每年转世界两周，以得到第一手最翔实的材料。但是，百密终有一疏。我观察到一个现象，不少的微软经理在准备 scrub 时越来越把重点放在如何过关，甚至为此而做些手脚。譬如，大家都知道鲍尔默最不愿看到的就是竞争对手的市场份额增长超过微软，于是就可能做些"微调"，使得竞争对手的数字不那么扎眼，微软在主要竞争领域永远是赢家。另外，还有好多小声私下交流的"微调"技术。最近读了一篇短篇小说，名字是《骆驼怎么了》，讲的是一个土耳其大学生，新毕业被分配到边境地区做兽医主任，发现报表上填着该地区有两千多头骆驼，而全地区人口只有七千多人，并没有一头骆驼。原来是多年前听老人讲曾有商队经过留下三头病骆驼，那一年就上报了三头骆驼，以后每年增加一个合理的百分比，就发展到不存在的两千多头。类似的逻辑竟然使骡子也逐年自然增长……看了小说我突然又为那些经年累计的"微调"经理担心，鲍尔默最最不能容忍的就是作假，犯错误还能有改正的机会，撒谎者若是落到鲍尔默手里——"杀无赦"。而"微调"继续衍生，正在销蚀微软真正优秀的那部分企业精神。

通常 scrub 最后准备阶段是反复的演练，最后一次演练是在新加坡，向亚洲区总裁及其高级幕僚汇报，我们艰难地胜利过关。但亚洲区总裁毕竟比较了解过去几个月中国发生的情况，而且，他不是鲍尔默。

scrub 季节向来不论昼夜，几点完几点算。轮到我们开始时已经是晚上 9 点了。开始前，我的团队短暂集合，互相击掌振作，真像运动员要上场拼搏！鲍尔默和他带来的十二位总部高级幕僚，各司其职，都扮演 scrubber 的角色。加上亚洲区总裁、乔治，占了摆成长方形一圈桌子的大半，我和我的五位总监集中坐在长方形的一端，外围几十把椅子全部坐满。先行通过的香港地区、台湾地区的同事都留下来听，当然我的团队全体都在。人人知道这将是一场"好戏"。

这一次我们汇报的形式与以往中国公司的传统不同，由我主讲，问到具体问题时，我一个眼色，早有准备的队员立即以具体图表数字支持。我听说，这与鲍尔默见惯了的形式形成鲜明对照：以前，总经理开场白讲过，即由各部门总监分头讲解相关部分，经常出现相互矛盾衔接不上的尴尬。我们毫不回避失误，我的开场白部分就有四十分钟，专讲失误的原因，像层层剥开烂洋葱，辣眼辣心的难受，但非剥不可，不然说不清何以纠正，说不清后面的策略。我没有强调许多问题都是年深日久遗留下来的，我和我的团队能担得起。我们能讲清楚错在哪里，采取了和将要采取什么措施去纠正，我们清楚地知道我们下面要做的目标、策略和计划（再次感谢莫师傅！）。最重要的是，我们充分显示出我们是真正的团队，配合默契，声气相通；准备充分，逻辑清楚，所有人都有对全貌的理解，全过程四个小时整体全神贯注，随时准备"替补上阵"、互相支援。

鲍尔默看到了这"最重要的"，在结束时说了一番话："我一直希望微软中国公司能够成功，能够长期地成功……今天我终于看到了一个团队，一个有可能带领微软中国长期成功的团队……我喜欢你们的五个 KRA，你们只需要高度地集中，把几件最重要的事做好，兑现你们的承诺，我会再回来检查的！"

我说："我和我的团队会做到我们的承诺！"

scrub 从来不是情绪宣泄的场合，那一天的凌晨 1 点，我们竟收到如此多的祝贺，来自鲍尔默和那些总部的高级经理。乔治也非常激动（他一直是全情投入站在我们一边的），他竟然拥抱了我一下！我的队伍通过了最严格的考试，我们证实了我们的能力，证实了我们是优秀的团队。我的心里充满骄傲，我坚持过来了。我骄傲能有如此出色的一群同事。连续二十几个昼夜，人人熬得神魂颠倒，最缜密的财务总监竟会早起先穿鞋后着裤，急得跳脚却不明白为什么自己的裤子突然穿不进去，类似的笑话不知出了多少。为了看清细如蚊脚的数字，特制了放大尺，还是险些把我的右眼累瞎！大家指天发誓 scrub 过后，死活不管先睡三天三夜。而真的 scrub 过后，直到凌晨3点，还无人有丝毫睡意，我们在阳台上喝啤酒，击节作歌（压低声音的），庆贺我们败中求胜的转折，庆贺我们在铁笼下超生。摩拳擦掌要带领全公司超生！

4月初我见到鲍尔默，交出来第三季的好成绩，又一次告诉他我们会做到我们的承诺；6月底，我们做到了所有的承诺。虽然我不在了，仍是由衷地欣慰。在 scrub 当时，受到质疑最多的就是我们提出的下半年目标，大家都怀疑我们真能做到，相当于上半年两倍还多，而且只有上半年 1/4 的市场经费。提出目标时，我曾为队员们的犹豫胆怯感到失望，甚至伤心。但是当形成决议后，大家义无反顾全力支持，从没有人说过"那不是我的主意……"我和我的团队坚决承诺"我们能做到"，我还加了一句"如果做不到我就请辞总经理职务"。我终于还是请辞了，不过是在做到以后！

我把微软中国带出低谷，留下了一个健康的营销机制和一个出色的管理团队。我衷心希望：那曾经是我的团队，能保持我们曾经共有的光荣。

人治，治人

> 微软不在乎人员流动，最在乎的是能否得到和保持足够的激情和智慧，是否每一个具体的工作都有最好的专才在做，对于微软来讲，速度和结果是最重要的。[1]

"人治，治人"，是我个人对微软企业文化的总结。

我喜欢 IBM 的企业文化，人与人之间的公平、温暖、与人为善，追求丰富、综合的完美，经商为人的道德准则，等等。这些与我个人的审美观和价值观主流吻合，相对之下，不喜欢的那些成分诸如缓慢、束缚、封闭、官僚层次、繁文缛节……都变得次要而可以接受，我仍然喜欢它。

我也喜欢微软的企业文化里的很多成分——精彩、个性张扬、求新、速度、创作、实现，这些与我的性格相符，但是它的"人治"和"治人"机制，因此而产生的一些行为准则上的混乱，它的自大、自我、自私，和我的审美和价值观有根本冲突，所以我离开它。

我以个人的理性、感性的原则决定对企业文化的选择。

从纯粹的职业理性去认识，企业文化无所谓好或不好，唯一的评判还是要看企业是否成功。以此为标准，微软和 IBM 的两种截然不同的企业文化都是成功的——对企业而言。企业文化都是为企业的核心战略目标服务的。所有企业都可能有"文化"，只有真正成功的企业才可能有成功的"企业文化"。

---

[1] 我离开后，"我的"团队保持了财年 1999 第一季度的好成绩，完全按照我们共同制作的新财年计划继续执行，我为我的团队额手称庆。再走下去，前程叵测，我仍偏执地认为：不根本改变在中国的一些重要策略，微软在中国的长期成功难以为继。

任何企业都要靠人去实现它的战略目标，与人直接相关的人力资源管理自然是企业文化核心的组成部分。企业不会因个人感情好恶去改变文化，只有在企业战略改变而原有企业文化不能配合的时候，才会发生改变——最重要的催化剂是企业领袖的推动倡导，加上激励体制的改变，就会改变企业中人的主流行为特征，也就是所谓企业文化的改变。

微软和 IBM 两个公司所有方面都有很大差异——产品、市场战略、历史、领袖风格……最大差异就在于人力资源管理。两种文化的根本差异再加上历史的过节，两个公司的"人才交流"非常少，这在今天人才流转迅速的 IT 行业是个挺有趣的现象。我能有机会在这两个最伟大的公司有如此经历，不能不算是个异类。在两种企业文化里浸淫的经历，对人力资源管理与企业文化、激励机制与人的行为、人与企业之间各种关系，我有了很多的认识和感悟，写出来说不定对各方面能有点启发，但仅是以我个人真实体会的视角写的，请别带着"理论"水平的要求来读。由于人力资源管理是各企业的核心机密，这里我只能分享职业守则所允许的擦边部分（并特别声明：所有的数字都是假设的——切要切要）。

如果说微软和 IBM 有任何相似之处，那就是：都曾经和仍然是 IT 业界的最伟大的"唯一"；都以高智能专业人才为主要劳动力资源——在这方面微软就更有绝对的代表性，它的最大财富是版权和"人"，没有人的智力，也就不能创造出版权的财富。两个公司都说拥有最优秀的人才是公司成功最重要的基础条件，但是"最优秀"的定义也会有所不同。盖茨对于微软的"最好的员工"所具有的特质有过一个总结，其中有这样几条：

◎对产品、技术有强烈的兴趣，甚至是布道者般的虔信和激情。

◎与公司一致的长期目标和思维，能自我激励和不断自我完善。

◎特长的知识和技能，迅速学习的能力。

◎专注于竞争对手，从竞争对手那里学会更聪明的做法，避免他们所犯的错误。

◎会思考，更会行动。能够迅速决断，承诺结果。

或者说，这些是他所期望看到的微软人的特质。从我所接触过的微软人身上，我看到最具代表性的特征行为是激情、自信和"行动型"，当然，一定要聪明，这些即所谓"微软类型的"特征。在微软如果说某某人不聪明或是没有激情，那就是非常严重了。至于"长期的"目标和思维，可能只存在于产品规划和最上层的几十个头颅里，大多数微软人都是以几个月或最长以年度为期而行动的。

微软一直注意避免过快膨胀，"苗条"、灵活，才能保持高速运转，才能有效地传达贯彻"变化"的指令。鲍尔默有句名言："在微软，唯一不变的就是变化。"微软所处的行业迫使微软永远保持应变能力和速度。以今天微软的经营规模，仍保持只有三万雇员。每年做预算时每一个新增的名额都要被反复查问，不但要看新的申请是否非常必要，是不是配合整体策略，还要仔细查看现有的资源是否确实人尽其用了，能否通过组织调整再"优化"出资源而不必再增人。要人比要钱还要困难得多，有时要不到名额反会招出一大堆问题。总经理在提出新的申请时都要再三斟酌。每一个被批准的名额都非常珍贵，要在最短时间补上"缺"——之所以能被批准一定是因为确实有"缺"。一般有新增名额先会在内部征求，如果内部找到了，就要尽快去补内部空出来的职位，真正是一个萝卜一个坑。微软才真的是"不会永远有空位子"。这句IBM的招聘广告语用在微软才最合适不过。

早期的微软具有年轻、独特的企业精神，从校园新招收的毕业生充满激情和想象力，最合适做个人电脑西部垦荒时期的牛仔程序员，能满负荷、超负荷工作。后来，随着公司的成长成熟，越来越重视招收有实务经验的人，微软每一个职位都有非常具体的描述，雇用对象目标的经验和技能非常重要。微软招聘没有什么考试，只是看履历和面试，履历经验可以通过猎头公司核实，面试就靠"感觉"。候选人通常要由几个经理面试，然后集体议论几个经理的综合"感觉"，往往能比较准确地把握并选出"最符合微软类型的、能够最快上手的"人选。由于这种现用现找的做法，找来的人一定是有相当丰富的工作经验，也必定有其他公司的烙印，必须具有"最符合微软类型的"的特质，才可能很快融入微软的文化。只凭感觉难免有看走眼的时候，不过不要紧，有一整套的绩效管理办法能不断地淘汰落伍者。微软不在乎人员流动，最在乎的是能否得到和保持足够的激情和智慧，是否每一个具体的工作都有最好的专才在做，对于微软来讲，速度和结果是最重要的。

IBM 的做法是，按照中期规划提前几年做资源储备，比如说，在 2000 年的三年规划中预期 2002 年业务增长 100%，那么届时将需要比今天多 60% 的资源，其中大约分布在销售、市场服务、经理等各个方面的人员比例和经验水平如何，需要培养的时间要多久，于是在 2000 年的招募计划中已经体现出来，2000 年 IBM 中国新兵营里的几百名员工里已经注定有相当比例会在三年后成为经理或是各方面的骨干。IBM 的组织机构管理模式相对稳定得多，三年规划每年滚动更新，以此求得长期与变化的统一。

IBM 需要提前很久储备资源，因为 IBM 员工大多数是从大学校园直接招募的应届毕业生，没有工作经验，培养期很长。新兵要先通过智商考试和面试再优中择优（不夸张的百里挑一），经过道道难关才能加入公司。第一步迈进新兵营要培训几个月，实际还是在当学生，在新兵营里所受的培训会成为很多人职业生涯的准则，也或深或浅地埋下对公司的忠诚。"一张白纸好画最新最美的图画"，从头培养能最完整地继承公司的文化。IBM 的商业机器是由复杂的管理严密的程序、矩阵式的组织构成的，各功能部门之间的平衡、稳定、协调配合是最重要的，因此才会在人力资源人才培养方面花大价钱。IBM 所经营的业务涵盖 IT 产业相关的所有方面，雇员规模将近三十万人，人力资源储备必须充足和提前。而 IBM 对优秀人才的定义也不一样，不要求能立即兑现的工作能力和经验，但是要有更整齐、更综合的潜力，或者说，要有能被培养塑造成"IBM 人"的素质。

对于新加入的员工，微软可不是最友好的环境，入门指点是非常有限的，通常是由经理发一个欢迎电子邮件，再带着游走办公室一周打打招呼，转过一圈后仍是搞不清谁是谁。然后就按照人事部给的几个网址去自己寻找入门的一切路径。我刚入门的时候也是差不多，桌上空空的非常不习惯，没人给我准备任何文件来看，不管问什么都只是得到个"网址"，对着众多的网址路径如入迷宫。我当然能有更方便的支持，随时"电招"，即有人来指点，但仍迷失多天方得要领。我心里暗惊，总经理到任尚且如此，其他员工新来乍到会作何感受？后来一直敦促要加以改进，为新员工准备些入门指导，至少把网址们印在纸上简要说明内容和作用，也能减少一些初入门的冰冷和艰难。其实，这也是微软文化的一部分，就是要有独立生存和适应能力。我的动手能力到微软后突飞猛进，六个星期后助理四月儿到位时，我已经养成了自己处理文档的能力和习惯，还可以得意地和别人比试一些做幻灯片的"酷"招，从此对于产品和技术也"染"上浓厚兴趣，开始具有为微软的产品技术"布道"的初级资格了。我的转变正是一个很好的例子：企业文化和工作氛围如何能迅速转变人的习惯行为乃至兴趣。

最近和IBM的朋友聊天，听说新兵营训练期又拉长了，还全面实施了"师傅制"，每个徒弟都有人带，徒弟的成绩是与师傅的绩效和升迁机会联系起来的。对于师傅来讲确实增加了负担，但也有"实惠"——毕竟徒弟可以帮帮手；同时也显示着资格，使师傅有荣誉感：并不是每个人都能带徒弟。通常带徒弟意味着有可能带更多的人，暗示升迁已经不远。集中强化培训加上耳提面命，帮助新兵们亦步亦趋从头走正、走稳了规范。有师傅叹徒弟不好带，我叹那徒弟真是"身在福中不知福"。微软对人员培训的原则是5%通过培训，95%靠自学和在职"实习"。公司业务成长而员工没能"跟着成长"时，就会被淘汰，人人都有同等的危机，谁又有"暇"当兼职师傅呢？

我认同微软用人原则对公司利益是非常有效的，我的不同观点是，公司在期望员工发挥最大效益的同时，也应为员工的能力培养和发展前途有所回报，不只是钱和劳动力的关系！我认为公司应该有更多的（比5%要多！）培训帮助员工成长。由于"即来即用，以用为主"的原则，微软雇用的员工的"专才""偏才"比较多，每个人从第一天起就要在特定职位上高速运转，多数人不可能找到时间和精力去进行专职之外的"自学""实习"，难以有超出原有的经验特长的扩展和提高。我认为要帮助员工跟着公司成长，无疑有着浓重的IBM文化的痕迹；但我确信这首先是为公司的利益需要，尤其在中国市场，是必须实行的可持续发展的"人力资源"策略。

中国IT业现成人才供求悬殊，以职业和专业标准，整体素质与国际企业水准差着不小的距离，这不是聪明不聪明的问题，更无关种族。美国人玩电脑已经玩到了第二代，美国孩子在幼儿园就开始用PC玩项目管理的游戏了，没上学的小人儿们不比玩具，比各自的"个人网站"，连给爸妈的贺卡都是在网上制作网上传递的。那里的劳动力市场充满各种专业职业人才储备，尤其IT行业还集中了最多的来自各国的移民人才。

中国人开始比较普及地使用电脑才十几年，改革开放接触现代"洋务"只不过刚刚才庆祝二十年成果。以我自己为例，经过IBM十几年的培养，由微软花了一年时间千挑万选上的，到微软上任时还并不完全具备总经理的基本条件（连数字都不懂），好多事情要拼命现学起来。如果公司能有个师傅帮帮我会更快胜任，不必差点淹死才会水，也能避免对公司业务的阶段性影响。再说，网络新生代的公司和优秀的国内企业已经成为人才争夺的强劲对手，优秀角色的工作首选已不只于微软之类的大牌外企，要挖到最合适的角色越来越难，只靠挖角难为长远之计，必须对已有员工加强培养，不仅是企业运营的资源需要，也可以通过老员工扩散对企业的忠诚。公司要抓住优秀人才的忠诚，必须提供充足的资源和机会，使得这些优秀人物能够充分发挥，共同成长，也因此而增加优秀人物之间的由共同的梦想、野心而产生的亲和力。

中国的五千年文化底蕴里一直贯串着忠、诚、礼、义、信，外企企业文化要想在中国扎根，对人做事必须顺应中国文化，才能从内到外为中国所接受，否则即使是被员工接受也难以融入社会。微软的例子正是如此：微软中国员工过去大多数都很快乐，陶醉于兴奋、独立实践和个人实现的感觉，当然还有薪酬；但是如果公司不被社会所接受，外部的压力会冲淡和抵消个人的成就感和荣誉感，如果没有对企业的忠诚则难以为继。

对比之下，在 IBM 十年前全球业务陷入最大困境时，我们这些在中国的无名无级的小辈都是满腹拳拳之心，走到哪里都要为 IBM "辩护"。尽管我们对于当时发生的事并不很了解，我们仍热诚地为它辩护，因为我们对它的企业文化抱有信念。当时在中国的外企 IT 企业还不是很多，可已经有猎头公司以"衰败"的 IBM 员工为狩猎对象，但是，没有一个人在公司最困难的时候离开，其实当时 IBM 在中国没有什么困难，但是我们认同自己是"IBM 人"（IBMer），我们就有自觉的忠诚。谁又能说 IBM 对人才的培养投入不值得呢？这不只是 IBM 从头培训熏陶的影响，更因为 IBM 文化和中国文化有接近之处。

微软的人力资源管理制度和理念，在过去十几年证实一直成功地配合了微软的战略，所以难怪微软听不进我对于"在中国应该有所不同"的一家之见。有个伟大的哲学家说过："一个人之所以选择这种哲学，正因为他是这种人。"我想对在中国的外企说："中国人对企业文化如能有选择余地时，总会有中国文化的深深烙印。"接近中国文化的企业文化，能在吸引中国人才方面占些先机。

企业人力资源管理，从根本的哲学，到发现、吸引、使用、报酬、绩效、激励、保有人才的手段，有很多环节，我认为最重要的是薪酬体制和绩效体制，这里想着重讲讲微软。

薪酬体制是吸引人才最重要的手段，过去十几年里微软一直沿用的薪酬体制被证实是非常成功的。在微软薪酬构成中，薪金部分只是在行业的"中等水平"，真正的含义是在行业中有 50% 的公司付的工资要高于微软同等职位，很多中、高级人员加入微软时的工资都低于原来公司的水平，我自己也是如此。但是股权持有的分量足够吸引大部分所需要的人才。这又是微软的一个极为聪明的创举，可能微软不是最早实行的，但是一定是实行得最彻底、最成功的。它的设计是这样的：

员工被雇用即得到一部分认股权（相当级别以上才有），按当时市场最低价为授权价，所授认股权分平均几期在几年内实现股权归属，员工可以按授权价认购已归属的股权，实际支付的认购价与认购当时市场价的差价就是股权收益。被雇用后每年都可能得到新的持股权奖励——要取决于个人的绩效和对于公司的长期价值。这实际上是公司在为员工投资而公司又不冒任何风险。对于员工也没有风险：股权归属时如果市价不高不必着急，尽可以等待到升值再认购。唯一可能的风险是股票一路下跌再不升值，员工在较低工资方面的"损失"就补不回来了，可这在微软的历史上还没有过。

按职务等级高低不同，认股权的数量有很大差别，但这不意味着高级别所持有的认股权价值一定高于较低级别的。举例（再次申明：数字均为假设！）：

一雇员 2000 年加入微软，授予 1000 股认股权，认股权价为 100 美元，2005 年市价是 200 美元，假设此时股权已全部归属，于是认股权价值就是：1000 ×（200 − 100）美元 = 100 000 美元。

另一雇员 2001 年加入，因级别更高授予 2000 股认股权，认股权价为 160 美元，按 2005 年同时市价计算，所有的认股权价值就是：2000 ×（200 − 160）美元 = 80 000 美元。

以上只是以雇用时一次授股为假设，不要忘了，每年还有新授股权的机会。在微软年资越长，还能有更多分股的机会。微软 1986 年上市后共有过七次分股，其中六次是一分为二：你持有的 10 股变成 20 股，而且，认股权价随之变成原来的一半！在微软真正是财富不分等级，年资是很重要的。

很多公司都想借拥有股权的方式来建立员工的主人翁感，但是罕有像微软具有如此多的因股权而富裕起来的榜样。拥有股权未必能使员工对于公司的长期成功自然产生强烈的关心和责任感，毕竟要公司首先成功、股权不断升值才办得到。

员工的"主人翁感"是企业的追求，但是，铐上"金手铐"的主人翁是不愿意离开"家园"的。今天国内已有很多公司在开始实行员工股权所有制，这在已经或快要上市的处于上升的公司效果会很好，但很快就可能遇到新的问题：人员过于稳定，不称职的"主人"宁可降职也要留在公司里。这个问题十几年前微软就遇到了，1986年3月13日微软股票上市，开盘25.17美元，收盘29.25美元，成交360万股，创头天股票交易额纪录；一周内狂飙至35.5美元，一年内涨至90.75美元，盖茨三十一岁成为亿万富翁，也造就了雷德蒙德"校园"大批的百万富翁、千万富翁。富翁们为乍富而喜而狂，自制了徽章FY-IFV，文明的译法是："去你妈的，老子有的是钱！"工资对于他们只是"零花钱"，他们不必只为薪金工作，只要能留在公司里，股权自会到期成熟，结出金子的果实。要激励鞭策富翁们使其自觉努力工作，必须有一套强有力的绩效管理体制。

微软的绩效管理体制的核心是形成内部竞争，保持员工对绩效评定的焦虑，驱使员工自觉地寻求超越自己和超越他人。主要成分有三个：个人任务目标计划，绩效评分曲线和与绩效评分直接挂钩的加薪、授股、奖金。

个人任务目标计划是要由员工起草，由经理审议，再修改制定。有几个原则：具体、可衡量、明确时限（不能用"努力提高""大幅度改进"之类的模棱词语），现实而必须具有较高难度。经理还必须注意使每个组员的个人目标与集体目标有一定的协同。总经理要保证各个部门的任务目标都围绕着公司的核心策略和主要任务。

绩效评分曲线大概是这个样子：它的形状和角度是硬性的，不许改变。

评分等级有最佳、较好、及格、不及格。所谓"硬性"，是各级分数的百分比是规定的！最佳和最差的比例都很小。评价参照范围限于相关部门同事的表现，也就是说，即使所有人都做得很好，也一定要有"最佳"和"不及格"。做到任务目标计划并不一定意味着高分。勤勤恳恳的老实人费尽全力做到的结果，比起别人来可能仍然是不及格；你必须争取做英雄中的英雄才有可能不落到最后。

评定是逐级做的：雇员、经理、总经理、地区总裁、总裁。到总裁时看的就是纯粹的曲线了。我主持过三次评定，每次都是非常痛苦的经验，到最后必须仲裁：把最佳的减少，把不及格的增多，来符合硬性的曲线，因为无论如何从经理们报上来的都达不到"要求"。凭良心讲，微软大多数员工都很努力，大多数都已经很优秀，但是，微软的绩效体制要不断地驱使本来优秀的人群更努力地进取竞争，置优秀的一群人于危机感的压力之下，使其自觉保持巅峰竞技状态。

年度加薪、授股、奖金与绩效评分直接挂钩，不及格就什么都得不到，还要进入"绩效观察期"。一个进入观察期的人通常就会主动辞职了，也就自然失去了所有未到期归属的认股权——这是最沉重的损失。总经理在业务汇报时还有一个重要指标：因绩效不及格而离开的员工比例，如果低于规定的比例，则难以过关。

微软的绩效管理体制有效地实现了设计的目的：形成内部竞争，保持员工对绩效评定的焦虑，驱使员工自觉地寻求超越自己和超越他人。

在这样的体制之下，人们必然更急于求成，不免出现浮躁和短期行为。追求结果还要追求效果，不仅要做成事，还要追求做得精彩——只有精彩才更有可能成为英雄。

这个体制还有一个特点，有硬性的规定，但是有极大的人为掌握余地，经理手里有相当大的权力足以掌握员工的职业命运。讲评制度还迫使总经理必须了解每个人的情况，最后裁决时不论如何小心也会有偏差，因为总经理不可能对每个员工同样的熟识。这时，平时的印象就会有很大的影响。员工们都会努力争取给各层经理留下"好的""深刻的"印象，这是在微软环境里生存的自然动作。

经理同样处在危机和焦虑之中，不但要争取自己和自己的部门有超额业绩，还有更多一层压力：每次绩效评定都要以员工匿名评语作为重要参考。环环相扣就形成了浓厚的"人治"氛围：经理需要最默契的队伍，总经理需要最默契的班子，没有默契就要快动刀斧。大家都没有时间去慢慢培养感情，必须交出业绩的结果，因为六个月周期的讲评总是显得迫在眉睫。

我初来时一派的温良恭俭让，险些置自己于死地。只有在我顺公司文化的潮流而动，大施"人治"后，才能"治得住"人而反败为胜。作为职业经理，我必须认同并服从所服务的公司的文化，我对微软文化所产生的巨大能动和效率心悦诚服。

但这不意味我从感情上的接受，更不要说喜欢，我喜欢和怀念的是IBM那种团队式的温暖厚重。我在"人治，治人"的同时，不断努力想在微软的文化中融入"人性"的温暖，我的团队所享受和喜爱的氛围开始向更大的范围扩散；我超支培训经费，想给我的营销队伍从职业风范的基础课补起；我给自己立下规矩，不管多忙都要和经理、员工定期频繁交流，当然也要求我的经理们这样做；我拨出充足经费督促成立员工俱乐部，为员工足球队当啦啦队员喊哑嗓子，我惦记着警卫班和司机晚上会不会饿、会不会冷……能做的不多，做到的有限，我只是在做无谓努力想营造一个我理想中人情味的乌托邦。我离开后，微软中国自然恢复到纯粹的微软文化，这，就是企业文化的力量。

微软遇到了新的挑战，在人才吸引方面的无敌优势已经不再。股权拥有已不是微软的独家神话，新生代网络股公司也能造就亿万富翁，而且只在一夜之间，Internet提供了迅速致富和快速创业的蛊惑；微软的股权收益的磁力正在消减，全世界进入知识经济时代，IT业优秀人才更是奇货可居进入"卖方市场"时代（人才短缺的中国市场更是如此！），不仅可以挑报酬，还要挑公司文化，是不是领先潮流，是不是够"酷"……"老革命遇到了新问题"，盖茨和鲍尔默要"再造微软"。再造工程里有一章专写"人力资源"，担纲主编是鲍尔默总裁，"薪酬2000"计划已经开始实施，第一步是提高薪金水平到行业中等以上水平，并增加了级别以提供更多在公司内成长晋升的阶梯。公司要更强调员工个人的事业发展，要更强调团队精神……但是，薪酬和绩效管理体制的原则不变——为吸引最优秀的人才，激发创新，激励人们追求优中之优。

有趣的对照是，IBM在开始提倡"个人优异成就"的文化，越来越坚定地推动提高个体能动和公司效率，提倡直截了当开放式的沟通，提倡对公司业务的激情，提倡决断、行动……同时小心翼翼不要失去其深厚的团队式企业文化，并保持其可敬的商业道德典范。

我将怀着浓厚的兴趣关注IBM和微软的演变：两个伟大的、唯一的公司如何应变改革以期保持竞争力。它们从表面上在做着对手曾经做过的事，但它们的核心企业文化精神不会改变，除非它们的战略经营目标转变了。比如：IBM把企业分割成若干个独立运营自生自灭的公司各有专一的业务，或者微软改行也做起生产制造来。

　　盖茨对英才的定义是：持之以恒的毅力、高超的智力、丰富的实践与正确的商业判断，其中，智力最为重要。对了，盖茨对微软员工应具备特质的总结里还有一点："最后，别忘了那些根本：诚实、道德、努力工作。"这一点，在微软不是太经常被提起……

盖茨，不魅之神

> 不管我觉得盖茨有没有魅力，他已经用他的天才和成就奠定了他的神的地位，骂他的人管他叫"魔"，其实也差不多，"神""魔"，本来就在一念之间。

我在微软的经历很短，同盖茨主席有过几次短暂接触。对他的认识不可能深刻，也没有什么花边新闻。不过我的视角可能特别一点。

我见过盖茨七次，四次是台下，三次是接近；其中五次是到微软以后。

第一次是1996年年底，我正在广州做IBM华南区总经理，满街沸沸扬扬说是盖茨要来了。说出来可能难以相信，我当时对已经是日当中天的微软和盖茨基本不了解，只是听说过而已。原因很简单：这两个与我的IBM生意关系不大。当时IBM内部仍然使用OS/2，微软的NT也还没能染指中国的企业市场，那是"我们的地盘"。不过还是好奇，怎么务实的广州人也会像追星似的疯狂？找张票去看看。

我提前几分钟到的，白天鹅宾馆的会堂门口过道和几十级台阶都已挤满了没票的人，好不容易挤进去只能贴在后墙站着，心里莫名地也激动起来，有点像十年前盼崔健似的。等啊等啊等不来，台下乱糟糟地挤着上千人，满是人声和人的气味。终于，晚点一个多小时之后，偶像姗姗出现在台上。当时我心想："你牛什么呀！迈克尔·杰克逊和麦当娜也不敢这么晾台啊！"后来才知道是计划好从香港坐直升机过来，临时起雾不能起飞。苦等一个小时的不光是上千民众，还有广州市市长和半个市政府班子，结果，原定的和广州市领导的会面只简化成了握手。今年3月准备盖茨深圳之行时，又有人提出直升机的方案，遭到我坚决的否定。香港到深圳还要坐飞机？！不小心我又说出一句："牛什么呀牛……"我听了二十分钟左右就走了，盖茨比我晚走十分钟。后来朋友问我感觉如何，我说："哪儿像个总裁，也就是个口才欠佳的工程师。"朋友笑我是IBM的自大。说实在的，盖茨真不是一个好的演说家，比起郭士纳（IBM总裁）差远了。

第二次还是在台下。1997年年底，布莱恩力促我参加盖茨君临北京的盛会，布莱恩正在努力说服我加入微软，他是想以微软之神的魅力感染我。这次的场面更大，是在北京的国际会展中心。按约定接头时间、地点我东张西望找布莱恩，像做贼似的怕碰到熟人。终于看到布莱恩，可是他正忙着做盖茨的保镖呢，总有上百个记者举着相机前后左右跟着跑，闪光灯只管乱闪根本不管角度。布莱恩看见我还居然顾得上打招呼，一会儿就有人从会场出来把我带进去——门口有好多警察呢，只认牌不认人。这次因为微软与我的关系密切了很多，特别注意听，当时盖茨还没有提出"数字神经系统"的概念，记得他的说法是"集成软件平台"，但还是一个一个产品地讲，讲产品的功能、功能是怎么实现的，我愣没听出"集成"之伟大……会后布莱恩热切地问我感觉如何，我问"你想听真的还是假的"，他当然说想听真的，我就告诉他"从纯演讲的角度看，比我一年前听过的没什么进步"。布莱恩大笑，竟然说他同意！

第三次是在我上任不久。盖茨到了东京，于是亚洲地区的产品研发汇报都在东京举行。因为要汇报中文微软拼音输入法的进展，我也去了，但只是旁听。会议室不大，只能装十几个人，我听不太懂技术的东西，但是有一个印象是准确的：盖茨真的很懂技术。他对技术细节非常敏感和专注，他和工程师们讨论"速度""接口"之类的东西时，就是一个工程师。只有在提到"要在××时间内达到××%市场占有率"时，才让人意识到他的身份。技术汇报进行了四个小时，快结束时有人端上一盘牛排，切成小块，盖茨边听边讲着，随口吃了几块，一副食而不知其味、只是为生存基本需要的样子。那一天会后他的日程安排到很晚，为挤凑时间让他多"赶几场"，竟没有晚餐安排。我心里感叹，世界最富的人竟肯接受如此"非人道"的日程安排连轴工作，仅凭这一点就值得佩服。他自己就是狂热工作的榜样，有资格如此要求微软的三万员工。

后来两次在全球营销经理大会和全球营销大会上见到他，按惯例，全球范围的公司大会盖茨都会在最后出席演讲，并与左右手一起回答问题。这时我已经有了对微软的较深理解，对于盖茨的"工程师"演讲的领会远远超出了干涩的表面，我终于发出了和世人一样的惊叹：真是一个天才！他是一个罕见的技术资本家天才，他为微软指出的产品技术方向都是直指人类生活（绝不只于IT产业）的制高点。他有一种独到的敏锐，能迅速觉察到已经出现的新技术新动向中有什么是真正的威胁，或者说，有什么将最有可能演变为潮流，他能够及时（不一定迅速）、准确地指明方向，把威胁变为微软的机会。最典型的是IE浏览器后发而制胜的例子。

有很多企业称微软是"技术跟随者"而不是"技术创新者"，说起时总是满脸的不屑。我同意这个论点，又不同意"不屑的脸色"。微软的早期无疑是创新者（好多版本的书里都写了盖茨如何亲自写出来Basic语言之类的故事），到了后来，微软的确有意识地部分采取"技术跟随"的战略：紧盯着市场上冒出的任何新的技术动向，密切观察新技术对市场的潜在影响力，分析新技术与微软现有的产品技术结合可能产生的制高控制力。许多新技术刚一冒头就夭折了，或被吞并了，有少数生存下来是因为具有代表未来的强大生命力。当这少数新技术生存下来并的确证实了价值时，微软即可以扑上来"跟随"，在很短时间内开发出产品，或者干脆把原创者买了，并迅速占领市场。买不到也没关系，只要微软宣称"已完成同类产品开发，近期上市"云云，小公司的订单立即锐减，因为客户们宁可等微软……

这样的"技术跟随"战略好处是明摆着的：省去大量研发经费、人力时间，最有效地利用全行业的创造智慧，避免过多投资在错误的研发方向（创新是注定要失败很多次才能有一次成功的，无数企业已经因此错误而死去）。但是企业要想得到如此"取巧"的厚益必须具备几个条件：有兼备先知先觉和后知后觉能力的技术资本家天才，有雄厚的资本（资金和人才）支撑，足以在滞后一年或更久仍能一蹴而就，后发而成功。这两点，微软都有。盖茨就是既能前瞻又能后随的技术资本家天才，懂技术，更懂得如何能把技术转化成资本。他在工业时代就站到了信息时代的前沿，开发推广了最有垄断意义的信息产品；又能在信息时代仍然成功运用工业时代的赚钱办法，以信息产品为垄断原材料矿产，赚大钱。那些酸酸的脸色后面，未必不想接近这个境界，只是因做不到才"酸"的。

其实，跟随和领先，就其对社会的最终意义难说谁差谁好。微软的跟随做法使很多新技术迅速转换为产品，转变为市场，赋予创新技术价值和生命。不然，有些新技术可能根本无力完成从技术到市场这个生命的蜕变，刚被世人夸奖"多漂亮的孩子"就夭折了。今天中国软件产业在奋起努力时，除了要坚持用中国人自己的智慧和志气来创造，编写自主软件，在挑战微软时，也应该想想如何能实际地借鉴微软的成功经验，特别是如何利用全行业的智慧和市场能力。说软件之外的例子，日本也是这么"跟随着"从废墟上爬起来的，先跟随着想办法在国际市场林立的欧美粗腿之间挤进去一只脚，积蓄一些力量，再开始创新，当终于把另一只脚踏进去时，已经有了自主产品，可以两只脚站起来了。中国软件业太过分割，千百个小作坊分散了中国的智慧，做出来的产品多数注定是重复的、纤弱的，一定要想个法子联合起来才有可能加速成长，先要有生存能力才能谈竞争能力。我又忍不住要"乌托邦"：中国能不能兼并或合并一些国际上的中小软件企业呢？那可能会提前把一只脚迈进国际市场。不然，等到中国特色的、最适合中国人使用习惯的文字处理软件真正打跑了微软时，占领的也仅是中国自己的市场。

今年3月8日盖茨的深圳之行是由我负责的，应该说是部分负责，我没有沾手"维纳斯"不敢掠美。3月6日、7日两日先在香港地区参加微软亚洲区企业客户高峰会，盖茨会见中国客户时我做翻译。7日晚上我先赶到深圳，为第二天盖茨访深做最后准备。这一次是真正接触到微软之神的真身法像，从早晨8点25分（这次比预计提前到了二十分钟）车到五洲宾馆门口，到下午3点40分上车离开，我和乔治寸步不离盖茨身边五个半小时（除了"维纳斯"活动的一个半小时）。所有活动都在宾馆内进行，每一个活动每一条路线都用秒表量过很多遍，路线安排尽量减少从走道经过，但每次走出房间经过人群时都要有一阵拥挤紧张，这次，轮到我兼当保镖了。

盖茨出访时都是由当地分公司安排节目程序，程序要提前报给总部审批，总部只就程序衔接环节加以提醒。比如，在活动间隙要提醒盖茨喝水，留出几分钟万一他要方便，沿活动路线安全保卫之类的事。实际活动内容基本由当地来定，包括大部分演讲稿的起草准备。每个活动之前留出三到五分钟由我和乔治介绍下一个活动的背景、内容和盖茨要扮演的角色。盖茨已经非常习惯角色转换，每到一个场地都能从容面对闪光灯的炫目干扰，然后是他永恒的引导语"我今天感到非常兴奋，来参加……（Today I'm very excited to be there...）"。

我在IBM时就有过好几次荣幸"随侍"最高首脑，总是心里暗暗把他们当平常人来品头论足，好像天生缺乏对大人物的敬畏。我眼前的盖茨真的没有什么个人魅力，声音、语调、目光、姿态，怎么都没法子给高分。每次活动间隙进到房间里，盖茨马上恢复他自然的面无表情，好像是为休息一下长时间微笑的肌肉。一旦脱离公众的目光，他就进入独处的姿态，缩着肩坐着，目光黯淡漫无目标，一坐下立即开始前后摇动（我亲眼证实书里描述的这个著名的习惯，他摇得很快，能使我头晕）。听起来会很滑稽，但是我真觉得他这时的样子有点孤单可怜。只有两个小情节使我觉得他有点活生生，一次是正要出门去下一个活动，他突然说想上厕所，一脸情急还有点不好意思地伸伸舌头缩缩脖儿，那一刹那的表情像孩子；临上车时他又特地嘱咐别忘了带上他收到的礼物，特别像孩子惦记着新玩具，和吝啬不沾边。

深圳访问记者招待会上有人问盖茨辍学的往事，盖茨答："实际上我是休学，还保留再回去念书的资格，只是我太忙了，一直没找到时间……"在被问到微软是否打算参加今年10月的深圳高交会（高新技术成果交易会），盖茨转向我:"这个是你的。"我给了肯定的回答,于是深圳各报均热情报道,微软最后参加了这一盛会,尽管我已不在。

盖茨确实很不喜欢抛头露面,尤其不喜欢与产品技术无关的活动,听说他曾因为演讲当中的闪光灯干扰"罢讲"。近几年他改变了许多,他知道这样做对微软的意义,逐渐接受了他的社会角色,基本上能扮演得比较好。曾经在内部培训中看过盖茨接受美国几个名主持人采访的录像,在《美国,你早》节目做嘉宾时,盖茨不仅不吝大谈他的宝贝小女儿,甚至还唱了几句"Twinkle, twinkle little star"的儿歌!盖茨的个人兴趣不多,最热衷的是在家里试验计算机的未来世界,有一次操纵失灵,不能关掉显示屏,只好以毯子蒙上耀眼的显示器才能入睡;去日本时,会有秘密安排让盖茨过飙车的瘾……今年5月,又有一位微软人英年早逝,去世时刚刚三十六岁,是一位本来前途无量的副总裁。整个微软受到强烈震动。盖茨在自己的家里为逝者举行追悼仪式,寄托他本人与微软高层的哀思和深藏不泯的人性。

世人一直把注意的焦点集中在盖茨聚敛财富上,对于他"吝做善事"多有批评,大有全世界群起而迫其均贫富之势。这几年盖茨大步加快对慈善事业的捐赠,捐赠项目已由早年的只限于"与软件学习、使用相关",扩展到卫生防疫、降低分娩死亡率和更广泛意义的教育。梅林达·盖茨基金会资产已达170亿美元,不仅是美国最大的慈善基金,对比他900多亿美元净值的私人资产,也是令世界首富们望其项背而不及的比例。我想,盖茨的惊世善举不会是全然迫于舆论压力,一定也是他和家人的真善使然。

不管我觉得盖茨有没有魅力,他已经用他的天才和成就奠定了他的神的地位,骂他的人管他叫"魔",其实也差不多,"神""魔",本来就在一念之间。每当盖茨在公司大会出现时,全体起立鼓掌是给神的敬意,对比鲍尔默赢得的狂热有很大的不同。盖茨的神力是微软最宝贵的市场资源,被广泛使用。微软人天天在引用和提到盖茨,好似"以神的名义……",而神是听不到也顾不过来的。其实很多时候他在台上扮演神,完全是按照别人写好的脚本和台词,更像提线木偶,比如,"维纳斯"。

说到"维纳斯",正是新出炉的热饽饽,怎么也得说几句。在5月31日《计算机世界》阳光采访我的文章里,我有过一段"关于'维纳斯'风波":

"'维纳斯'引起的风波中,有些确实是误会。比尔·盖茨宣布的'维纳斯'只是一个项目计划,它的成败和能否实现为一个市场,都不在微软的掌握之中,更大程度上是在它的本地合作伙伴手中。在发布的现场,那些民族产业的本地英雄们与盖茨一起在台上,用他们自己的语言、用自己的理念宣扬应如何在中国发展信息产业,如何用信息和信息产品、技术改善中国人的生活,'柳传志们'赢得的掌声比盖茨的要更热烈。我看当时的情景,相形之下,比尔更像一个配角。"

"从另一个角度看,'维纳斯计划'是微软第一次在美国之外为某一市场去开发和设计一个产品,开发全过程中与多家本地伙伴密切合作,用本地的产品研发队伍开发,投入不可谓不巨大。当然,它是否最后赢得市场,要看它的功能、整体性价,要靠足够吸引的 form factor(物理表现形式),它的成败在于是否遵循市场的规律。其实再看看这一市场上,除'维纳斯'也有其他的 embedded system(嵌入式操作系统),比如基于 Java 的样机面世已有不短的时间,只是未成气候,也就未受到注意或敌意。'维纳斯风波',我个人觉得有些偏激、偏颇。但微软也应从中总结和学习很多教训。"

这些都是真话,只是没说透,现在也还是不能全说透,只能捡能说的再说几句。"维纳斯"其实技术含量很低,即使成了产品也很容易有同类的竞争。我认为它很难形成垄断,它属于信息家电。就举家电的例子,早年中国城市家庭电视都是日本产的,到现在换代"大屏""超平"时首选已经是长虹、康佳、TCL 王牌这些国内品牌了。"维纳斯"就是个机顶盒,连形都没成呢,被挑来作为"挑战"微软的靶子,可以一打一个准儿;作为振兴中国 IT 产业的旗号,未免起点太低。我倒是为被"维纳斯风波"牵连的中国企业家们非常不忿,这些优秀的中国企业家卧薪尝胆披荆斩棘,哪一个没有走过二万五千里,他们造就和领导的中国优秀企业,是支撑今日中国的脊梁,中国人都应该尊重他们。

搞到今天的局面,"名"是出成了,可"维纳斯"连腿也折了。微软确实有很多教训可以总结：如果事先与合作伙伴有更好的配合，如果与信息产业部有更好的配合，如果有更好的媒体配合，如果待产品较成型后再发布，如果有国内伙伴为主而微软为辅推动市场去打出国产品牌，如果微软内部能有更好的配合，如果微软中国能有一个统一面对市场的窗口以保持公司形象、战略、策略的一致……我不想当也当不成事后诸葛亮，我只希望微软真的能从教训中学到些东西。

"维纳斯风波"的起因远远超过微软在中国的操作失误，它只不过是全球对微软霸主地位反感浪潮在中国的涟漪。往日的光荣正在被斥责反感的大潮冲击，微软需要它的神指出劈开红海的再生之路，盖茨任重道远。

从描写盖茨的众多书籍里看到这样一段："有朋友说，'盖茨打败了所有对手，却不能感动一个人'。"由此更坚定我的看法：盖茨，乃是没有魅力的神。

鲍尔默，微软之魂

> 微软的行销经理们都特别在乎鲍尔默的评价，有时甚至会错觉工作的目的就是得到鲍尔默的嘉许，先不谈这是对还是错，企业首脑能够有如此直接、实际的感召力实在伟大。

有很多企业家让我佩服。我最敬仰其中的三位：通用电器总裁杰克·韦尔奇（Jack Welch）、IBM总裁郭士纳（Louis Gerstner）和微软总裁斯蒂夫·鲍尔默（Sieve Ballmer）。

杰克·韦尔奇在通用电器鼎盛时期修理"没有毛病的机器"，他敏锐意识到新的、全球性的高技术环境对企业的挑战，坚决地对通用电器历经百年尚在辉煌的传统产业进行改造重组，缩减规模，优化组合，全然不顾遭到内外反对，甚至被当成商学院的反面教材。直到经历过大萧条，无数美国传统企业遭受重创，而通用电器毫发无损显示出强大竞争能力，杰克·韦尔奇的英明伟大才被认识到，他和他领导的通用电器站在了重建美国工业、振兴往日辉煌的前沿，又被写成哈佛的正面教材，也成为企业家永远的经典。从1981年杰克·韦尔奇接任总裁至1997年间，通用电器改写了许多数字：总资产从200亿美元到2000亿美元，股票市值从120亿美元至2000亿美元（从1981年美国排名第11位至1997年全球第1位），每年有23%的利润还给股东们，而雇员由1981年的44万人，减到1997年的26万人……我在一次IBM经理培训课上看过杰克演讲的录像，他的口吃仍然明显，但是丝毫不妨碍他把影响力穿透眼前和隔着电视屏幕的听众。从书上得来的印象来看，他是很有综合个性魅力的人。

郭士纳1993年愚人节上任时，他接手的IBM连续亏损三年已经是风雨飘摇，失去掌舵人长达五个月更加速了巨轮沉降（董事会先行辞去前任总裁约翰·艾克斯，再开始寻找继任），单凭这份敢登沉船的胆气就值得喝彩。郭士纳不懂计算机，可是懂客户、懂市场。他在一年之内大施狠手修整IBM七十多岁的衰老臃肿的肢体，把四十万人砍剩了一半，关、停、出卖了大部分IBM优雅美丽的工厂地产；第二年宣布停止流血，带领遍体鳞伤的巨人走过艰难的十二个月，终于在灭顶之前遏制住颓势；到他四年届满时IBM已经重新赢回了光荣与梦想。郭士纳连任众望所归，他绝对值回了董事会付给他的天文数字的股票收益。我觉得郭士纳的奇迹还在于他能继承和保存下来IBM的优秀企业文化，又成功地注入了新的活力成分：开放，对事业的激情，追求完美的同时追求结果，放权，决断……他是电子商务战略的先行倡导者，为IBM重新竖起行业领袖的大旗。他也是个魅力十足的人。声音沉厚但穿透力很强，目光如炬，经常挥动的左手有四指残缺（割草机的事故），更加重了震撼力。我常常神往如果能亲眼见到这个景象：卢（IBM人昵称他的名字）牵着他的大狗，手里夹着巨大的雪茄，在IBM王国总部里行走。老华生（IBM创始人）的幽灵如果撞到现任总裁的雅皮士形象，一定会呼天抢地，但他应该欣慰能有卢，他保存了IBM的完整，使IBM获得再生。

杰克·韦尔奇和郭士纳都创造了企业史上的奇迹，而鲍尔默的建树却远没有为世人所知，原因是盖茨的光芒太盛，人们总是把企业和它的缔造者联系在一起，鲍尔默是微软建立四年后才加入的。鲍尔默是企业家之龙，领袖中的领袖，竟能"埋名"十八年甘心辅佐盖茨，也正是鲍尔默的非凡之处。鲍尔默在1974年结识了盖茨，自1979年微软与IBM谈判合作开发DOS时开始与盖茨产生心领神会的默契，于1980年才正式加入微软。先任总裁特别助理，直至统揽微软营销大权，继而1998年名正言顺升为总裁，在此期间，盖茨与合作伙伴保罗·艾伦分手，在股票上市当月又与"最像自己的"仁志分手，唯与鲍尔默的合作一贯十九载紧密无间。说到此我不由怀疑自己：盖茨能罩住鲍尔默这等非凡之人，一定有非凡魅力，只是我肉眼凡胎看不到而已。

我看鲍尔默的角度仍然是不可能全面的，但是短短十几个月的数次接触给我留下的印象深刻之极。我只想从我所感受的企业领袖的人格魅力来写——我看鲍尔默，是真正的微软之魂。

前面提到过我来微软的最后一关是通过鲍尔默的面试，与其说是我的"关"还不如说是布莱恩的"关"。从鲍尔默1996年1月确认微软中国需要一个新的总经理，而且一定要一个真正的本地人，到1997年年初整整一年了。布莱恩终于看准了我，先是花了四个月说服我，这才能进入实质阶段的面试，一路顺利得"不得了"，现在，要看鲍尔默最后点头还是摇头，布莱恩绝对比我紧张得多，花了整整一年才找到的人选，终于隆重推荐出来，如果被鲍尔默否定可就真交代不过去了。其实并非所有的总经理都要鲍尔默亲自过目，只是因为他已经亲自过问，加上他本人对中国的关切，就多了这么一道关。因为延误太久了，中间鲍尔默也曾过问，回答是"正在找"，后来是"终于找到了，正在说服"，我猜鲍尔默也会有好奇要亲自看看这个候选人，何许人也，竟当得微软千呼万唤？

中间还有个小故事，布莱恩非常想让我在1996年12月飞去西雅图见鲍尔默，我说真的不行，走不开，就三天打来回也不行！布莱恩气得脸色都变了，因为我告诉他，这正是IBM的财年年底冲刺时刻，我必须坚守，甭管见谁都得过了这阵儿（我当然没告诉他我要最后看守的生意是多少，现在想起来，那最后两星期里从我负责的渠道进来的生意比微软中国一年的都要多！那时真的很关键，不仅关系到IBM中国能否完成年度生意指标，还关系到大片雇员和渠道伙伴的最后收益）。我还劝布莱恩别生气，说："你想想，要是我对IBM能甩手就走，你将来能对我放心吗？"布莱恩除了说"可那是鲍尔默啊……"，别的词儿都没了。

我的面试只好等到1997年1月鲍尔默来北京的时候。面试地点又是在香格里拉饭店，在中关村附近，自打和微软有了关联常来这个饭店。我先溜进去听鲍尔默在渠道伙伴大会上的讲话，在他用的演讲稿里有几张面熟——一个月前听盖茨演讲时我也见到过，可是经鲍尔默演绎出来突然能够声声入耳，我一下子听清楚了很多微软的战略、策略，听懂了渠道伙伴和独立软件开发商为什么对于微软如此重要，听到了微软如何想在中国长期发展，多么需要本地伙伴的支持，多么愿意长线投资投入支持本地伙伴和微软在中国一起成长。这些理解对我后来在微软的思路和做法一直有很深的影响。我特别认同他所说的"长期"的中国战略。使我一震的还有鲍尔默的激情和真诚，我心里夸奖他比盖茨强——当然指的只是表面的演讲功夫。但是我相信我看到的不只是表面，真正的激情和技巧是有差别的。布莱恩叫我出去时我还不乐意，还没听完呢！布莱恩为我最后耳提面命，像送举子进考场，一个劲嘱咐我别紧张，说鲍尔默表面挺凶其实挺好的，你本来很棒一定能做好。我反告诉布莱恩别紧张，说："我一定做得很好，放心吧！如果最后我没来微软，也绝不能是因为面试通不过被刷下来的。"现在想想也不知道自己凭什么这么牛，也许是对微软中国总经理的职位一直就没有特别患得患失，不过"牛"着点儿也好，心里是挑战的兴奋刺激，一点不紧张。再说，我已经对鲍尔默有很好的第一印象。

  我的面试只有四十分钟，鲍尔默提的都是开放式的问题，多半时间都让我在讲话。我记得他问我觉得在 IBM 最有成就的经历是什么，我讲是在华南分公司做总经理的两年半，那时我真正懂得了什么叫公司运作，懂了什么叫市场运作，最重要的，带起来一个队伍，从四十几个人到二百四十几个人。我讲到建设队伍培养人的时候很动容。他问我觉得微软在中国的反盗版策略应该是怎样，我说我没有做过，没有具体的经验，但是有一点很重要，就是必须与政府配合，必须与当地同业配合，不能是微软单干，公司也不是警察。他一直非常专注，很少打断，几次都是因为要确认听清楚，我觉得很受尊重。我也告诉他我的理想：能够帮助中国企业做到国际上去，或者能把优秀的国际企业做到中国来，我之所以对这个职位有兴趣，是因为它更能让我去实践我的理想，我说我欣赏他刚刚讲的在中国的长期战略，觉得我的理想和公司的利益应该是很吻合的。

  后来我体会微软的风格，知道我当时太形而上、太理论、太理想化了。我在面试别人时也越来越微软作风，会直截了当刨根问底，我想从应试者那里听到的是实在的经验，而不是只是理论。回头想想，我有些奇怪为什么鲍尔默会接受我，也许他看到我表现的"微软类型"的特征？另外，我自学改行的经历给他印象深刻，这或许补充证实了我实践的能力和性格？

四十分钟整，有人来催促，鲍尔默要赶飞机去上海。我最后问他，为什么一定要找一个本地的总经理？他说，就是为了他所说的在中国长期发展的战略，本地人真正了解中国的文化和市场，能够有真正的长期的行为（long term behavior）。我说，这正是我想做的。

布莱恩在去机场的路上打电话急切地问我情况如何，我说："很好啊，鲍尔默一点都不凶，挺温和的，我觉得我们谈得挺好，结果究竟如何就得你来告诉我了。"布莱恩说晚上会给我电话，让我别担心。听得出来，布莱恩要比我忐忑得多。晚上没有电话，第二天也没有，我倒有点不服气了，难道真没通过？这可是很没面子的！第三天布莱恩的电话来了，上来就开始谈具体的薪酬条件了。我插嘴问："这么说我通过了？我正打算着还是去上学了。"后来，我盘问好多次布莱恩才透露一点鲍尔默对我的看法，他不担心我对微软业务一点都不懂，"看起来是应该能学得很快"，唯一的担心是我来自IBM，不知道我能不能适应微软的冲突文化。最后，证实他的担心是有道理的。

我再见到他是四个月以后在西雅图的全球营销经理大会上，他老远地叫着我的名字喊："Juliet, 欢迎来参加聚会！（Welcome to the party！）"这一次我才领教了他著名的大嗓门。他似乎认识所有微软的员工，每个人和他谈话时都能得到他的专注，感到"自己很重要"。常能听见普通员工说"我上次和鲍尔默谈到过"，流露出来都是显然的骄傲。

微软的营销人员对鲍尔默很敬爱，更敬畏。他建立了微软的一整套全球营销管理体制，包括一年两次的业务汇报和"铁笼"。他是个超人，一年两次的scrub季节他会亲自游走十几个国家和地区，白天拜访客户和政府官员，晚上熬鹰似的scrub当地分公司，"铁笼"全部几十页的透视电子表是按他的具体指示设计出来的，所有逻辑都在他的大脑袋里。当你解释今年为什么没能做到某个指标时，他会问："为什么与六个月前你的预测不同？市场怎么会向这个方向变化？"记得比你自己还清楚。他会记得一年甚至几年前某个分公司、某个产品的销售额，也能随时拈来全球任意一个规模类同的分公司数据联系类比，记得尤其清楚的是竞争对手的数据。大家最熟悉鲍尔默看到竞争对手增长数据的"极端痛苦"的表情，那是谁也不想看见的！他刨根问底似乎能到无限，"drill down"，也成为整个微软的风格。微软的行销经理们都特别在乎鲍尔默的评价，有时甚至会错觉工作的目的就是得到鲍尔默的嘉许，先不谈这是对还是错，企业首脑能够有如此直接、实际的感召力实在伟大。鲍尔默不仅对数字敏锐，学识渊博，而且是个综合型的人物，有极强的幽默感。书里的描写都是关于他的喧嚣，我和许多微软人听鲍尔默常常爆发的大笑，会受到强烈的感染。

鲍尔默是个无与伦比的鼓动家。每年全球年度营销大会总是由他第一个出场。几千人早早地占好座位，鲍尔默出场时的"礼遇"足以使超级娱乐明星嫉妒：几千人狂热地欢呼"鲍尔默！鲍尔默！"和着拍子一起鼓掌、跺脚，还有不合拍子的尖锐口哨。鲍尔默从来不会让人失望，他把舞台当成篮球场，奔跑、呼喊，四面八方的大屏幕上鲍尔默的形象和表情铺天盖地，两个小时的演讲总结上年业绩和新财年战略目标，他激情演绎"方向""战略"，把所有人燃烧到沸腾。鲍尔默的演讲总是以新财年销售指标结束，这个数字是经过层层scrub 的预算汇总，已经是非常的挑战——意味着百分之几十的增长。这时鲍尔默会告诉大家他有多么"失望"，简直不能相信这支队伍如此"胆小"，这时的鲍尔默像百老汇的悲喜剧双料演员（他早年确曾有志向投身戏剧），只是微软的舞台肯定比百老汇过瘾得多！他"万分痛苦"，交替使用哈姆雷特、麦克白、李尔王的各种强烈表达，"劝诱"大家只要再多承诺"一点点"，台上台下一片呼啸应答，最后现出"挑战指标"——只是再加了十来亿美元那么大的"一点点"。奇迹是，通常最后做到的都是鲍尔默带领大家喊出来的"再加一点"的挑战指标。他的演讲之后大会将安静得多——他自己和好多台下的人都已经哑了喉咙。

微软人喜爱他还因为他人性丰满的另一面。鲍尔默关心员工和他们的家庭是出了名的，他在员工不幸时会流露真实的痛苦，不能自已。他非常爱护他自己的家庭。他一定给家人留出足够的时间，都知道鲍尔默下班会很早回家，陪家人晚餐伴孩子上床后，再上他的"邮差"晚班——处理电子邮件。他会花上几个小时和他的小儿子一起安装游戏机和软件。前年他父母生病时，全公司都为之担心，大家知道如果是家庭需要，鲍尔默会毫不犹豫地放弃事业。近几年微软屡有员工英年早逝，给全公司带来巨大震动和对生命意义的反省。微软至今还是个年轻的公司，平均年龄三十五岁，年轻的人们追求兴奋激越，不会珍惜自己。软件工程师更是拼命超支投入。鲍尔默极力呼吁要保护员工健康，他亲自督促人力资源部门和各级主管要有具体的措施，增加康乐保健条件，"强迫"员工减少过度工作，增强自我珍惜的意识。

鲍尔默权高位重却仍然率真急躁，有一次一个分公司的业务汇报做得太差，鲍尔默越说越气，到了机场火气达到极点，竟把汇报材料一把抛进垃圾桶，随行幕僚小心提醒扔的全是顶级机密，他头也不回说："让竞争对手去捡好了，反正是一堆垃圾，正好让他们混乱！"鲍尔默最容不得竞争对手的胜利，在他的办公的楼里隔着好几层常能听到吼叫，那一定是鲍尔默为竞争对手发出的吼声。自从司法部官司以来，整个微软和鲍尔默的言辞都比以前加了好几道"把门儿的"。

鲍尔默近年有很大改变，狂呼震吼比以前少了，添了大度谦和，少了些暴戾之气。不过我观察到，他开会时不停地转动身躯，好像压抑不住躁动的精力，在站起来时，衬衣肯定乱七八糟地扭成一团。1998年12月他来北京scrub我们的时候，已经连续二十来个小时没休息，老虎也顶不住打了个盹儿，两分钟盹儿醒来后他问我一个问题，我回答了，还找补一句："这个问题刚才讲了，不过您没听见……"他居然大笑，承认"被抓到了"。

鲍尔默可以容忍错误，甚至容忍"愚蠢"，不能容忍的是内部欺骗不实的行为，如果被抓到，不管多么重要的职务，立即辞退，无可赦免，而他自己又会非常痛苦。

鲍尔默是行销的行伍出身，带领行销队伍攻城略地是他的天分。他升任总裁后统揽行销、服务和产品开发，又肩起了新的使命：重塑微软的文化。第一步是重组微软，重新划分成八个部门，产品开发、预算和销售都围绕着不同的用户群运作。这是石破天惊的举动，原来分离的产品开发部门有无上的独立性，已经形成营销跟随产品计划的模式，换句话说，开发出什么就卖什么，产品和市场、客户的隔阂越来越明显。更严重的威胁来自微软内部：正在失去速度，而速度是网络时代最重要的竞争乃至生存条件。重组的设计是为了赢回速度，更是为了彻底改变微软的文化——从自我中心，到以客户为中心，后者，要艰难得多。

鲍尔默曾做过尝试，财年1999全球有一项重要战略是Community Development，可意译为"接触客户"，投入几亿美元、上千人马，由微软全球各地的营销子弟兵大规模接触客户，讲产品讲技术，不许讲销售，只为让客户了解微软，了解微软也注重客户，希望能赢回客户的喜爱，微软营销队伍从未有过这样的指标：专款专人没有销售指标，只看办了多少技术讲座，接触了多少人群。此项战略得到彻底的贯彻，而一年到头发现全球客户对微软的印象仍持续下降，鲍尔默不是肯服输之辈，更坚定了彻底改组微软重塑微软文化的决心，继续更大量投入，以赢取客户，为微软赢回正在全球失去的"人气"。以鲍尔默的定义，使客户满意（satisfaction）还不够，要使客户高兴（delight）！在全球营销大会上，他每吼一声"delight！"就温柔地微微屈一下膝，两手还用指尖捏着不存在的裙角，台下几千人应和着一声一声地吼，自己人先被鲍尔默表演的可爱先生"delighted"得不亦乐乎！他相信，只有满意又高兴的客户才会不断购买微软的产品和服务。但他没忘了加上一句："首先要赢取市场！要使客户高兴，先得拥有客户！"

鲍尔默在努力打破他和盖茨过去十九年共同建立的文化，他和盖茨的合作模式也发生了变化：

盖茨退到更高的神位，将小小环球尽收眼底，吸收天地间智慧精华，为微软指出发展远景方向，贯串微软二十几年的公司使命已经修改，从"每个人的桌子上都有一台计算机"，改为"让人们随时随地都能做自己想做的事，无论使用什么设备"。

鲍尔默则要带领微软重新编组的庞大舰队迅速走出困惑迷失，找到方向，继续辉煌。鲍尔默要赋予微软一个新的灵魂。

伟大的微软

> 微软有一对"神""魂"绝配的企业领袖。盖茨和鲍尔默的追求早已超越了财富的增加,赢的是他们的哲学、宗教、梦想,他们的专注追求是使微软永远成功。

微软太成功了,以至今天成为"成功的受害者(victim of success)",对微软"霸道"的斥责从业内扩大到业外,从美国蔓延到中国。对历史的成功者欣赏抱有理想化的宽容,对现在的成功者挑剔多于欣赏,人类文化似乎一直有这种倾向。我对微软的感觉是很简单的矛盾:不喜欢它到了非辞职不可的程度,但钦佩它是IT产业史上最伟大的公司——曾经是,现在是,我相信将来还是。我以曾经为它工作为荣。

微软的贡献远远超出了软件行业,它的贡献是对于全人类的意义。在技术上的跟随并不意味着微软没有创新精神,微软对于软件功能的精彩体现有着狂热的追求,每年投入的研发经费从数量到百分比远远超过同行,成百亿美元的投入,把计算机使用的能力交到上亿人手里,使计算机成为人类的工具,甚至是趣味工具,而不只服务于企业。

微软对于软件行业的贡献远远超过全部对手。它选择的产品战略是以操作系统平台和工具为主,注定它对于ISV(独立应用软件开发商)的互相依存关系。出于这种利益关系,微软倾注大量的资源加速ISV在微软平台上的软件开发,这当然是出于微软利益的直接需要,客观的结果是围绕微软平台成长起来一个巨大的软件群体,构成今天软件行业的主体。大家都知道西雅图有波音和微软，不错，西雅图只有一个波音，但是除了微软还有上万家软件公司，不敢说全是微软的 ISV，但不管是内围、外围还是竞争，都会在不同程度上"借光"微软的存在。微软为整个软件业发展所起到的平台作用前无古人（可能后有来者，如 Linux）。

微软的管理文化可能也是个精彩绝版，它有无比严密无限细节的管理，而又能保持它的数字神经系统有充分的灵活。最绝的是，严密的管理体制能与自由狂放精神完美结合，智慧和火花受到充分鼓励，"聪明的主意"比"正确的主意"要光荣得多，强烈地刺激人们迸发出聪明机智，人人都可以感受"人治"的自由、权力和自我实现的感觉，但是所有人又都被牢牢联系在"神经系统"的网上，无论你如何狂野也出不了大圈。"神经系统"能及时地把所有的智慧迅速上传到公司的大脑，再将"最好的做法（best practices）"迅速下达到企业末梢，不断地刺激出新的"最好"。微软的刺激、吸收、利用智慧的能力（绝不只是从内部！）可以说登峰造极。它有一套机制将智慧收集、集中、提炼，转化为可理解可衡量可行动的战略、策略、目标、行动计划，循环往复。

我初入微软时曾惊叹微软的全球营销大会极尽铺张，几千人大会的费用以千万美元论计，再加上全球营销队伍集体离开前线起码一周的代价大到无法衡量。后来我参出一点道理，微软的人治精神只有在与"人"的直接交流中才能得到最感性充分的传达。微软的会议不只于营销队伍，日程是连年逐月安排的：从"创意研讨周"（或译"智囊避静"），盖茨和他的技术"外脑"切磋世界 IT、网络、软件的趋势方向；下个月是最高经营管理阶层会议，从市场竞争、产品研发制定出全公司新财年的战略和投资预算方向；之后，花开几朵各表一枝：市场营销、产品研发、法律事务、财务后勤，各功能依次召开地区总裁总监会议、经理会议，分公司预算、scrub、汇总，使总体战略与区域性市场逐级达到高度融合；最后到全球新（财）年开年大会时，总体战略将转化为全体三万人的每个人的具体行动计划和目标。

微软的营销战略非常成功，它在营销渠道的各个制高点，用最少的直接资源为杠杆去控制和影响最大的市场。微软的市场活动永远有合作伙伴的赞助和参与，声威远远超过单独操作；微软的教育认证红火值钱如托福考分，全靠大批独立的认证考试机构做起来，微软只认证考核师资和绩效，对独立机构收费很低，做出来的业绩都是独立机构自己的，自然形成了一个行业，也形成了行业的竞争，来保持其质量和市场吸引力。这比起任何事情都自己动手、自力更生的效力孰高孰低明明地摆着。

过去几十年 IT 产业上演了具有讽刺的历史轮回：

几十年前 IBM 的"主机市场垄断地位"即招致美国联邦政府多年的反托拉斯法诉讼。IBM 为了对抗苹果，开放了个人微机设计，DOS 开放了微机操作系统标准，兼容机打破了 IBM 本似必然的垄断，个人计算机革命浪潮将垄断资本主义化为历史陈迹；IBM 想以 OS/2，个人微机微通道系统重新建立业界标准，发现真正能够左右业界标准的已是 IBM 个人微机兼容厂商，又不惜与同病相怜的苹果结成联盟，终未能挽回颓势，却成就了微软的天下。开放始于竞争，终结于知识产权最大的垄断。

三十年后，微软也是同样的命运，被美国司法部控告垄断，新生的 Linux 由于代表着知识产权开放，被全世界以最大的热情接受。接受和推举 Linux，"不只是因为它能与谁抗衡，更是因为它代表了一种开放、平等、自由和充满梦想的互联网精神；代表了网络时代新的开放知识产权形态；体现了人类互助天性和基本的自由。在我们看来，这比单纯的技术发展和财富积累重要得多！"Linux 从人文的角度被接受，不能注定在市场上的生命力，但是，此次的推动 Linux "联盟"竟波及全球 IT 业界内外，远远超过当年六十几家个人电脑兼容厂商反抗 IBM 想继续统领个人电脑业界标准的企图，有全世界联盟的推动，或许 Linux 能以超速成为微软的真正抗衡。代表反抗微软垄断的势头跃跃欲出，Internet，也是开放的标准，启用了自然公社的规则，互联网属于全人类，不属于任何一家公司。微软受到的挑战远远超过司法部，它正受到新的知识产权开放的汹涌潮流的迎头冲击。Windows 95 席卷全球的狂潮曾引起人们惊呼"盖茨有了进入千家万户的钥匙，他将无所不能"！Internet 无疑给人们一把进入未来的新的钥匙，Internet，Linux，当人类未来有更多扇门户洞开时，锁和钥匙就会失去桎梏的作用。

三十多年前发表了著名的摩尔定律：每隔十八个月左右，集成电路上可容纳的零件数量就会增长一倍，性能也提升一倍。芯片上晶体管数目就要翻一番，即芯片技术就要进步一倍。20世纪70年代初，英特尔的4004将"电脑浓缩在微处理器芯片上"，开创了集成电路和现代电脑技术纪元，不仅芯片技术的进步一路验证着这个定律，过去三十年来，计算机硬件整体性能的提高也不断伴随价格下降。从1998年开始，微软已经不再提"Windows软件只占整体计算机投资很小投资比例"这一多年说法，因为软件已经占到计算机整体投资百分比可观的两位数。财年1999年微软的业绩是业界的最高纪录：销售额近200亿美元，增长近30%，而利润为80亿美元，股票收益增长69%！我没有听到财年2000年的目标，疑惑还会不会持续利润增长的新高。我还疑惑，微软用工业时代的手段在信息时代还能继续赚钱多久。微软要加紧"跟随"的不只是技术，还有新的理念，新的赚钱方法！

微软有一对"神""魂"绝配的企业领袖。盖茨和鲍尔默的追求早已超越了财富的增加，赢的是他们的哲学、宗教、梦想，他们的专注追求是使微软永远成功。截至几年前，微软一直像一支明星球队接受全世界的喝彩和崇拜，盖茨是当然的超级明星。当超级明星无敌太久时，世界就会盼望新的对手出现，没有对手的运动就失去了竞争的意义。人们对超级明星的要求会从天才的技能上升到对社会的责任，甚至要求他们成为人类的完美楷模。微软和它的领袖正在经历从"天才小子"到成熟的人类社会精英的痛苦蜕变，为了必胜的精神，他们愿为此付出巨大的代价，包括捐出个人的财富、彻底改变微软、再造企业文化，还需要创造新的赚钱办法。

但是，只要微软追求精彩追求胜利的精神不改变，微软的企业文化的本质就不会变。否则，微软的伟大就不复存在，或者将是另样的伟大。

终曲

结账
闭幕晚会

结账

> 交接过公务，和我殷殷关切的人们，我当然还要为自己结账。

1999年7月6日在媒体面前最后一次演讲之后，微软前台大幕在我眼前关上。该收拾后台事务了，还有几本账要结清：公司业务、人，还有我自己的。

微软当初请我也是冒了很大的风险，初衷不可谓不诚。我把自己的生活计划重新改过全情投入，想把微软在中国做成功，接近我那"中国的微软"的理想。一年半走到分手，算算总账，各有得失。

我给微软的贡献是一个基本健康的营销组织和渠道体系，以断臂疗毒的狠勇才治好顽症。我最骄傲的是建立了一支优秀的管理团队，"队长"走了，团队不可能是旧日的团队，但团队精神、合作默契仍能维持一段，我希望微软中国能珍惜和稳固这支难得的精英队伍。我退出后仍然关注着微软的生意。今年的7月、8月、9月完全按照我们的规划在成长，至于再过一个季度或更久——事在人为。其实，我自己认为对微软的最大贡献，还是以"辞"相谏的忠言，今后如果能看到微软的做法中有相近的痕迹，我无论在哪儿都会窃引为欣慰。夜阑人静独处扪心，我对自己说，对得起微软给我的真实权力和期望。而我，一年半付出的心血和生命超过我的极限，我没有空入宝山，带走了无价的经验和领悟。从懵懂不知就里，到深得其中三昧，从做不好到反败为胜，"会玩儿了"，玩儿好了之后，决定"不陪着玩儿了"，我验证了自己的能力和原则，我有足够的理由骄傲。

微软失去我，而队伍还在，营销机制健康，不会有什么短期业务的重大影响；即使真的在中国市场显现停滞，对微软几近二百亿美元的年销售额也是微不足道。我的"明星"效益本来与微软是绝配，又肯全心全意卖力卖命，微软失去了一个可遇不可求的总经理。不过，微软不在乎，以微软的金字招牌，不愁得不到精英之才，但失去了很多"人气"，不是昼夜之间就能补起来的。

我最不希望看到的是：微软，乃至其他在中国的外企，会因我与微软的"试验结合"以离异告终，而对于本地人做高层管理滋生更多、更久的疑惑。中国市场对外企的重要意义，不只于今日，更在于未来。让中国人为外企管理在中国的生意，是最聪明的做法——只要外企真的相信中国的未来，真的有一点"长期"的承诺。不然就看看IBM日本、微软日本，谁能说本地人管理的公司不比"鬼佬"更好？美国人都常说中国人是最聪明的，中国人有好多比我优秀、比我聪明的，谁先能真正把优秀的中国人用起来，谁就能占到中国市场的先机。中国，也需要外企在中国成功！

记得今年5月在演讲时，一个学生问："我们都想把微软打败，你作为微软在中国的总经理，作何感想？"

我说："中国打开国门，不是为了'把敌人诳进来，一个一个歼灭，来一个死一个'；我们如果要在中国打败微软或任何人，只要关上国门就是了，不用费什么力气。我们国家真正需要的不是'关起门来打狗'，而是要自己真正地强大起来走出国门，以真正的实力参与国际市场竞争——以自己的品牌，而不是冠以'中国的微软''中国的IBM'之类的限制词。要能打出'中国的×××'品牌，就必须虚心学习，苦练内功，哪怕是卧薪尝胆。"

7月14日上午与乔治交接人事，正值年度讲评，逐一谈过每个人的评分、工资、配股、提级、工作安排等。其实，5月28日我辞职之前都已经讨论过并且认同了。这一次，因情势变化又有了许多"新意"。所有的"不同意"和"保留意见"都是心平气和的讨论。我时时警惕着自己：此时我对于每个人的看法对乔治的影响都可能是恰恰相反。过去短短的几个星期里已经演出了几折"官场现形记"，有的拙劣，有的聪明；或是出于可以理解的求安全的本能，少数几个透出阴损也是意料之中。本来不是什么"政变"之类的改朝换代，但在微软这个人治色彩浓厚的文化环境里，每换一次老板就会生出好些惶恐，也就难免有些龌龊奇怪冒出来。乔治的有些看法明明是受人影响的，他根本无从对所谈到的一些人有直接或间接的判断（有些甚至不是曾直接汇报给我的人，连我都不能做最直接的判断），而他却能有如此具体而坚决的看法，可惜有些是偏激和片面的。不过我完全可以理解乔治，他在突如其来的变化面前缺乏安全感，他需要尽快让自己进入总经理的角色，要建立"自己的队伍"。意料之中，我心平气和，毕竟多数人能得其所，也不费了我一番苦心和铺垫。只是有一件事让我愤怒难平：居然要难为无辜而且全无还手之力的四月儿！只为她是我的助理，她居然得不到相对她的能力和聪明是等而下之的职位！在微软十几个月，我的"私人"档案里"小人""坏人"各多了一两个名字（在这方面，也赶上前面十几年的积累了）。四月儿表现出来的优秀足以羞煞很多人，我也为偌大微软的无度无量而羞愧。

交接过公务，和我殷殷关切的人们，我当然还要为自己结账。说起来有点得意：我辞职是在5月，通常从微软辞职最多有一个月的交接时间；而我与微软的合约要到8月底才结束，这对我个人利益而言是最好的安排——到8月底能再有一笔认股权到期。之所以能达成这个对我个人利益而言的最佳方案，是因为我成功地推销了我的论点：

第一，我完全可以选择对我最合适的时间提出辞职，出于对公司的考虑，我才提前提出辞呈。我真心的考虑是，对公司业务的干扰越小，对我的团队的干扰就越小。我关心的是这些人，我对他们的关心太切，情愿冒破财的风险提前辞呈。微软倒是不在乎也不需要我的关心，它太强大了（对我个人最保险的方案是等到8月底拿到最后一笔到期的认股权后再辞职，提前三个月之久，冒的风险太大）。

第二，我在微软十五个月里全心、全力、全情、全时投入，应该有这一点加权。这一点属于矫情了。不过，超过十四个月每周工作九十小时以上的纪录是真的。

第三，并且，微软对我的约束时间也相对延长了啊。这一点才是最关键的：只要我一天是微软的员工，基于合约与基本的专业准则，我就要受微软的约束，遵循微软的规矩。比如，不能直接或单独与媒体对话。这对于公司显然重要，特别是在这个敏感阶段。对于我，缄默一个多月根本不是负担。

（我预先掂量了分量，对此把握并不大，但还是决定涉险，从职业道义上确实需要这样做。最后能拿到也真是侥幸！）

于是，成交！

这是我唯一一次清醒地、有计划有预谋地，而且是成功地保护了我个人的利益。对比十几个月前我离开IBM的时候，我有足够的理由得意。当时，我出于职业道义，在签订微软合同的第二天清早，就向IBM提交了辞职报告。我竭尽全力对付"感情纠葛"——既要对得起IBM，又要对得起我的心、我的理想、我的承诺。当公司挽留与个人承诺的痛苦对抗持续了将近一个月终于结束时，我终于深舒了一口气……这时突然发现自己失去的实际利益几近我整整一年的工资。按合同，提交辞职报告一个月内我仍应享有合同期内所得一切利益，但是，IBM有另外保留条款诸如"公司保留最后解释权利……"，在挽留无效终于确认我将加入竞争对手之后，IBM就行使了解释权，于是我就失去了我十几年服务挣得的一笔数目不小的钱。如果我事先稍微为自己想想周全，调整一下签约或辞职的时间，我就可以得到我应得到的利益，前后只差七天。这也是对服务于外企的中国员工的小小警示：有道是，亲兄弟明算账；对本无血缘的中外雇佣关系，只有靠自己为自己算清账目，无情可讲。

有一次我和一个好朋友讲和微软结账这件事，眉飞色舞得意我的精明，朋友似笑非笑问我："好不容易打下了江山，如果你再稳坐着混两年又该是多少钱？"我一愣，是啊，如果再混两年，就算微软股票一分不长也能混个百万富婆……先是有点恼羞成怒，这不是笑话我大处不算小处算，不但不精明整个是傻？转念一想，立即理直气壮，我争的是过去应该挣的，放弃的是我没打算再挣的——我的追求、我的快乐，比百万美元要值得多！如此阿Q一番，立即心安理得。

　　到此，交接全部结束。我再不需要来微软上班了。

　　我最后环视了我的办公室，挺大，挺雅致的，还很新，搬进来差三天才满一年。我会把那些照片带走，毛毛狗带走两只，最大的那只留给老张。

　　不用再到大办公区走一圈了，6月22日那个星期二凌晨3点30分我来过，细细地走过、看过每一个座位，把所有的灯都打开，又熄灭。我在那个绿色阳台上看了日出。

　　该走了。我要去收拾打扮，把最美的我给我的人们——今晚是给我的送别晚会，那才是我在微软帝国生涯的最后的闭幕式。

闭幕晚会

一口干尽，

人间万丈红尘，

看天下英雄豪杰，

能过几盏春秋！

晚会一直是四月儿的心病。我知道她小心眼儿里的担心：从正式宣布辞职到现在已经整整四个星期了，如火的真情也能放凉了，万一晚会没多少人来怎么办？她是怕我被冷落。我说没关系，人多热闹；人少好说话儿，咱们只是"民间"聚会，自自然然最好。倒是如何处置费用的问题颇讨论了几回，因为是"民间"，绝不能是公费；想要的是完全自愿，我出钱就不合适。最后决定，参加者大家平摊。为送我让大家掏自己的钱，心里不安，可也想不出其他更好的方法，只好这样了。

今天的日子最合适：交接今天已经完成，不必在送别之后还时不时地在公司出现；明天是全公司新（财）年大会，上海、广州的都到北京了，万一大家愿意来也方便。煞费苦心地选日子其实也是为乔治和公司考虑的：务必在新（财）年大会以前画上我的"句号"。

盘头发、选衣服、化妆，新年晚会都没费这么大精神，本来时间富余可搞得紧紧张张，但自己挺满意的，够漂亮参加晚会了。

今天其实是第二次告别晚会。上一次 6 月 25 日是和一群特别的朋友——公司的保安和司机，只差四个值班不能来，十六个人围满一张大桌。那次我喝醉了，是挺少的二锅头和太多的纯朴真情把我灌醉了。大家都哭了。我只记得回家的路上反复念叨着一句话："凭什么人家对你这么好？你给人家做过什么呀？"

今天是最后一次，不要醉，也不要再哭了。

皇家俱乐部在北京动物园里面，另走一个不要门票的门，与动物们应该是隔得挺远的，去过几次从没听到过狮吼虎啸。几十棵古树各个挂着表明珍稀和年代的腰牌，围着一座木楼曾经是慈禧去颐和园路上歇脚的行宫。马来西亚人把它办成会员俱乐部，主要会员多是IT公司的经理。可能是因为缺了时髦的娱乐设施，一直没火起来。我喜欢它也正是因为这份清静，还有那个七八个人的乐队，水平比所有听过的五星级酒店的菲律宾乐队都好，不管对着一个人还是十个人唱，难得的是那份永远的悠然自得，因为舒服，歌和曲都显得更好。最近听说马来西亚老板打算把它卖了，不会也要搞健身、桑拿之类了吧？

按四月儿的指示我应该再晚点到才对，她可不想让我来的时候还空荡荡的。可今天路偏就那么顺，刚刚7点整就到了。门外一溜排开公司的车子，后来才知道几位老板没来，司机都来了。司机们根本没进来，开着空车过来只是为"给吴总壮声色"！

我被引到台上，发现对着我欢呼的是一百多人！乐声在我耳后响起，我回头，紫红天鹅绒大幕上的金字是给我的祝愿：有辉煌，也有绿茵。

绿茵，那也是我对我的人们的祝愿——

辞职后心很静，一个少有的在家的星期天，我为内部刊物写了一篇小文章，还了创刊时拖欠的稿债，题目是《呵护心中的绿茵》，我意识到十几年写了至少有十万封电子邮件，这还是第一次写"闲篇"。其中有这么几段：

……生活里的酸甜苦辣，商场中十几年的拼杀，事业上一程程的攀爬，心上裹了好多层伤疤结成的盔甲，事业的大红大紫沙漠化了大片心里的绿茵……今天星期天，今天人已中年，理想慢慢清晰，梦想却未消失，有梦想就有希望，有梦想心就还年轻，梦想是我心里的绿茵。

我到微软十几个月了，经验的，感觉的，超过十几年。今天想想，最先想起的，最让我感动的，还是关于"人"……（此处原有一大段关于我的人们的家事、趣事，未得许可，在此删节，仍心心念念）；……今年5月13日追悼会（为悼念北约轰炸中牺牲的烈士）上的泪雨和真真的中华民族情，还有我那同声同气同理想的经理们——我心中永远的烦恼，永远的骄傲，永远的幸福……

今天的微软中国公司里，人都年轻，都在兴致勃勃地奔事业，兴致勃勃地追求在事业、社会上的目标和理想。可别忘了照顾心里的一点绿色的自留地，别忘了留点时间和亲人、爱人一起做梦，一起圆梦，别忘了留点时间和朋友们"扯闲篇儿"。人会长大，人会成熟，人应拥有完整的生活，事业是生活的重要组成，但不是全部。健康、快乐、家庭、父母、儿女、朋友、爱人……也重要，更重要！如果你拥有了这些，千万珍惜！如果你还没有，应当去追求！这是生活，生命的绿茵。

优秀的人们，我感谢与你们相识、相知的缘分，我从心里祝愿你们成功，更祝愿你们幸福。别忘了，呵护你心中的绿茵。

Love, Juliet 1999年6月6日，星期天

真的，该说的都说了。人们也有很多话说给我，写给我，都已珍藏进我的记忆。

今晚应该很轻松很快乐，先和四月儿提过了，她是个玲珑剔透玻璃心的可人儿，从不用点拨第二遍。晚会气氛果然喜气洋洋。我的精心造型得到预期的效果，女孩儿、男士们纷纷"惊艳"——我穿的不过是最微软风格的牛仔便装，只是大家从来没见过总经理如此穿着！我也自得一份轻松不羁的新鲜心情。乐声起处，翩翩绅士口衔玫瑰前来邀舞，转着华尔兹怎么也想不起上次跳舞是何年代。舞罢又在席间穿梭，见谁都亲切，拍不完的照，每张照片都留下笑……

不知从何时起，集体的情绪开始变化，人们越来越沉重，间或有三三两两躲出去哭，有的女孩儿合影完笑容甫落便伏在我肩头落泪，更多的是拉着我的手，摇着，却说不出什么……我被这浓重的真情团团围裹喘不过气来，想拥抱所有的人，把我的真情、我的爱留给我的人们。

接近结束时的人数反而超过了开始，被拉出去开会的一个部门也全体赶回来了，人们索性都站着。因为很多人还要去彩排明天的新（财）年大会，我们必须在 9 点结束。我再次向大家祝酒：

一口干尽，

人间万丈红尘，

看天下英雄豪杰，

能过几盏春秋！

庄森说话了："最后想给 Juliet 的礼物有特殊的意义，与乔丹有关。因为我们终于发现，乔丹是 Juliet 最爱的白马王子。"庄森是我"网罗"的得意帅才，他做今晚的主持，努力想扭转回轻松的气氛。

我在哄笑声中接过签满名字的篮球，大大方方承认：

"不过得更正，乔丹是黑马王子。"

"我爱乔丹，因为他实现了一个梦想：人们对精彩和完美的追求。乔丹追求并实现了两者！我知道我永不能完美，但我会继续追求；我可能会失败，更可能有新的精彩，无论如何，我会努力，不只是为我，更是为你们和他们，也为我们的国，我们的家。"

此刻，那么安静。

"明天和以后，我们不能再朝夕相处，你们会在我的心里，我的心会相随——My Heart Will Go On。"

Every night in my dreams, I see you, I feel you...

Near, far, wherever you are, I believe that the heart does go on...

这是我最激情的一次歌唱，歌声中人们向我靠拢过来……

曲终，人散。

多年之后，细节可能淡去，忘不掉的记忆是"我是世界上最富有的人"。我的人们，在我任上十几个月里和我一起创造、经历了那么多绝版的回忆，在最后两个小时里又浓缩了如许真情给我,让我无法忘记,难以承受。不少的新面孔,也有的从没机会说过话,他们无条件地接受和喜爱我,不是因为我曾做过他们的总经理,同类相通,他们知道我爱他们。更多的,是他们希望在我身上看到梦想的实现。

辞职微软的决定可以说是我一生中第一次完全理性地做出的决定,民族主义的情愫是感情基础,但不是冲动的理由。因为理智而能坦然平和,因为该做的能做的都做了,所以不会后悔。面对如潮的真情心里平添了沉重的遗憾——我多么希望我能给这些人做过更多的事啊!

不过,我对他们说了:Juliet 将是你们永远的朋友。

这一次离别,还是没能免了眼泪,但只有感动,没有悲伤。我心里盛着满满的财富和一个清晰的理想。

第二篇

/IBM 真经/

一个职业白领在外企的成长
一个管理精英造就的过程

我认识那个女孩儿，她曾经是我，我曾经是她。我们俩一级一级攀爬，怕落伍怕落后怕回到万劫不复，一路上无数次摔倒爬起，每次心受了伤由它慢慢去结疤，不敢回头，一步不敢停留，走啊走啊，一口气走了十四年，直到与王侯豪杰同行。今天，终于到达了一个高处的驿站小憩，我俩相对会意，微笑里没有了怯懦，没有了迷惘；有了理想，也有了自由。

我和她，我们和他们，十几年来成长起来一个阶层——外企中国职业白领，也有人叫我们"买办"。我们在IBM，在"MBI"，在微软，在惠普，在什么"子"什么"菱"什么"井"，走过我们的艰辛、迷惘，走向成熟。

起 步

我和一个阶层

敲门

求生求存

我和一个阶层

> 我们在IBM，在"MBI"，在微软，在惠普，在什么"子"什么"菱"什么"井"，走过我们的艰辛、迷惘，走向成熟。

时光倒流十四年——1985年7月1日，星期一。

一个女孩儿站在北京长城饭店门外，尽量把自己遮蔽在门前人工瀑布的影壁后面，仔细观察别人是怎么走进转门的。正是早晨上班时间，转门忙得不得了，进的多出的也多，都是外国人。确认自己学会了进转门的"诀窍"，又鼓了十分钟的勇气，她向着辉煌的五星级酒店殿堂走去。门童高大威武，帽檐肩章都有金线流苏，更衬出她的十足乡气，一件铁灰涤纶西装领上衣无腰无型，代表1979年的款式，狠心置办的新裤子是深蓝色，锐利的裤线显示化纤质地，顾了挑有裤线的，没顾上颜色和上衣不配，至少鞋是真猪皮的，买了才一年还没穿过几回。直发齐耳黑框眼镜，一张素脸没化妆没口红，只是一片病态的白，活像只丑鸭混在金顶天鹅中间。迟疑嗫嚅立即招来门童威严洞察的目光，她赶忙举起攥出了汗的外企外派职工工作证，经上下打量验明正身后她被放行。心跳如鼓两腿打战终于安全地转进去，汗湿的手印留在了晶亮的玻璃门上。过了一关还有一坎，找到电梯还要找426房间，终于见到"IBM"觉得像上了岸。心没放下又提起来，不知能否胜任，那可是她从没做过的高级工作——外企的蓝领勤务。无论如何，一定要干下去，因为五倍之多的工资（从四十几块到二百多块，每个月！）……

我认识那个女孩儿，她曾经是我，我曾经是她。我们俩一级一级攀爬，怕落伍怕落后怕回到万劫不复，一路上无数次摔倒爬起，每次心受了伤由它慢慢去结疤，不敢回头，一步不敢停留，走啊走啊，一口气走了十四年，直到与王侯豪杰同行。今天，终于到达了一个高处的驿站小憩，我俩相对会意，微笑里没有了怯懦，没有了迷惘；有了理想，也有了自由。

我和她，我们和他们，十几年来成长起来一个阶层——外企中国职业白领，也有人叫我们"买办"。我们在IBM，在"MBI"，在微软，在惠普，在什么"子"什么"菱"什么"井"，走过我们的艰辛、迷惘，走向成熟。

这一篇，不只是她、我和IBM的故事，我想写的是，我们这个阶层成长的心路历程。

中国改革开放，二十年前重新打开国门，要引进外资，引进先进技术，外国人小心翼翼试着步子又踏上中国的土地"冒险"，从此，又重新萌芽滋生起"买办"阶层。二十年过后，改革开放的硕果已经载入史册，却仍然落寞着我们这个阶层。少数文艺作品里如有提及，一定是美貌秘书面对外国鬼子金钱诱惑富贵不能淫，或是以受骗上当警示世人；假如好不容易混上个小经理，也顶多是西装革履陪衬着老外。十一年前，为了心里的这份愤愤不平也是为影艺圈的吸引，我差点应邀去拍个什么"白领丽人"的电影，后来想着还得完成销售指标到底没去成，觉得是重大牺牲，好长时间割舍不下。现在想起万幸没有"误入歧途"，万一当时真去演了，既无天生丽质又无职业内涵，再好也顶多演个"气节"，片子肯定砸了不提，还会改写了我的十几年历史，也就写不成今天这本书。

今天在中国注册的独资、合资外企已经有几十万家，本地雇员数千万人，其中职业白领人士少说有几百万人。我们无所谓，只是凭良心做该做的事，照样地挣多一点钱，照样地爱国爱家，照样地努力想在很久不属于中国人的国际舞台上实现自我，要赶超国际最高水准的职业人、经理人。我们知道我们对于国家的作用，我们心安理得。

因了自学改行和职业入门的背景有点戏剧性的极端，我被讲成了传奇，福兮祸兮招来许多青睐白眼，所幸善意者、欣赏者多，更幸自己已有了内心的定力平衡。其实我只不过是我的几百万众之一员，这一族里比我优秀者众多！只不过是我浮出海平面高了一点点，先得到了些大众的注意而已。毕竟，浮现出来仍是黑头发和一张黄面孔，这种发色肤色在国际舞台上仍只不过是"发展中"，我的一族在中国在世界都还是少数的"另类"，但我们会在各自的岗位上为国为家为自己努力，不敢稍有懈怠。

我不敢斗胆为"族人"立传，但斗胆自诩为有代表性的族员，我以曾是"另类的中国精英"的一员无上骄傲，无尽感谢。

今天是1999年9月1日星期三，于我个人是永远要纪念的日子：今天我正式结束了微软帝国生涯，也是我二十五年来第一天"没有工作单位"，正式"下岗""下课"，我自己说是"毕业"。今天，我告别我相濡以沫同甘共苦十四年又两个月的伙伴。国际一体化（globalization）已是不争的潮流，应潮流而生会有更多的职业白领，而无论如何一体化之，也改不了物竞天择的竞争法则，对国家如此，对个人亦如是，弱者败，强者生，强者胜，望我的族人能以职业水准自立于国际舞台，祝你们好运气。

谨以此篇献给我的一族，请坚信，我们的国家需要我们，爱我们。待到中国强大如今日之美国时，中国仍会需要我们为国家督办洋务，让我们把事业传给我们的子孙。

敲门

> 我已经奋斗争取到文凭了,那虽只是张站台票……我会不停地试着登上新生活的列车,先上车,后补票,只要是往前走就行。

我的生命里有两件最大的偶然,一是出生,二是生那场糊涂大病,这两件事完全不受我的支配。除此之外,多大多小的事儿都是自己的选择,这也就断了埋怨别人懊悔自己的后路。当年恢复高考已经复习到差不多的火候了,我为个"情"字罢考,我妈气得对我要杀要打要驱逐还以死相胁。我到底是没考,只为了让我爱的人心安。看着我姐上了中国人民大学,我说不后悔也真的不后悔,我付出,得到了当时于我是最宝贵的东西,值得。付出,得到,失去了,想再得到,就再付出罢了,这本来是人生价值实现的轮回。

到了1983年年底,四年大病死去活来糊里糊涂说好就好了,再生的不易使我重新审视生命,要改变生活的激情一发不可遏制。"病中方四载,世上已千年",突然发现世道变了,好像除了我的椿树医院哪儿都开始要"大专以上文凭"!要想改变生活,拿到文凭是第一件必须做的事。这时考大学仍有可能,但是上学太贵了,上学需要的四年已经用在生病上了;学费再低也是钱,没了工资还要搭生活费,我承担不起。我只能用最快最省的方法:高等教育自学考试。

花两毛钱坐一个多小时车到南菜园考试报名处,问人家哪种文凭考的科目最少,选了英语专科,就交了十块钱第一门考试报名费,是"大学语文",三个月后考。转身去了邮电学院[1]找大姐夫借书，抱回来两尺厚的书。哲学、政治经济学、马列理论，应有尽有，自己只需要买英语课本。同样本着"快""省"的原则，买了许国璋四册课本，比灵格风之类的便宜多了，重要的是正在播着广播课程，跟着收音机就可以学，最省钱。

自学考试一年考两次，3月和9月各考不同的科目，我打算要赶上所有可能的最早考期，先仔细研究了考期安排：第一期1984年3月与我相关的还有英语第二笔试，但我只能报大学语文，英文还没学呢！看好了第二期1984年9月能考三门：哲学、政治经济学和英语第一笔试。1985年3月能把英语第二笔试连其他的一起考完，英语口试要到第二笔试通过最后再说。一年半，看起来是最快的可能了，就照着这个目标做了！准备齐全，我开始了我的第一次修炼。

我像个吝啬鬼掰分掐秒在算计时间：一天24小时，2小时要花在路上，我住在工人体育场附近，到南城琉璃厂上班路上怎么也得两小时，坐公共汽车也省不了时间，还是骑自行车省点钱；4个小时连睡觉吃饭在内的一切生理需要，去厕所时是可以看书的，时间不会"浪费"！8个小时工作是铁定的，一天只剩下10个小时学习。怎么算怎么不够，我就设法"偷"时间：尽可能多地换成病房夜班值班，病房不大，没有重病人，半夜病人都睡得挺踏实。从凌晨1点左右到5点能偷出来4个小时！而且，下了夜班白天就名正言顺是自己的了。那一年半我少说上了一半的夜班。我的身体奇迹般地经受住了疲劳极限试验，我唯一担心的是头发，经常拉拉新长出来的头发看是不是还结实地长着，头发也争气，再没脱落的迹象。那时的搏命经验，为以后十几年的外企生涯打下了功底。

学习真的是苦，但因为是自己选择要做，也不怎么觉得苦，倒是让周围的人看了害怕。家人和朋友良言苦口地劝我悠着点儿："再病倒了怎么办？"他们嘴上这么讲，心里还有一层意思，不太相信我能做成什么就更为我不值。我

---

1 现北京邮电大学。

——编者注

的回答也简单:"反正再病倒之前我得活一回!"我心里早想定了,万一再病倒,我绝不再做行尸走肉了,就自己了结了算了。我的那场病确实有点怪,四年愣是没能确诊,已经成了几个北京大医院血液专科的研究专案,名医们会诊很多次,就在我病床前争论,有的坚持是白血病,有的不同意,说更像再生障碍性贫血,还有一派要按骨髓瘤治……我躺在床上听着听着也就无所谓了:反正哪个都是不治之症!治疗方案换了无数,不变的是每星期往里输血往外抽骨髓(化验),病危报了三次,头发也脱光了,突然说好就好了!医院穷追不舍了很久要跟踪观察,我拒绝配合,再也不去医院复查了,医院是我的伤心之地,再说我也没时间了。

我的学习计划完全配合考试计划,考语文之前只念语文,考完语文立即"转台",强迫自己不得再想任何语文考题的事。到家就开始哲学、政治经济学,几天后感觉哲学稍微"容易"一点,就把时间多分点给政治经济学。苦也是做,乐也是做,不总想着苦,我还确实从学习中尝到了乐趣,原以为从小看了那么多的杂书,考语文总没问题,这次才认真地学了最基础的学科知识,开始真正欣赏中国语言的魅力;刚开始时怕死了哲学,但是背着背着竟真觉出点道理,居然还"开小差"要套回生活里的问题思考几回;政治经济学也很有意思,某些理解不清的,只能死记硬背。所有理解的、死背的,都成为我宝贵的知识基础,在进入现代商业和IBM行业的陌生世界以后,自学得来的知识钥匙常常帮我去理解问题。从这一段自学经验,我不仅得到了些知识,最大收益是我学会了制定目标、专注和自觉自律的学习。

这几年常有人问:"当时什么动力能使你如此刻苦地自学?你的远大理想是什么?"

"只有两个原因:我实在想换一个与健康人打交道的工作(病愈之后我再也不能恢复职业的冷漠,我曾是病人,再看见病人比病人还痛苦);还有,我真的穷怕了,想多挣一点钱。"

我的回答常让人失望,但那是真的。四年生病一直拿劳保工资每月三十元，生病的人总给健康人添麻烦自觉理亏似的，不愿再向亲友有任何非分求助。凭一天一块钱活着，把钱算够了一点也不容易。在我重新上班的时候，发现四年前的鞋都小了（生病四年只穿拖鞋把脚放大了！）可我买不起十几块钱的一双鞋，不得不挤着脚上班，后来买了新鞋（就是我到长城饭店上班穿的那双真猪皮皮鞋），不怎么舍得穿，还是要经常穿小鞋，也潜意识地"卧薪尝胆"，趾痛连心不断提醒我"钱"的重要。那就是我当时最大的"理想"。今天我的理想是：把优秀的外国企业做成中国的，或者把中国的优秀企业做成国际的。放在十四年前，打死我也想不出来。虽然当时的理想太"低级"，毕竟有了初始的追求，没有这一步，到今天可能连梦想的资格都没了，别提什么远大的理想。

一门一门地啃，几门几门地考，竟然全部按计划通过。到1985年3月，只剩最后一门英语口语考试，安排在6月还是7月记不清了，我离文凭只有一步之遥。十四个月应该算"快"了，"省"是绝对的，我算了算：买书＋报名费＋收音机电池＋公共汽车票（电池是必要的，因为要每天听一小时许国璋英语。逢考试时我坐公共汽车，不骑自行车以保持体力），全部费用不超过人民币一百五十元，这多半能上吉尼斯世界纪录大全了吧？真应该热情讴歌中国教育的奇妙体系，它给有志自学者实实在在的机会。学不成一定是自己的事，别抱怨没机会。

学习靠刻苦，靠持之以恒，如果能靠上些天赋就更好了。说起来有点滑稽，我考的是英语专科，但是在英语上花的时间最少，我在初中里只学了用英语喊口号，十年后开始自学时已经连口号都不会了。我要先赶着其他科目的考期，只给英语留下每天六十分钟。许国璋教程每周讲三课，周一、周三、周五讲新课，周二、周四、周六复习，星期日总复习一周课程。我每天听两遍广播课程，等于每一课听了四遍，在听的同时，大声跟着念每一句话，哪怕广播里说"请翻到××页"或是"今天就讲到这里"。跟着念有两个好处，既锻炼了发音语感，又必须全神贯注，结果效率极高。到考下文凭时，全部学习英语的时间不过是十六个月每天一小时听广播教程，正好学完许国璋四册。1983年

11月开始自学时广播里正讲第三册，我不管也管不了顺序，就倒着学完了。我对英语的组合规律似有天然的敏感，念出来，也就"看"到了、记住了写法，从未花任何"额外"时间背生词、记语法。比起其他门科，英语简直不费吹灰之力。原为最快最省挑了英语专科，误打误撞碰上了自己的天赋。这要感谢我妈妈把语言天赋遗传给了我。我坚信每个人都有天赋，只是并非每个人都有机会发现、发挥自己的天赋。我最后走成了职业的道路，不知道是否因此永远没机会发掘其他的天赋？

我快要拿到文凭了！下一步目标很明确：尽快换一个"好"工作。计划还没想好可以慢慢想着，我先捡起了第一块敲门砖。1985年3月底的一天，看到《北京日报》上一则北京外国企业服务总公司招聘广告，招聘英、日、德各语种人才，将外派至驻北京的各外国商社，学历要求大专以上文凭，方能参加外企服务公司另设的考试。"北京竟然有外国商社？"一打听才知道都是在涉外大饭店办公呢，怪不得我不知道。我心里想肯定没戏也就没有患得患失的负担，兴致来了，就拿这个做一次求职练习。正上着班，找不到正式信纸，就拿一张处方纸写了求职申请。因为是第一封求职信，也是迄今唯一一封，所以还记得大概（不知外企服务公司档案里会不会还存着？）。

尊敬的北京市外国企业服务总公司人事部领导：

  本人吴士宏，现职北京宣武区椿树医院护士，自学英语，除最后一门英语口语以外，已通过成人高等教育自学考试英语专科所有规定考试，由于成人高等教育自学考试考期缘故，我要到×月后方能参加英语口语考试并得到英语专科大专同等学力文凭，特申请报名参加贵公司招聘考试，望能予以破例考虑，文凭后补。

  随信附上免冠一寸近照一张，如贵公司对本人申请不予考虑，望赐还照片。

敬启者吴士宏
1985年3月×日

一个月后，我得到外企服务公司通知，去参加考试。

先考英语笔试。外企服务公司的英语考试每次都是临时命题，出题的易老师曾经在"牛棚"蹲过八年，把《牛津大辞典》倒背如流，出题时天马行空从天文到地理，不定落到哪个科目上，听说考他出的题能到六十分就是很不错的成绩。我记得那天考的中译英考题是国际新闻，我每天听国际广播电台英语广播，做起来很顺手；英译中难出我一身汗来，是关于农业的，许国璋四册里没讲过农业！

无论如何，又接到了口试通知，又是一身汗！我还没做过任何真正的英语对话练习，我的口语只是跟着收音机鹦鹉学舌而已，别管收音机里念什么，我都大声跟着念，练出来字正腔圆的发音，可发音和真正的口语能力是两回事！幸亏还有两星期，我立即看报纸找口语班，决定报名参加国旅的业余导游英语短训班，这个班能配合我上班和考试的时间，而且如果能考上只用交很少的钱（条件是学成后要为国旅当业余导游，也只能挣很少的钱）。也是先考笔试再考口试，考完一个星期没回音我就急了，要是没考上我可没时间再找别的辙了！气急败坏之下我给国旅打电话，说考不上你们也应该早通知我呀！得到的回答是你不用上口语班了，可以直接上团了（你说许国璋英语神不神奇？！后来凡有人问如何自学英文我必定力荐许国璋）。

本来要先跟着正式导游见习见习，临时旅行社里调度不开就让我一个人直接上了！带的是美国西雅图一个高中合唱团，二三十个高中生加老师和家长算挺大的旅游团。那是我生平第一次去北京机场，不但怕接不到团还怕把自己丢了，总算把大家安置在大巴上，我站在车头"导游位"上，拿着话筒就是不敢转过身来，我的第一句词儿是"欢迎大家来到北京潮白河"（车过潮白河时我才说出话来），满车人急忙翻手里的中国旅游手册，估计在查"潮白河"是什么名胜。对我的破英文他们一点不挑，还争着教我。我白天热情服务带他们去八达岭、故宫，晚上回医院上夜班，当了三天的导游，狂练了三天口语。临走时大家难舍难分，学生们一致通过送给我一个英文名字：Juliet，我一直用着，也是纪念感谢我碰到的最淳朴厚道的美国人民。

送走美国人民的第二天,去外企服务公司考英语口语。考试顺利极了,最后考官问了句会不会打字,又吓了我一大跳!我没见过打字机,但偷偷看了屋里没有像打字机的物件,问了考官说今天不考,我就说我会,心里说我马上就学会不能算撒谎。冲出去借了二百块钱买了台打字机现练,两个星期练到手拿不了筷子,终于练成准专业打字技术,最后也没考,有惊无险。幸亏被录用了,要不得多久才能还上打字机钱呀。不过值了,有道是艺多不压身,几个月后进了IBM,我暗自庆幸先学会了这门手艺。

再一个月后,调动手续完成。调动过程中我接触了小雷,他是外企的人事经理,走路说话像刮风打雷,头一眼就告诉我他当过十几年兵,特好特优秀的一个人,我们到现在一直是好朋友。他后来也"外派"了,也是自学的英语!稍微熟识一点以后,小雷讲给我听,为什么外企服务公司会对我"破例考虑"。

"外企服务公司人事部每天收到上百封求职信,都是打印的,干净漂亮,还有香水信纸呢,没见过用处方纸写的,没文凭,还要还相片?大家传看了一遍照片议论了一圈,谁也没看出来这人凭什么这么狂,就说把她叫来考考,到底看看是怎么个人儿。"原来是这样我才能有考试的机会。

我赶忙解释:"真不是我狂,我哪敢狂啊,我就那么一张能用的相片,还是现从工作证上撕下来的。心想您留着也没用,就顺手写了'请赐还',也没多想。"我当时没告诉他我还想用那张照片继续求职呢,要照新相片又得花钱。要说那张照片实在是惨不忍睹,是我病愈刚上班为补工作证照的快相(上面印着骑缝章用酒精棉擦了半天也没擦净),四年激素吃出来的"满月脸"(医用术语)横比竖宽,还有黑框眼镜从中再加个隔断,新长出来的头发也就两三寸长,用火剪烫了为能服帖点儿可是没烫好,有大圈有小圈挺怪异的。我记得小雷说话时上下打量我,估计心里说真人比相片也强不到哪儿去。

好险!我是无知又无畏侥幸走了个偏锋。如果先知道考外企的多是些外贸、外语学院的本科毕业优秀高才生,我可能根本不敢动念头了;如果看了求职大全或者咨询了专家意见,我的求职信可能与大家的一模一样,引不起好奇引不起注意;如果不是热心肠又有幽默感的小雷拆读了我的求职信,换个人可能笑一笑就丢到一边了；如果我自学考试再拖上个半年就赶不上"这拨儿了"（此处应用天津话念）；如果……如果……我真是幸运，第一砖就引出块玉来，那在当时可是多少人向往的和田玉啊！但是，不管有多少的偶然，有一点是必然的——我已经奋斗争取到文凭了，那虽只是张站台票，但是我用命挣来的，考不上外企我还会不断往别处寄我的照片，我会不停地试着登上新生活的列车，先上车，后补票，只要是往前走就行。

申请调动工作时医院领导诚恳地挽留我，因为我病愈上班以后工作努力挺模范的。我努力工作是因为知道能健康能工作是多么不易；自己病过一回，知道病人有多么痛苦，对病人的态度也就好了。有几个街道的老人常来打针，专门找我，我换班时他们能坐在坚硬的木头椅子上等我很长时间，或者先慢慢地走回家，等我上班再慢慢地走来找我打针，专为"像菩萨似的姑娘下手轻，话音儿软，心疼人"。我有一度差点被宣扬成"身残志不残"的典型，我直劲儿说"我不是真残，我不够格"，总算死活给谦虚过去了，我好不容易做回个健康的人，忌讳残啊，病啊的。院长告诉我医院对我很重视，正准备提拔当护士长，还鼓励我应该尽快交入党申请书（院长兼着党支部书记）。

我想着十年了没给医院做什么贡献，倒是花了医院和国家大笔的医药费，四年里输过一两百次血，每次至少两百毫升，加起来得用桶拎，那是多少钱啊，真的是党和国家给了我第二次生命，我也欠椿树医院的情。院长是好人，对我是一片好心，对他我说不出一句硬话，只能软磨。我决定实行"贿赂"，买了一瓶最小装的果珍，每天去"一楼半"（后来加造的夹层）的院长办公室给院长沏果珍，沏到第七八天头上，院长长叹一声说："我牙不好，不能喝酸的！"

一番谆谆嘱咐加祝福之后，放我走了。我也说了很多感激的话，我对院长保证会努力工作，也会努力争取入党。虽然今天还待在党外边，可我一直都在努力工作，努力进步。院长，您放心。

1985年5月底，我调到北京外国企业服务公司。当时在华在京的外国商社没有独立注册的法人机构，都是"代表处"，代表处的职能只是联络和"代表"

总公司在华发展业务，而没有直接经营权和当地人事权。所有外资商务合同只能在境外签署；外国商社和外国人要雇用本地雇员，只能通过外企服务公司，程序是外方向服务公司提出所需人才的基本要求，由服务公司推荐给外方，如面试合格，服务公司与外商、外国人直接签订合同，并直接接收所有外派雇员的全额工资。本地外派雇员的真正单位是外企服务公司，工资是服务公司发的，是职称工资加上外派工资提成，比如我刚去时，工资是 56 元（大专工资水平）+ 外派工资 10% + 书报费、洗礼费之类的。当时我已经太知足了。外派工资提成标准一直是外派雇员和服务公司的矛盾，七年后我脱离服务公司成为 IBM 的正式雇员时，服务公司已经把外派工资提成增加到 40%。我倒是一直没对提成太低有太强烈的抱怨，因为我心里感谢服务公司对我的"知遇之恩"。再说，服务公司还管着我们好些事儿呢，福利医疗、出境签证，保护我们在外商公司的权益不让我们受欺负，还有政治学习和组织关系，等等。

所有新员工都要先参加服务公司的外事纪律教育，讲的是爱国主义、对洋人不卑不亢、外事礼仪等，当然也要讲反面事例，我奇怪为什么会有人端着金饭碗还会贪图那点蝇头小利。经过一个月的教育，给我留下的最深印象是，每个人都必须努力把自己"派"出去，如果三番五次经推荐而不能为外商接受，或是三番五次被外商退回来，服务公司是不会总为你捧着铁饭碗的，别提"金"的了。这时我又想起院长的提醒："你要想清楚，你可是要扔了你的铁饭碗啊，外企可是个竞争激烈的环境……"我除了自学和自己较过劲，跟谁也没竞争过，我心里越来越害怕，可是已经没退路了。

6 月底，人事部通知我第二天面试，是一家叫 IBM 的美国公司，职位是办事员，工作内容是行政勤务。面试之前领导都要谈话，通常是鼓励加压力，督促要最好发挥争取能让外商看上，好能派出去（我们私下里自己说"卖"出去）。领导对我谈的有点特别："这次很有可能派不出去，你只管好好做，不要有压力。"再听领导介绍，才明白为什么只有鼓励没有压力。这个 IBM 公司特别傲慢，对本地雇员非常挑剔，连续返回几个服务公司推荐的办事员，最近扬言说如果服务公司再不能推荐合格的人员，就要向上反映争取直接向社会招聘，与服务公司的关系因此更加紧张。我仔细听了以后，心里轻松了点，万一通不过领导也不会怪我。

第二天下午，我被领到会谈室，心怦怦跳得自己能听见。这和我见过的唯一一群美国人不同，那是高中生游客，这可是真的美国老板！屋子里坐了六七个人，都是服务公司的人事部领导，只有一个人不认识，是华人面孔。我心里暗喜，华人应该能讲华语吧？领导介绍这位是迈克·李先生，是IBM公司的经理；这位是吴士宏小姐，由服务公司推荐应试办事员职位。现在请双方交谈。

我赶忙先说："How do you do？ 您好。"我使个小聪明，万一他接茬儿用中文就好了。

李先生用英文。后来知道他是夏威夷人，是华裔，但已经在美国第三四代了，娶的太太是意大利后裔的美国人，根本不懂中文。我和小雷猜他家第一代可能是"卖猪仔"去的，不管小雷怎么怂恿我，我永远没敢问迈克·李，我们的猜想一直不得证实。李先生连问候都没有，第一句话就是：

"你知道IBM是家怎样的公司吗？"

（"Do you know what kind of company that IBM is？"）

"很抱歉，我不清楚。"完了，第一下就砸了！可是领导没告诉我，我真的不知道，这回不是打字的问题可不敢瞎说。

"那你怎么知道你有资格来IBM工作？"迈克·李说话时根本没看我。

（"Then how do you know you're qualified to work for IBM？"）

"你不用我，又怎能知道我没有资格？"我的话也挺冲的，脱口而出。

怎么这么说话啊？瞧不起人也别这么过分啊。不管是IBM还是MBI，公司有多大资格，我的不就是个办事员嘛！我可有点生气了，又接着用英文说了挺长一段话（后来别人发现，我一生气英文就讲得格外顺溜），大意是我以前的同事和领导都相信我有能力做更多的事（我说了我们院长要提拔我当护士长呢），我能通过自学考试就是能力的证明，如果给我机会，我会证实我的能力和资格给你看。IBM公司或者别的公司如果用我都一定不会后悔。

反正这回派不出去领导也不会怪我，我挺骄傲地"气节"了一回。

后来想想迈克·李也有道理，人家先看了我的简历，确实找不出来什么"资格"。等到我当了经理面试别人时还不是先看简历看"资格"吗？只是我后来面试别人时从来都注意措辞、态度，包括肢体语言，不能伤害别人的自尊心。

在我说话时，李先生一直面无表情，使劲咬着铅笔，一只脚高高地翘在另一把椅子扶手上。在我和在座的服务公司领导看来，是一派傲慢无礼。我说完后，李先生说谢谢，没别的问题了。前后也就十分钟。

回到待派雇员集中的教室，大家问我怎么样，我说肯定没戏。大家也说凭经验面试时间越短机会越小，去不成也好，这样的老板肯定不好伺候。正说着，人事部经理来叫我，告诉我，下周一上班！

领导很高兴，出乎意料剃了个难剃的头，还谈了个好价钱，当时服务公司向外商推荐的主要工种有司机、办事员、秘书、翻译，还有少量专业技术人员。各工种有大概的工资范围，面试通过后再由服务公司与外商具体洽谈定价。我的第一年外派工资是每月一千五百元，算是办事员工资的中上水平。领导也很欣赏我面试的表现，后来几年的新员工外事纪律集训，总会讲我的"成功经验"的具体案例，并上升到"不卑不亢、机智、气节"的高度。

我更高兴！想想看，每月工资一下加了一百五十元！我立即喜欢上了IBM公司，决心好好给它干。资格没有，努力是保证足够的！迈克·李也不那么讨厌了，不管怎么说，人家"知遇"了我。迈克·李是我在IBM的第一位经理，人一点都不坏，太严肃其实是因为内向害羞，熟悉以后也偶尔能看见他笑。他调回美国以前我已经是销售代表了，在他的送别晚餐上，我终于找着机会问他当初为什么会雇我。他说他记得很清楚当时的情景，说不清为什么雇了我，可能因为从我身上看到了点"精神（spirit）"。

新生活的大门对我打开，我跨进IBM仍是一片无知，我珍惜来之不易的机会，开始患得患失，不再无畏，但是有了点"精神"，我只能前行，不想后退。

十四年后的今天，回首往事才知道自己有多么幸运，我深深地感激所有识我、帮我的好人！

求生求存

> "苏珊,请给我一次机会吧,考不上我自己不后悔;要是我能考上,我不会让 IBM 后悔!只请给我一次考试的机会!"

进门前先要弄明白"IBM"是什么,问得不得要领,挺费周折才搞清楚:IBM 代表国际商业机器公司(International Business Machine),有七十多年历史了,从称盘到打字机到打孔机一直卖到计算机,现在是全世界最大的计算机公司,怪不得迈克·李那么"牛气"。看人家公司,在全北京最贵最好的长城饭店一租就是两层,把客房全改成办公室,白天门全敞着,整个楼层没外人,迎着四楼电梯口的 426 房间是公司接待室,门口的牌子不大,有 IBM 三个蓝字就足够了。

第一天上班可千万不敢迟到,前一天是星期天,我专门走了一遍踩准了到长城饭店的路线、时间。我是第一个到的,办公室门没开,走廊上是空的。我站在四楼天井栏杆旁往下看,是咖啡厅,从一层到顶通天彻地几十米。咖啡厅里还有个小亭子,有花有草有漂亮的服务小姐,绿叶植物很茂盛,很高。我好想从四楼探下去摸摸那些肥厚的绿叶梢,空气中有悠悠的音乐和香味,我第一次知道"优雅"和"豪华"是可以放在一起形容同一件事物的。当时一点儿没敢想有一天也会坐在里边喝咖啡。看看左右没人,我试着跳了跳,没声儿!地毯把声音都吸走了。真是奇妙。

我正心驰神往的当头,听见一声"嗨",是迈克·李,现在是我的老板了,我也还了一声"嗨",觉得挺"美国"的。迈克·李打开 426 接待室房门,让我进去，转身就走了，我追着问有什么需要我做的，他没回头边走边说"等会儿就知道了"。我在屋里原地转了一圈，哪儿也不敢碰。突然想去洗手间又不敢离开，探头望望走廊尽头有一扇门开了，那一定是迈克·李的办公室，可我哪好意思哪敢问他厕所在哪儿啊，心里突然委屈得不行，赶紧告诉自己要忍住要坚强应该幸福才对。正在难堪之际，有人来上班了，是个慈眉秀目太太模样的台湾省女人，彼此介绍知道了她的名字是 Daisy，雏菊的意思，丈夫姓李，是公司的高级技术人员，她和孩子随夫随父都跟来了，就顺便也在公司做做行政工作。我好久都念不准 Daisy，念成 Dizzy，李太太好脾气，由着我叫她"头晕"了好久（dizzy 的意思是晕眩）。寒暄几句过后，已至情急不得不问了，才知道 426 房间里就套着个洗手间。洗手间也是一派优雅豪华，不由得又感叹一番。

人们都开始上班了，迈克·李过来简单交代了一下就又不见了。原来，名义上迈克·李是我的经理，实际上我还有好几个"老板"呢。Daisy 和另一位香港小姐负责接待，我们三人的"办公室"都在 426 接待室，还另外有负责海关的、负责司机勤务的、负责采购的、负责账务的……我是负责所有人的——是所有人的勤务。Daisy 带我转了一圈，我跟着她"嗨"了好多声，一个外国名也没记住。印象深刻的是公司里全是各裔的美国人，加上几个中国香港、中国台湾人，只有我和几个司机是北京本地人。司机多半是直接从出租汽车公司来的，其中只有一个司机和我是从外企服务公司派来的，过了几天这个司机也被退回服务公司了，就剩下我一个本地人是"组织"派来的。

一圈转过，我的"蜜时"结束了，开始干活儿（后来我在微软请的几个经理都是立即被投入工作，有人要求至少有个"蜜月"期熟悉环境，我就跟他忆苦思甜，说我当初在 IBM 只有个"蜜时"而已，知足吧。大家也就没话可说了）。我在"老板们"的指令当中忙得晕头转向跟斗趔趄，总是一路小跑着，再也顾不得欣赏地毯的美妙、音乐和花香。这和自学的拼命又是不一样的境界，那是对自己负责，这是要满足几个老板。开始时我真搞不掂，听令去银行取钱回来，就看见另一个老板的长脸，因为"找你去海关办事也不知你去了哪里"；从海关回来就看见桌上留的条子，又一个老板要买的文具应该是一个小时前交的……好不容易回到426房间，李太太和香港小姐同时去"喝杯咖啡"，我赶忙做复印，眼睛盯着电话心说"千万别响，千万别响……"，我的英文发音凑合可还是挺破，就怕接了电话听不懂误了大事……哥尔多尼不就写了个《一仆二主》就名垂史册了嘛，要是有谁排个戏"一仆多主"，我非演仆不行，谁也别和我争，谁也演不过我——我有"生活"！

在几个"老板"之间我最喜欢李太太和香港小姐——她们讲中文。听外国人的指令要特别费劲地留心，生怕理解不准确。小跑了一个月，天天晚上脚肿得脱不下鞋来（新鞋又小了！）。在这儿可不敢说"我身体不好，得过大病"，人家会特同情地说"噢！真为你遗憾！（Oh！I'm so sorry for you！）"，然后你就得回服务公司待派去了。我不是不想走回头路吗，那就坚持着！每两周回服务公司政治学习，领导总是关怀问候，鼓励我"坚持下去就是胜利"，听领导告诉我已经打破服务公司外派雇员在IBM服务期限纪录时，我还真感到骄傲和光荣。

光傻干不行，我挺快琢磨出个"窍门"，甭管是去海关、去银行还是去哪儿，出门之前我先小跑一圈知会所有"老板"，老板们都受到了尊敬，脸就不那么长了。我的小跑功底赶得上陈佩斯演的那个为国争光的太监。在广州"占山为王"时，我走得快出了名，广东的先生们不习惯走得太快，出街时同行的男同事紧追慢赶总是落在总经理后面。我又总结出一招：优先时间管理法（后来才知道这一招是出过书上了论的，叫作 priority time management），把所有不急的事安排在下班以后再做，比如复印非紧急传真、收拾整理接待室等。

累，我倒是不怕，我没想到最大的挑战是"孤独"。当时 IBM 起码有五六十个雇员，一天到晚忙忙碌碌热热闹闹的，我却真实痛切地感到孤独。除了接受指令时与人沟通，我就像个哑巴似的发疯地干活，这个世界不属于我，这儿的话我听不懂（不只是英语！），在我眼里这儿的人都特高级，做着我一辈子也搞不懂的高尚事业，我在走廊小跑时总是溜着边儿，怕挡了高级人的道。高级人们有时也挺客气地冲我"嗨",这只会加重我的自卑。刚刚把老板们理顺了,刚刚学会了勤务工作,我的心又开始痛苦开始不安分。

有一天我下班已经是晚上 8 点过了,想清静一会儿就步行回家,刚从长城饭店拐出来,沿街有些小贩,卖烤白薯,卖瓜子,还有卖水果鲜花的。不知怎的就停下来买了几毛钱的瓜子,就地蹲在小贩旁边,小贩说了句"不多买点?"之后也就不再睬我,热情高涨地忙着向过路人推销他的"不香不脆不要钱的大瓜子",直到我脚蹲麻了,他也没再做成一单新生意,却一直热情不减,一派骄傲主人公的感觉。我羡慕他,他没有自卑,他有目标,他为他的大瓜子他的生意而快乐,而我呢?我不是自己的主人,我要侍奉很多个主人……我无法和我的同事交流,他们太高级了;我无法对亲友和旧时的世界沟通,他们觉得我一步登天了,怎么还会有这等无聊的"孤独"……我不知道除了多挣了一百多块钱,还有什么价值……人啊人,真是不知餍足的动物!几个月前我还为能多挣一百多块钱狂喜,觉得自己是世界上最幸福的人,现在又觉得自己是一钱不值的一粒沙子。多年后兴起卡拉 OK,我有一个保留曲目是《哭砂》,有一次唱到"你就真的像尘埃消失在风里",突然一阵隐痛帮我回忆起那段"孤独",那个卖瓜子的小贩,那个自卑的我……多年后我也意识到对小贩的羡慕是多么无聊的矫情,真是"子非鱼,焉知鱼乐乎?"(对不起,篡用圣人语录了)。

孤独自卑在心里放着,照样地小跑,听明白所有的指令,把所有的事儿干好,我从不让事情过夜耽搁(明天还有明天的事),我还会设计多任务最佳路线方案了,少跑了冤枉路更多做了活儿。老板们开始表扬我了,迈克·李特地来 426,露了两回笑脸,我心里偷偷问:"承认办事员的'资格'了?"表扬多了接的工作也多了,时间越来越长,但活儿做熟练了顺手了,日子显得有了规律。我内心的规律却在失衡,几个月里,我接连受到三次强烈刺激,更加速了自卑内心的裂变。

有一天我上街买了一大堆文具,回到长城饭店。司机小李帮我把几捆几箱的本子、铅笔、文件夹卸到小平板推车上,小李就先把车开回停车场去。小推车就是今天办公楼里送水送盒饭常用的那种,贴地的一块板下面四个小轮子,一端有个扶手,我推着小推车进不了转门,试了试旁边的推门是锁着的,就请门童帮我打开一下。门童没听见,我就再问一遍,刚说:"先生,劳驾……""先生"回头说:"听见了听见了!你是哪儿的?('你'重音)"我说:"我是IBM公司的,在这里上班。"他问我要证明,我出来得急没带外企工作证,我不是IBM的正式员工也没有胸牌。我跟他解释,他就是公事公办不让我进;请他给IBM打电话查证他说他不管,我自己又打不了电话——电话在门里面他不让我进去。这时周围有许多等出租车的外国人,都转过身来挺有兴味地看这场"把戏"。我觉得自己像只猴子被人戏耍,羞辱从头浇到脚底,僵持了十几分钟。有个IBM的同事从外面回来,帮我做证我确实是IBM的工作人员,门童才放我进去,同事是金发碧眼的美国人。这是我在长城饭店上班的第三个月了,每天出出进进所有的门童都是熟脸,这个把我拦在门外的门童,他也认识我!他却要把我拦在门外难为我。为什么要难为自己同胞兄弟姐妹呢?我回到426躲进洗手间没声地哭了一场,心里发狠再也不要被人拦在门外,别管是什么门!

另外一件事发生时,我没哭,可是大发了一场暴怒!我的上级之一是香港小姐,因为同在426房间,她用我最方便,很快就把传真、复印、分发邮件、接电话等的技能传授给了我,我从不说"不",都接过来,给她腾出许多时间去聊天,她特别爱聊天。她聊她的我干我的,一直相安无事。突然有一天她满脸阴云,我赶紧想了想她交代的事都做了,见她一直不高兴,在屋里摔摔打打,把文件挪来挪去的响动挺大,我加着小心问了一句:"我能帮什么忙吗?"她转过头来严肃地说:"你能帮忙,每次喝完咖啡请把盖子盖好!"我一头雾水说:"对不起,我没听明白。"她鼻子里笑一下说:"你不是经常喝我的咖啡吗?喝不要紧,用完了请盖好盖子。"我看看那瓶雀巢速溶咖啡,那是她个人的,放在办公室里,她偶尔自己喝,更多的是热情招待高级同事们。我没碰过,她也从来没招待过我……我听见脑子里嗡的一声:她在说我偷了她的咖啡喝!她说我是小偷,还贱到要偷几勺速溶咖啡!我暴怒了,我气疯了!嘴里不知说的什么骂的什么直把她逼得贴在墙角，我们俩哆嗦成一团，我是气得浑身颤抖，她是吓的！她才一米四出头七十来斤，这时肯定感到生命之脆弱，她只说了两声"你要干什么"，就改了口，只会道歉和"放过我吧放过我吧……"我想要进一步暴力行动，没打过人一时想不清楚怎么动手，紧要关头 Daisy 进来了，以为要出人命，赶紧冲过来拉开。我喘匀过来一口气，要她当着 Daisy 的面再承认错误，永不再犯，她乖乖照做了。我告诉她，再敢侮辱我，就要真的不客气，还宣布，永远不给她干活了！从此，她变得勤快多了，又开始重操已经转给我半年的那些工作。另外，426 房间多了一瓶雀巢速溶咖啡，瓶子大得多，站在她的那瓶旁边，特别像一米四的她站在一米六五的我旁边，大瓶是我当天下班去友谊商店买的，三十多块钱我没眨眼没心疼，专等她在的时候我才喝。除了这两个变化，我依然如故地做我的事，依然是一只又乖又哑勤快的猫。我可以付出辛苦，人格是不可辱的。可是为什么连这么个东西都敢侮辱我？还不是因为我卑微，没有任何社会地位！

转过 1986 年的新年，开始年度公司财产统计。我的任务是检查所有的桌椅板凳家具，对着 1985 年的记录，在每一件上贴上"86 年已检"的号码条，几十个房间里上千件家具查起来不容易，还要尽量不打扰人家开会工作。可是我挺喜欢这个活儿的，因为第一次能有机会接触神秘高级的计算机——我被教会用 Lotus123，以便把查好的记录直接输入计算机里。我每天下班后才做输入，为的是能慢慢品味高级活儿的乐趣。那只是一台 PC/AT，用了很久了，风扇经常出其不意地发出一阵噪声让我心惊肉跳，但一点不妨碍我惊叹计算机真伟大！我遏制不住强烈的欲望，每次干完活都要"玩"一会儿，计算机从来不让我失望，每次都有新的惊喜和新的发现，我真被迷住了！

这一天查到四楼的一个房间，里面是一群本地人。这些人很特殊，没有经过北京服务公司的推荐，是 IBM 通过地方政府的关系从外地招收的第一批本地工程师，经过 IBM 正规考试严格筛选的。他们也是不同于我的高级阶层，没有交谈过，但是看到公司里多了几个生气勃勃的同胞面孔心里也很高兴。我在门外就听到里面正高谈阔论，犹豫了一下还是敲了门，进去说明来意，他们热情欢迎请我尽管检查桌椅板凳，就继续进行讨论。查验码贴在桌面下面，我必须钻到桌子底下去看，桌子下面很暗，我特地带了手电筒。我不觉被桌子外面的话题迷住了，我关掉手电蜷坐着静静地听，他们在讨论准备去香港参加培训，听出来他们在准备考试好像都有点担心，说香港很热不用带厚衣服，说丢什么都没关系千万别丢护照……七嘴八舌说的都是中国话，带着不同的口音，听起来亲切极了，可惜看不见说话的人，只能看见桌子四周的皮鞋。突然一个念头："他们也是本地人啊，我不能加入他们吗？"像被一道强光眩目，我一时看不见想不清，只知道很震撼很激动。我从桌子底下爬出来吓了大家一跳，有桌子掩盖着加上我进去时间有点长，大家都忘了下面还有个人。我冲大家笑笑赶快出门，心里多了点异样的亲切，觉得他们不是遥不可及，我想成为他们的同类，像他们一样地存在。

如何行动呢？我先做了调查，其实也就能向司机和 Daisy 打听。Daisy 挺奇怪地看我，这孩子怎么突然变得饶舌？我想了整整三天。主要往最坏里想：万一不能得逞，至少能继续做我的办事员，不过我知道自己，一旦动了念头，很难承受失败。如果不成功，我多半会要求退回服务公司，现在我有了在 IBM 做办事员的"资格"，可以去别处争取比办事员更高一点的工作。我到别处也能做得来二百块钱的工作，有什么可担心失去的？我又还有什么可以失去的呢？想明白了，我要行动了，这回不是为了温饱，是为了争取"存在"的价值。我走上五楼去敲门，开门的是苏珊·凯文，培训部的经理。据向 Daisy 调查得来的情报：苏珊原来做过美洲航空公司的空姐，来 IBM 做培训部经理更多的是为了来中国玩，负责招聘和培训，第一批本地工程师就是经她手招进来的，是个特别和气的人（Daisy 反复说了好几遍）。最后这一点对我最重要。我对苏珊的印象也很好，我给她送信、送复印材料时，她从来都笑着说谢谢，说时都是正眼望着我。她人长得优雅美丽，声音也柔和好听。苏珊看到我以为是来送东西，我开口请求能否占用她十分钟时间，想向她请教一个小问题，但对我来讲是很重要的事。苏珊稍稍有点惊异,叫我快进来,笑着说:"当然可以。"

我的英语比刚来时强多了,事先准备了好久该如何讲。面对美丽和善的苏珊,我讲得很顺畅,从我的经历、自学、面试、办事员工作经验来证实我的能力;加入 IBM 以后对公司的了解加深,从而渐次产生了想做更多事的愿望;我了解到公司开始招收本地专业学员,我没有专业基础,但我会使用计算机(我把用 Lotus123 的经验算上了),我特别努力能学会。我想请求的是,有没有可能破例给我机会参加 IBM 专业人员招聘考试。苏珊听得很仔细,只问了几个小问题,礼貌地告诉我她会考虑一下再给我答复。谢过她,我心里觉得希望渺茫,慢吞吞往回走的脚步很沉,走到门口我忍不住回头说:"苏珊,请给我一次机会吧,考不上我自己不后悔;要是我能考上,我不会让 IBM 后悔!只请给我一次考试的机会!"苏珊看了我几秒钟,轻轻地说了声"我明白你(I understand you)"。

两天后,苏珊的助手来通知我考试。IBM 的专业人员应聘考试称 DPAT(Data Processing Aptitude Test),是偏重数据处理能力的智商测验,全世界统一标准试题,人人皆平等。由于是智商测验,也没什么好准备的,立即就考。考试分成几部分,分别侧重测验逻辑、几何、形象思维等,当然都以英语理解能力为基础,来报考 IBM 的多是智商高的人,考题特意设计得很难,听说 IBM 几十年招聘历史上只有不到十个人在规定时间正确做完所有的题,各部分有规定时间,总时间记得是九十分钟,速度非常重要。我没见过这样的卷子,刚上来有点蒙,在第一部分浪费了点时间,才把文字和图形之间的关系弄明白。后面就越来越快了,我精力极度集中,第一份卷子收走连头都不抬,马上打开第二张按住就做,一个废动作都不敢有,再伸手没摸着卷子才知道考完了,松一口气人就虚脱了。我没做完全部的题目,心里一点没底会考成什么样。不管怎样,我试过了,尽力了!

过了一个小时,助手打电话来要我到苏珊办公室,我刚虚脱过腿还软着,蹦起来就往五楼跑,嫌电梯慢从楼梯踉跄上去,到了苏珊办公室,嘴不够喘气用的,只能眼巴巴望着她根本说不出话来,苏珊笑着说:"祝贺!"这是我听见过的最好听的声音！！

"不过，"苏珊接着问我介不介意再给我加考一门计算机语言的考试。苏珊委婉地解释这是鉴于我的特殊情况破例增加的考试，我说一点都不介意！我的底子这么薄，多考我是应该的，关键是能给我考的机会就行！

再要考的计算机语言叫 RPG（Report Program Generator），是比较新的计算机语言，很近似英语，也相对简单得多，对我而言可是天书！苏珊够体谅了，给我两个星期准备。故伎重演：把书抱回家，熬夜！这次不同的是再没时间可"偷"了，正经的工作量和工作时间是一点不能减的，即使一点觉也不睡，时间也多不了多少。第一个星期过完我几乎绝望了，我刚刚念完第一本计算机基础知识，还根本没碰着 RPG 呢，可是不念懂基础就别想懂 RPG。只有死磕一条路。这次考试时比上次明白多了，觉得能考及格。考完了像盼亲人似的盼着助理来报分，终于姗姗地来了，见了我两手摊开说"真为你遗憾"，皱着眉满脸都是"遗憾"。大概是见我面无人色，她赶快又笑了解释"我意思是说你没考到 100 分只考了 89 分"，天哪，她幽的这一默可是能要人命的！

我，于1986年7月1日（到IBM整整一年）正式转为专业学员（professional trainee），名片上中文印"助理工程师"。我又受到服务公司领导表扬：外派一年工资增长60%，还是外商主动提的！工资单上多了几十块钱。工资已不能再让我狂喜，我狂喜的是从此加入了优秀的一族，不再孤独。这是我职业生涯的开始，是我从生到存的转折。

苏珊现在是我们的经理了，我谢谢她给了我机会。她一如既往地优雅微笑，告诉我开始时她很犹豫，实在太破例了。"但是，"她说，"你在门口回头说话时，那种 desperate passion 感动了我，我想，应该至少给她一次机会。不用谢我，是你自己做到的。"苏珊说得少，做得多。我后来才知道她还帮着抹平了我犯的无知之过，在IBM要调动工作必须先同直接经理讲，而我连招呼都没打直接找了跨部门的经理，犯了大忌。是苏珊亲自找我的老板谈，平息了他的怒气，还委婉说服他也同意我考试。

后来我给 IBM 新员工讲课时，经常会用苏珊的榜样来阐释 IBM 的基本理念之一：尊重个人。每当提起她，那个美丽的画面就会浮现：苏珊坐在我的对面，专注地听我讲，夕阳从她背后的窗子照进来，她的淡金色发髻周围的蓬松秀发被光线衬托得丝丝清晰，像是加了一个淡金的光环，一个美丽的人，还有颗美丽的心……苏珊后来回美国了，听说不久就离开了 IBM，卖了房子卖了车，带上大狗和丈夫一起乘豪华轮环球航海旅行去了。和她中断联系十年多了，我的心里永远为她祝福。

苏珊说的 desperate passion——可译为"不顾一切的激情"，或者"绝望的激情"。不顾一切，绝望，我都曾有过。如今人已走进成熟，内心的平衡力接近了宠辱不惊，唯有激情，愿它永远属于我。

淬火

专业的风范
五年销售员
南天王

专业的风范

> 所谓 IBM 人的专业形象和风格是认认真真地从"童子功"练出来的。

从办事员转到专业学员还要有一个多月,我在交接期间还有更繁重的活——公司搬家工程。IBM 此时已有近百名雇员,要从长城饭店搬到机场路的丽都饭店,工程浩大。我什么勤务都管过,搬家正好发挥作用。不管搬家公司多专业,有些事非得自己动手的,这是我干过的最累的体力活。协调搬家公司是个挺复杂的"系统工程",我第一次练习当"头儿",关键时刻也能下几个干脆利落的命令。

搬家队的人都挺喜欢我的,说我不骂人,还爱笑。我高兴,见谁都笑。不怕累,跑得更快了,心里老是唱着歌。自卑禁锢了我多少年啊,终于蜕掉最外层坚硬如铁的甲壳,自卑的毒素注定要历经磨难才能排除干净,而心已得到从未有过的解放,踊跃跳动想要飞飏。所有的人都说我变化特大,我喜欢我的变化。话还是不多,还是一和生人说话就脸红,但是我开始抬起眼睛看世界、看人们,真奇怪,态度一转变成积极参与,就能发现周围有那么多的美好。其实美好一直都存在的,只是自己没有抬头看。我仍是无知,不知道职业培训意味着什么,但是我热切地向往着,这次我不太害怕,我将与一群优秀的人为伍,他们都比我强!还没熟识甚至没认识,我已经无条件地喜欢上了我的伙伴。

由于搬家工作的辛苦努力,我得到了表扬和奖金:一张一百元的外汇券。这笔奖金少得可怜近似侮辱,按 IBM 的规矩也确实少得不公平,但毕竟是我得到的第一笔奖金。那张外汇券我一直留着,后来南迁北调的搬来搬去好多次,现在找不到了。我好像天生是迁徙流浪的命,后来十几年多次用上了"搬家的功底",搬迁 IBM 华南分公司和微软中国公司二百多人的家,再加上 1988 年到 1993 年居无定所在北京搬了九次家,后来又搬到香港、广州……算得上搬家专家了!

公司搬迁妥当,众神就位,也就到了 7 月 1 日。这天我要自己庆祝一下,中午去马可·波罗餐厅吃西式自助餐(丽都饭店最喜欢修缮改造,这个餐厅早就被改建没了)!那时丽都饭店不算太贵,自助餐好像不到四十块钱,这一天我有足够的理由奢侈一下——庆祝我到 IBM 活了一年,又是新的生存起点。刚捡好菜坐下,看到进来两位青年,都穿着崭新笔挺的西装,举手投足带出点拘谨不自在,一看就不是常来饭店的主儿,但透着英气勃勃、轩昂自信。他们显然不太熟悉环境,张望着从何处下手。好像是第六感使我心念一动,正高兴着热情就特充分,居然主动过去搭话(空前绝后的举动!),发现他们是第一天来 IBM 上班,比我整晚一年,但我们将是同班学员!自然得坐到一起吃饭,庆祝变成了三个人的。友谊从这一天开始,吵也吵过,散也散过,到今天我们依然还是好朋友。这二位是清华大学毕业的优秀学生,在校时都是风云人物。我们三个是并着肩成长起来的,很长一段时间是 IBM 中国最高经理层里唯三的本地人,我是最先离开 IBM 的。

一批八个人全部会齐。苏珊给我们开会,布置学习考试计划,准备 1986 年 8 月底去香港培训。这次是轮到我们兴奋了,两个月前我在桌子底下见过的那些鞋子的主人,已经从香港回来了,老练地给我们传授经验,没讲出什么花花世界的花花故事,谈的都是培训如何残酷,听得我们变颜变色,赶紧收了心努力学习。每个星期有一两次讲课,其他都是自学,每个人都有一摞厚厚的教材和练习,人人自觉努力。去正式参加培训前有好几次阶段考试,在规定时间大家各自在计算机系统上做,答每道题都要很小心,按下答案选择就被系统锁住再也改不成了,答完最后一道题分数就立即反馈回考生,同时传给经理的电子邮箱。最后一次考试的分数还会同时送到区域培训中心,如果不及格就会自动得到通知被拒绝参加培训。

学习仍然是很难，但我学得兴致勃勃甚至幸福——这次是大家一起学，互相帮着，有个优秀的集体真好！别管"天书"多难，大家一起解！我发现在小组里我渐渐地也能参与讨论，不只是汲取。第一次听到大家说"Juliet 说得对……"我高兴得不得了，更想多多参与，我真喜欢这种平等的感觉，而且是与这样一群优秀的人"平等"。

与 IBM 一贯直接从校园招收"新鲜出炉"毕业生的做法不同，我们那一批人都有几年工作经验，除了我先来了一年，所有人都是第一次到外企工作。并非全部是学计算机专业的，但多是一流大学毕业的，工科为主，综合素质都很优秀。在前面说过，IBM 当时只是代表处，不能直接到社会招聘，只能通过服务公司或其他由国家批准的官方中介公司推荐聘用。生源有限，再加上 IBM 当时的业务规模不大，招收本地雇员也很有限，且带着很强的"实验"性质——小规模地招一些本地人，试试能不能培养成好用的材料。这个大背景也是我的侥幸，等到 IBM 招聘渠道通畅走入正轨以后，像我这样"例外"的可能就更微乎其微了。

我们都喜欢上集体课，听苏珊讲 IBM 的文化理念和"三项基本原则"：尊重个人、客户第一、追求完美。还有很多行为准则，我记得最深的有几条：在任何国家经营都要做守法企业公民，不得不公平竞争，诚实、守信、忠诚，等等。IBM 的终身雇佣制一直到 20 世纪 90 年代初才打破，在此之前七十多年，在 IBM 只有一个罪过会立即处以"解聘"极刑：欺诈行为。这不仅是教条的原则，还有严格的内部"纪检"审计制度保证。我们就曾见过一两个例子，两个在 IBM 供职十几年资深位高的雇员，因为报销作假被立即开除。我自己对 IBM 文化底蕴的总结是"真、善、美"，"仁、义、礼、智、信"。由于真心喜欢这些理念、原则，贯彻为自己的行为准则就变成最自然的事，我一直将其奉为经商做人的原则，不管是以前还是将来。

苏珊还给我们讲很多仪表、社交礼仪的课，我们最喜欢"table manner"——餐桌礼仪，那是在西餐厅上的，苏珊请客。可惜只上了一次。经过一番熏陶，我们开始初具 IBM 人的"模子"，穿着、谈吐、仪表，男的绅士，女的淑女，都带着自信向上的精神。我那时已经学会简单化妆了，突然发现自己原来不是太丑，很是窃喜了一阵，一下又少了一半的自卑。职业启蒙教育对人的影响是最深刻的，举职业穿着的例子，我认定在客户面前就是要西装革履郑重其事，客户有一切权力可以随便怎么穿，我们要以规范体现对客户的起码尊重。1994 年时 IBM 改革正热，中国公司全体可以便装上班，几个月后，我规定华南分公司全体改回正式着装，并知会总部：各方要员如来南方视察敬请委屈换装。我有我的道理：那时候本地大客户自己都开始正式着装了，厂商起码要跟随客户的习惯。我在微软也曾努力尝试想改变散漫的着装，遭到了激烈的反对，争论焦点是："这就是微软的风格。"我说："微软人不见客户时可以尽管爱怎么'风格'，但是，连鲍尔默和盖茨见客户时都要改自己的风格，着正装！"最后变得西装革履和背心裤衩大拖鞋混在一起，更是不伦不类，我的努力终是未果。

香港集训的日期迫近，气氛越来越紧张，最后一次"入学考试"是在出发前三天，综合考那一大摞学过的教材、练习，涉及从操作系统到计算机硬件设备的所有基础知识，还包括商业基础知识。考试那天护照签证机票都已经办好了，拿在手里很沉重——如果考试不及格就要交回去。这次去不了倒还可能再有一次机会，可谁愿意落伍呢？在最后冲刺阶段，我本想自己单独复习——我已经有了自学的经验窍门，独立的高度集中对我是最有效的方法，与一群人在一起复习免不了受干扰，再说我也不是最困难的。这时我的同伴们仍然在集体复习，互相帮扶着，大家都很无私，我第一次强烈感受什么是"团队精神"，暗暗羞愧自己的自私！我选择了和团队在一起。这也成为我职业生涯的一向选择——不论是有形的人员组合，还是无形的信念组合。如果我不选择团队，也不会后来有机会成为精英团队领袖，至多是个管规矩的经理而已。

考试之前我还经历了一次严峻的考验，爸爸突然中风住院，陪床护诊加上焦虑，最紧张关头，复习突然被中断。我和苏珊说我可能去不成香港培训了，不管多么痛苦地不想失去机会，爸爸是绝不能不管的。万幸吉人天相，老爹恢复得很快，第二天就清醒了，清醒后他口齿还不清楚，看见我就说让我好好上班去，别耽误了IBM的差事！我眼泪一下就涌出来，干不好我对不起爸爸！第三天他可以肢体活动，一个星期就可以走动了，可以托付给二姐照料，不用太担心了，我一头扎回书堆。

我们八个全体通过，我们要去参加第一期专业培训了！苏珊担心我们第一次去香港情况不熟，特地带了两个清华大学的去香港打前站。樊玉和江岱先到了两天，在机场接到我们，大家格外亲切，见我惊叹从天上就能看清楚启德机场外面的万宝路广告牌上的小字，他们老练地告诉我说比这大的广告牌有的是。香港的出租车开得飞快，车外的高楼迎面扑过来再闪到后面，像大树林子一棵接一棵闪不到头。我们住在新世纪酒店，在九龙尖沙咀，是全香港最热闹的地方。大家扔下行李就约好了上街，吃晚饭还早，我们得先观光。出酒店就要过马路，我以为是在北京，也没找人行道，向左望望一辆车都没有抬腿就过，就听急刹车喇叭和一片尖叫同时响起，赶快回头是辆双层大巴刚刚挨着我的脚跟刹住了，我一回头鼻子尖差点碰上车皮，我赶快退回来冲着司机说："对不起，我忘了香港开车是反方向的。"司机听见说话才敢睁开眼，驾驶楼挺高，他刚才看不见我以为已经轧到车底下去了。没等着听司机骂我，樊玉一把把我拎回来，命令大家回酒店，看他脸色铁青谁也不敢不听。大家坐好，他宣布，以后上街必须集体行动，还要保持队形，前后各两个男的，四个女的在中间（忘了说了，樊玉原来是清华大学篮球队队长，排型布阵是内行）。大家服从，以后真的保持这个队形，可惜开课后上街的机会就不多了。刚到香港第一次上街就差点死了个轻于鸿毛，当时不害怕，越想越后怕。后来走的地方多了，也见识了许多"洋气"，但只要一过马路我就糊涂，非得两边都看好几次才敢过。

第二天集训开始。那时中国香港地区和新加坡都有IBM的亚太培训中心，1993年以后大削减时只保留了新加坡的中心。我们的班有五十多人，来自亚太十几个国家和地区，开学第一件事又是考试！考完试立即拿去判卷，这才开始每个人自我介绍，兼做了选举班干部的预选演讲。班很大，自我介绍了一圈就一个多小时了，休息以后就少了一个人——开学考试没通过，当时就"退班"

回去了。我们几个互相看看,用目光交流庆幸和鼓励。以后四个星期每三天一小考,五天一大考,大考都排在星期一一早,让你非得周末用功不行。再考不过不会立即退回,但是总分会严重受影响,总分不及格就会影响以后的培训,也会对职业发展有很大的影响。

香港就摆在那儿,再没时间逛,只能晚上看看窗外的霓虹灯。教室里座位是先安置好名牌的,隔几天就重新打乱一次,为使所有的人打破地域界限尽量横向交流。项目作业都以小组布置,每人有单独角色,但是必须与组员配合才能做,个人分高没用,以小组的平均分为重。迫使每个人必须参与全组,不仅做好自己的,还要明白别人的,帮助最差的组员。每个组的进度都不可能快——只可能是最慢的组员的速度。每个小组是"随意"组合的,每个人要迅速学会与来自不同文化不同背景的人群交流,密切配合。课程是专为熬人设计出来的。每人每天最少都得熬到夜里两三点才能做完作业,全组一起熬谁也跑不了。"全组一起熬夜",这是 IBM 前线(field)营销队伍最典型的工作特征,IBM 是一个非常复杂的大机器,几乎没有一个人可以单独完成的工作,团队、配合、沟通、步调一致,是保持大机器正常运转最重要的因素,也是培训的重点。

·

我们八个人都分在不同的组里,我们自己还保持着"组织",需要互相支持着迎战我们最大的困难:英语听力!我在组里的英文还算是中上呢,也不过是许国璋四册再加点词汇,听专业课根本不够用。第一天下来大家都有点傻眼,谁也没听懂老师用泰式英语讲的课。最怕的是韩国老师,讲什么听起来都像"轱辘转轱辘转";新加坡口音怪怪的还传染性很强,能听懂多一点可跟不上,他们讲话飞快,把好多句说成一串,没有停顿,一口气说到喘不过来了才随便给个标点。每天下课我们赶紧一起凑笔记,东一点西一点连猜带忆明白了六七成,赶紧四散参加各自的项目组"夜班"。八个人中老夫子的英文最困难,又本来是四平八稳不着急的性格,经常是我们凑了半天笔记了,他像老生起唱似的咳嗽一声"嗯……咳……excuse me……"提个问题,大家跟着他找那个问题，才发现原来他还在十几页以前那儿琢磨呢，大家就赶紧折回去再陪他过一遍。

除了小组项目作业，还有个人的专业风范训练。不管是工程师还是销售人员，统统从基本功开始训练。训练的方法是"模拟销售"，场景设计简单初级如同儿戏：学员，是卖铅笔的销售员，去拜访一个初次见面的客户（当然是想去卖铅笔），预先知道客户是什么职位做什么生意的。就卖点铅笔这么简单的事，能讲十几个小时的课，做几晚上的练习，还考四回试！卖没卖出铅笔不重要，要一个细节一个细节地琢磨：坐立神态，目光接触，提问题，挖掘客户需求，提供对客户有价值的解决方案（就用铅笔提供价值方案！），把握时间，寒暄问候，营造沟通氛围……扮演客户的老师手里都有一个清单，哪一点做得好就勾一下，没做好的或者老师忘了勾了，都从你的分数里减。老师才不管学员们的抗议，每期学员都抱怨"太简单，太机械了"，照样得乖乖做乖乖考，还真有不少考不及格的。

所谓IBM人的专业形象和风格是认认真真地从"童子功"练出来的。后来从书里读到"不同方式的传授知识的效率"：如果只是单向地讲授和听讲，听讲人在课后只能记住1%~10%的内容；如果当堂交流、练习，能记住30%左右；如果课后短期内有意识地练习一次，能记住60%，也就极有可能从理论知识变成应用知识（applied knowledge）。如此看来，IBM的反复训练是有理论根据的，直至训练到成为职业本能。

从模拟销售专业训练中我的收获最大，我捧回去个"模子"，回去可以照着把自己往专业形象雕塑。我还终于练成与人交谈时的"目光接触"，胆量大多了。后来，偶尔和朋友说起以前我不敢抬眼看人，和生人说话就脸红，朋友们笑得东倒西歪直夸我幽默，我感慨训练和经验真可以把人改造得认不出原型。我还知道了销售技术里，"聆听"和提问题比"说"要重要得多，也难得多！其实多么简单的道理：你想让客户把钱掏出来，连说话的机会都不给人家，人家凭什么信你非买你的东西？但是很多销售员在任务的重压之下经常忘了这个基本的常识，逮着客户就拼命地说自己的瓜好瓜甜瓜便宜，说得越多就是胜利,最后也不明白为什么没卖出去。我有一次把客户的需求问得太明白,听得太清楚了,就非说服人家买更小型号更便宜的机器,苦口婆心劝人家少花钱,还搭时费力专给人家做系统需求分析,以论证为什么可以少花钱,终于说服了客户;我还得赶紧着找别的辙补上销售指标的"亏空"。这是好还是坏?反正是我理解贯彻的IBM经商原则,这也还是今日大多数IBM人的准则吧?几十年来对IBM的评论中一贯不变的总有"官僚、僵化、机械、死板"等,但几十年不变的也有"IBM专业、规矩、守信、放心,人的素质好……"孰得孰失呢?这就是IBM,唯一的IBM。我坚信:"正直是建立成功企业的基石,以卓越的竞争探求为起点,以对伦理行为的承诺为终点。"这是通用电器总裁杰克·韦尔奇说的。

小组项目的专业实用性很强,随着学习各产品系列的过程,小组要做系统分析、方案建议、系统保证,最后是"结业论文"——为客户的首席执行官和最高经理层论证购买IBM系统的投资回报。组员分工也按标准的IBM配置:总经理、销售经理、销售员、系统工程师。我的角色是"总经理",因为总经理只做个开场白介绍队伍成员,最后说"谢谢",这是小组帮我的忙,改变了角色。不管我怎么认真投入,还是不敢谈"投资回报"之类的事,怕做不好耽误了整个小组的成绩。改编后我的角色很容易演(到八年后我演真的总经理时可就没这么容易了!),我的小组成绩不错,临时组合的几个人由衷分享团队成功的快乐。

我们"班师回朝",八个人的总成绩中等稍稍偏上,大家互相帮扶着一起走过来,无一掉队"伤亡"。苏珊乐得合不拢嘴,比我们都高兴,嘱咐我们好好休息一下,我们真需要补补觉了!我自己的成绩算比较好的,但是一点没有偷着乐——我清楚地感到危机,这个公司这个行业里都是聪明人,要想在聪明人堆里出头,只有拼其他的东西——韧、忍,还有,我能拼命。我只有拼命努力才可能跟上这优秀的一群人。与优秀的人为伍是我得之不易的幸福,我不想掉队,必须拼命。

我觉得我真幸运，马上又有一个机遇，我赶忙伸手，又抓住了——

1986年10月，IBM的中国本地专业学员已经招了两批十几位，都是按工程师招的。由苏珊建议公司同意，要在这些学员里"实验"培养四名做销售员，我听到风声第一个跑去向苏珊报名，现在我胆子大多了，对苏珊实话实说："理工科和计算机专业背景我都没有，做工程师会太吃力了，再努力也很难做到最好；学做销售我更喜欢，可能做得更好，您可以再看看我培训时的模拟销售成绩……"就这么，我从"助理工程师"转成了"助理市场代表"。当时在中国"做销售的"形象远远比不上"搞技术的"，但是我的直觉告诉我在IBM"做销售"的机会更大，特别是对我而言。要想做好技术工作实在是太难了，我无论怎么超越自己也无法超越别人。当时只有四个人作为销售学员，学历背景在销售这行没有太大差别。我们处在同一起跑线上。我甚至可能有机会跑前半步。直到今天我还很庆幸，能及时抓住这个机会，这是我职业生涯的一个重大转折。如果我当时没转，晚些时候也会转，到时候我的竞争友邻可就不只是三个人了！方向和时机对每个人的事业都很重要，审时度势更要了解自己才能把握方向；时机，则只是为有准备的人。倒退三个月，这个时机就不可能是我的；但是新的机会总会出现，我会不停地"准备"自己，总有可能抓住机会。

我们八个人就此分开两个方向，四男四女正好又对半分一次：两男两女做销售，另外一半继续做工程师。两个专业的培训也正好从第二期分支，分别侧重技术和销售。第二期销售培训在悉尼，正是1986年圣诞节，所有的橱窗里是白皑皑的"雪"，满街上行人都是短裤背心，正是盛夏季节，不敢看穿着红袍的圣诞老人，怕看见他热出的痱子。这里比中国香港又大不同，高楼少，人少，满眼是绿色，点缀着鸽子就像草坪开满了白花。周一到周五所有人都很闲适，到周末人们才紧张起来：满街汽车顶着帆板帐篷紧急地往海边郊外跑，周末商店都关门，只有酒吧开着。

在澳大利亚培训要轻松得多，课间休息多了下午茶，听说是随英国风俗，肯定被澳大利亚人改良了：供应的茶点丰盛得像正餐，大家吃个不停。在澳大利亚人中间我们都感觉很好，突然觉得自己玲珑苗条。这一期培训是更专业的销售技巧，天天都有模拟销售训练，增加了很多案例讨论，这时我们的信心和英语都强了许多，讨论中我们也可以发表一些"在中国的市场，情况是这样的……"，班上的澳大利亚人像听天方夜谭。培训结束时老师给我的评语上写道："善表达，积极参与，有时能起到团队领导作用。应注意克服急躁……"这是在说我吗？是我先天性格终于迸发？还是根本偷偷换了一个人？

在IBM参加了很多培训，后来也讲课，再没有像初期培训能留下那么深的记忆，时隔十三年细节都历历在目。我在IBM学到的很多专业知识和技能，十几年活学活用都已转化成属于我自己的"应用知识"。1998年7月我在微软的伙伴大会上有个讲题"谈谈销售"，临时编纂演讲提纲，十几年前初期培训的记忆竟熟络如昨。演讲时我强调技能基本功培训的重要性，竟随手举了个例子："我观察到鲍尔默访问客户时的"套路"与IBM销售培训的惊人一致"，原是为佐证IBM培训的道理，但把鲍尔默和IBM联系起来显得太怪异离谱，招得台下盯着我像盯着天外来客。IBM像个冶炼职业人的熔炉，吞进青青绿绿的雏形底胚，炼出来蓝衣热血的专业风范。在中国二十年，IBM培养了两三千个本地雇员，我只是其中的一个。应该感谢IBM的不只是我……

1987年5月1日，我转正为销售员，要动真格的了。不知不觉中，我的"理想"又升格了：我想做个好的销售员，甚至想领先"半步"了！

五年销售员

> 进入了经理阶层，现在我们不再是"试验"或"点缀"了，开始真正接触国际公司的管理。

1987年的中国IT市场开始比较活跃，尽管当时有巴黎统筹会的严格限制（巴黎统筹会是一个西方各国联盟，"统筹"限制对共产主义国家的高科技出口，20世纪90年代中期方告解除）。中国的大企业如银行、民航、远洋、地质石油勘测等，开始积极引进计算机系统，虽然在"巴统"的严格限制之下，但毕竟也能进口"大型"主机了。

IBM和其他几家老牌计算机厂家进入中国市场比较早，开始红红火火地做起生意来。中国仍处于完全的计划经济体制下，外汇管制极为严格，企业拿到一笔外汇指标比登月容易不了多少，终于立项批准能买外国机器了，当然想取"真经"，只认外国和尚。当时IBM中国的销售员都是美国人，大多数都是在中国台湾的大学进修的中文语言留学生，很少有货真价实的计算机专科学历，但是能讲一口流利的中文，有的还能玩几句"哥们儿"之类的俏皮，加上金发碧眼和IBM的牌子，可以通吃中国客户。

我开始做销售，迎头碰到双重的困难：第一当然还是专业知识，培训的毕竟只是个"模子"，要把客户的具体要求套进去再做出方案来，没那么容易！来洽谈购买计算机系统的客户都是专业人员，早通读了IBM技术手册，我虽不是工程师，得比工程师还积极地学技术，客户不会耐烦和一问三不知的销售员谈话的；最难的是：客户不认我！当时外国公司非常少见用本地销售员，还是个女孩儿就更不像了。给我配备的系统工程师爱琳是美国人，我俩搭档负责同一组客户，走到哪儿我都被当成她的翻译，我急了，生生教会爱琳一句中文，一接到我的暗号爱琳就说："Juliet是我们的销售代表，我听她的。"

当时，IBM在中国是个快乐大家庭，因为是"试验市场"没有销售指标，生意都是找上门来的，大家经常庆祝好像总能签合同。也没有利润指标，几十个外国高级职员拉家带口花的比挣的多几倍也没关系，住着最贵的五星级公寓，还连随行家属都领"艰苦补助（hardship allowance）"，因为中国太"艰苦"，所以国外休假也得多几次，孩子们如果不在中国上学，可以寒暑假来中国探亲，公司报销越洋机票，还可以在公司打打零工倒挣点钱……那不是属于我们的世界，我们一群本地雇员是个快乐的小家庭，像蜜蜂似的忙着干活、学习。每天晚上10点以前都不回家，忙自己的事儿，还彼此交流，大家都转正了，各负责一摊事，交流起来都是真实业务，很像一回事。我喜欢在办公室待到很晚，能守着计算机系统想用多久就多久，再说，办公室四季空调冬暖夏凉，比住处好多了。那是一段充实而幸福的时光。

转正后做了一年左右的"零工"，给有经验的销售员打下手，第一年就得了奖，参加百分俱乐部（IBM对销售人员的年度奖励活动，是少有的可以有酒精饮料的IBM活动）。糊里糊涂不知道是为什么——还没直接签过合同呢，反正是很努力过了，也就心安理得。那年"百分俱乐部"在新加坡举行，那是第一次去新加坡，一点没嫌它地方太小，心里只有激动！欢迎仪式是在一个公园举行，IBM把整个公园包下来了，专为娱乐"销售英雄"，大象和姑娘献上新鲜带露的兰花环，让人陶醉只想永远当英雄。后来年年完成、超额指标，年年去"百分俱乐部"，永远觉得第一次最好。

我第一个正式负责的大客户是中国远洋运输总公司。1988年原来负责中远的业务代表是一位香港同事，调去做其他行业的销售，中远及运输业当时并不是IBM的"香"客户，没有太多生意。这可是我独立捧起的第一个"香饽饽"，满心欢喜激动，去走访我的客户。第一站到了上海，没想到等着我的是批判会，六七位客户的主任、副主任、科长、副科长加上工程师，拿着本子从头"控诉"，交货、质量、培训、建议配置、安装……似乎所有的环节都有问题，都积压了很久，难怪客户愤怒。我汗流浃背听了一下午，记了半本子，除了连声说"对不起，我一定负责尽快解决"，其他的话什么也说不出来。批斗会终于结束了，客户可能觉得我"认罪"态度比较好，几个人送我出门。走到大门口正好碰上副总裁，经介绍我忙毕恭毕敬施礼伸手，副总裁也伸出手，没有握手，戳指我的鼻子开口就说："你们IBM……"当时正是下班时段，向外走的人流经过大门口都驻足观望，我无地自容。客户为我开脱说："吴小姐是新换的业务代表，以前的事不是她的责任。"我挣出一句："既然是IBM出的问题，当然是我的责任。"说完赶快闭嘴，咬紧牙关生怕控制不住情绪。

回到酒店把自己扔到床上先大哭一场，觉得委屈得不行，千头万绪的问题也不知何时才能解决。正哭的当口，酒店送上门来一个茬口，借题发挥我大闹了一场，也当了一回客户，把一腔委屈都撒在酒店身上。那一场发作让酒店记忆深刻，两个月后有IBM的同事去上海出差，登记住店时酒店经理战战兢兢问："你们的吴小姐没来吧？"在问题解决之前我顾不上去上海了，在公司里翻天覆地查找问题的根源，动用一切可以动用的资源，直到把所有问题逐一解决，有些不是IBM的问题也解释清楚了。后来，我和上远的客户成了可以吵架的好朋友。

20世纪80年代末，中远计算机系统面临更新换代，原有的富士通机器运行了几年已经不够用，围绕富士通升级还是更新为IBM或其他家的机型，将决定中远今后几年甚至十几年的IT投资方向，激烈的竞争由此展开。中远的计算机应用水平很高，要能与客户交流必须有技术和专业的共同语言。我拼上命，白天泡在客户那里，夜里学专业知识：不光是IBM的系统配置机器性能，还要学中远业务，从客户那儿借来船运、集装箱、货运管理等书籍，取代了枕边夜读风花雪月的唯一一点自我的奢侈。还要满世界寻找同行业应用IBM系统的实例，非得弄懂业务才能说出来为什么先进的国际海运同行会选用IBM，好处在哪里。功夫不负有心人，我渐渐地建立起自己的信用，客户也越来越接受我,相信我。有几次在技术讨论会上就一些细节双方争执不下,我会站起来说:"这个问题我知道,技术指标应该是……"一副"连我都知道……"的不容置疑,居然常会有技术性的说服力,远洋的客户后来甚至夸我是"最懂技术的业务代表"。虽是亦庄亦谐的夸奖,却不妨碍我得意扬扬。后来,我怎么也接受不了销售员说"技术是工程师的活儿",销售员要对所销售的产品具有相当的技术性了解,这是起码的职业要求。

我一直觉得自己特别幸运,能在蹒跚起步时碰到这么好的客户。中远是当时中国少有的国际型企业,全世界凡有港口就有中远的分支机构,人人见多识广,却能接受我这个土得掉渣儿的本地人做他们的"IBM代表"。我开始时实在水平很低,一点听不懂远洋业务,只会红着脸提问题,能做的只有那点儿"敬业、真诚",中远的客户像大海一样胸怀宽阔,包容了我的无知无经验。他们真诚待我,我更是拼命努力学习,直到能"登堂入室",以准专家的身份参加中远信息系统内部规划会议。

1992年又遇到严峻的挑战,此时的竞争对手是IBM自己!专门有一群公司从欧美趸来IBM二手机销往中国,欧美市场都是租赁,客户总是赶着租最新的机型,淘汰下来的机器仍然很新,但比买新机器便宜得多。如果让二手机得逞,IBM只剩下主机操作系统软件和一点服务的业务。首先要通过IBM的内部论战,那时,要说服IBM为何需要做特价报盘难过过五关斩六将,必须使出疯狂的执着,过了内部关不一定能说服客户,此时广州远洋的示范作用就尤为关键。情况尚在扑朔迷离之间,我拉着经理、工程师们全体到达广州,几轮艰苦谈判终于见到曙光的端倪,晚宴过后已是晚上9点,我坚称合同文本已经就绪,把客户们拉回酒店。我知道竞争对手们就在门外虎视眈眈,过夜一定生出噩梦,哪里敢回北京准备合同。让经理们在套间里陪着客户聊天,我冲回房间准备合同。合同条款改动大多根本用不上标准文本,幸好我预先租了一架打字机。酒店只有老式的打字机连涂改功能都没有,饶是我打字娴熟,打的是生涩艰难的英文法律合同文本,急中更易出错,等到我把合同打好时,地毯已经变成白色——满地是废纸，天色也变白了——已是真的曙光初露。我叫醒在套间里东倒西歪的经理和客户们，在史无前例的时刻（凌晨3点）签订了合同。

中远也培养了我的酒量。第一次我真喝白酒是1989年年初在青岛，庆祝系统安装调试成功，大家都很高兴，午餐开始时却气氛沉闷，一问才知道山东风俗无酒不欢，赶紧换白酒，高度的！我是主人当然得喝，不知深浅酒到杯干，守着这么多好人醉了也不怕。满桌山东大汉都是有胆有量，喝到兴浓处吆五喝六豪气干云。两个小时下来，桌上只剩了我和客户的主任，主任是中远闻名遐迩的酒仙，我问主任："我是不是也该醉了？"他凭着老到经验告诉我这回肯定没醉。经过这场阵仗，我酒胆大增，也更对了豪爽的远洋人的脾性。

我负责中远业务一干就是五年，先做销售员后做销售经理，直到1993年底我调离北京也调离了中远，那时中远的计算机系统已经形成了两条长龙：运输公司业务清一色IBM主机，外轮代理全部是IBM小型机系列。五年前我接手时中远还是富士通的用户，一部IBM机器都没有。我对远洋客户还报以兢兢业业的服务，遇到问题不食不寝也要尽快解决，再没有被客户指着鼻子骂过。远洋人也因此相信我，相信我的团队，相信IBM。那些"看着我长大"的远洋人，已经成了我永远的好朋友，我"风光"时他们远远地为我高兴、骄傲，我遇到挫折时，他们就会主动找我"聚一聚"，每次都要回忆我们共有的往日光荣，每次仍是不醉不归。那五年里我常跑海边的港口城市，远洋的主要分公司称为"广、大、上、青、天"，海是我的最爱，可惜总是来去匆匆，很少有缘分亲近。

我既定了要"领先半步"的目标以后，就不管不顾全情投入了。不把自己累到极点就觉着不够努力，对不起自己。在办公室里晕倒两次，吐过血（就像书里描写的"眼前一黑，嗓子一股腥甜热乎乎一口喷出来"），犯过心绞痛（一含硝酸甘油就好），中间还闹过几次肾结石疼起来打滚，像鱼似的打挺儿（猛烈变换体位可能帮助结石运动通过——这是我做护士时学的专业知识），疼过去接着开会。抽屉里专门备着闹钟，一个星期总有几次熬到早晨两三点，再回住处不值得来回跑，就搬两个沙发垫子盖上军大衣，在会议室睡几个小时。闹钟6点一响，爬起来去酒店游泳（那时丽都游泳月票一百块钱左右，我在那儿自学了游泳），精精神神又是新的一天。熬夜是大家的家常便饭，像我这么惊心动魄闹病的不多，我不但不休病假还拒绝去医院，医者自医，自己开处方吃药，"病们"拧不过我，闹过两三年也就不再闹了，倒好像从此练就了金刚不坏之体。

其实当时熬夜经常不是为什么大事，比如为把建议书格式修饰得好看点，就能花上四五个小时，说到底还不是得怪自己底子薄，学艺不精？有一次干到凌晨，把投标方案书打扮好了，因为用了点"新潮"格式，怎么也打印不出来，早晨就是交标期限，印不出来我拿什么交活儿？一边试，还一边哭，一直折腾到天亮，早来上班的同事才解救了我，赶快化了浓妆遮盖着又红又肿的眼睛，努力收拾出一副专业形象，抱上刚印出来还热乎乎的方案书去投标。

1990年亚运会时我住在工人体育场附近，因为住得近，能听得清楚开幕式的工体现场的声音，全中国全亚洲的大事我却没顾上看电视，那时我连轴干到第三夜，赶着把建议书翻译成中文。当时正和王安竞争，王安公司正"火"着，又是唯一成功的世界级华人计算机企业，IBM在这个项目上很晚才介入，情况岌岌可危。人家的方案书都是漂亮的简体中文，那时IBM没有中文文字处理系统，只能我手工翻译了再请人用打字机录入。三天三夜用原始方法做出来一份"中文建议书"，质量和王安的还是没法比，但着实给客户一个惊异，原来IBM这个"傲慢的老大"还真的挺有诚意。这一口气缓得很关键，争取到了拉锯战的机会，一直拖到王安破产，终于在两年后签下IBM在中国民航系统的第一个，也是金额最大的合同（截至1998年年初我离开IBM时）。

清华大学篮球队队长那时是我搭档的系统工程师，技术出色，是特别真诚优秀的人，我们"代表"IBM形象，客户先接受了我们，信任了我们，然后才接受了IBM。这次又学了一门专业：国际航空票务结算业务。如果客户不相信我们，哪里会教给我们业务？我们又哪能有机会证明IBM的好处？可能要等到几年后王安机被淘汰时才会再有一线机会。

当初客户是二三十个人的一个小处，今天已经发展到五百多人规模的优秀国有企业，每年上缴利润数千万元，一半来自国际业务。IBM系统升级过几次了，今天仍然支撑着企业的骨干业务。前几天我们还去过马总经理的新家，谈起当年仍是新鲜的激动。1991年出国考察时我兼做翻译，马总的语言雅俗，古今知识特别丰富，听着享受译着受罪。马总见翻译常常鼻子尖辛苦地冒汗，就慷慨封我为"处级翻译"。我说"都八年了您得给我提级了"，马总说："处级够高了，再说你现在有翻译以外的事业了，不要再闹着争级别！"

付出的辛苦、心血，值了！不仅换来了职业生涯的"领先半步"，还得到了那么多好人的友谊，那是只有真诚才能换来的。推销，先要销售自己，不能只靠说，要靠真练，要靠为人！我多么希望IBM的销售队伍能保持职业荣誉，永远不要让客户有"今不如昔"的遗憾。

1992年年底IBM成立了在华独资子公司，是第一批在华注册的外资独资公司。独资后可以直接雇用本地员工了，IBM与外企服务公司商定给雇员自愿选择的自由，如果愿意留在外企服务公司仍然可以做IBM的工作，可能很快分到房子。我们大多数人选择了脱离服务公司，成为IBM的正式员工，彻底地没有了铁饭碗。很快，IBM提拔了第一批五个本地经理，其中有我，还有两个清华大学毕业的"黄埔二期"同学，还有行政和售后服务经理各一名。这是IBM的人才本地化进程的序幕，终于有本地人进入了经理阶层，现在我们不再是"试验"或"点缀"了，开始真正接触国际公司的管理。我们被"重用"，完全是因为我们表现出来的实际能力，这要说回一点历史背景——

1989年，我当时已经又换了住处，租了间民房住在丽都附近，更多时间花在办公室里。很多客户打电话，催问IBM何时派人去安装系统？我们商量商量，客户第一，三三两两开始出差给客户服务。慢慢我们这些本地人俨然挑起了大梁。

1990 年 IBM 中国的口号是："挣一美元！"意思是要做到收支平衡。要想不亏本无非是"开源节流"，古今同理。当时 IBM 采取了最有效的"节流"：把已经撤到中国香港的外国雇员再撤回美国，已经撤回中国香港的香港人就留在原地，可以由本地人承担的工作就交给本地人。IBM 的中外雇员比例第一次接近平等。一年下来，业务做得一点不差，还第一次有了利润，每个人得了一个纪念牌。

　　挑过大梁，我们都有了胆气，我们能做外国人能做的事，还能做得更好——起码性能价格比要好得多！我坐进了单间的经理办公室，踌躇满志，这回我的野心又膨胀了，我想超越的不再只是自己的同伴，新设定的目标是：做高层专业经理人。这意味着首先必须超越同级二十几位外籍经理，他们个个比我资深得多，那又如何？！

　　这次的野心实在狂妄，以致我不敢和别人提，怕说出来让人笑话，更怕做不到让自己笑话，只在心里暗自较劲。三年后我登上华南分公司总经理的座位，回视当时的野心，发现的竟是偏执和狭隘。我和我们这些本地经理人的成长，绝不只是个人奋斗的"本事"，依托的是 IBM 尊重个人的企业文化，受益于很多 IBM 前辈的经理人，他们都是中国香港、中国台湾及欧美人士，是优秀的职业人士。对于文化的异见，不应与职业标准混为一谈，民族血缘不应是职业人的种族偏见，这是我离开南方时的重要心得和升华。

南天王

> 市场政策、高层"人气"摆在那儿，华南业务超过华东，在跨国公司里属于罕见。

1997年1月，IBM中国公司新年大会在北京国际展览中心举行，此时规模已逾千人，北京就超过一千人。我心中感慨，离开北京才不到三年，竟有这么多的新面孔。我从广州赶来主要是为了观摩学习，为操办华南的新年大会做准备。此时是"客"，自知应该谦虚切忌张狂，悄然坐在第十几排靠边的位置。台上大中华区总裁一一介绍要客贵宾，突然听到"还有……IBM华南区总经理，我们的南天王——Juliet Wu！"追光在前三排VIP座位巡找却找不到目标，我站起来挥一下手，只给一千多人留下模糊的轮廓。坐回黑暗里，心，飞回我的南方……

1994年6月，我调到广州，职务是华南区销售经理，IBM只有几个人知道这个职务是为接任华南总经理做准备。我到南方，当时华南总经理章生起了至关重要的作用。前文说过我在1993年年初才被提拔为经理，到当年8月份我被调到香港做一个"特别项目"，为IBM在中国的长期战略所做的中国市场研究项目，我离开北京时，我的部门已经笃定完成了全年的销售计划。刚到香港，章生就来找我，开始慢工细活地游说我在项目结束后来广州工作。我对章生玩笑："你还没被我烦够吗？"

章生曾做过我的经理一年多，我俩是水火极端的性格，我当然是火，总处于行动进行时；他是水一样的冷静，逻辑思维极为缜密，把头发都快累光了，人瘦得成了影子，仍不改十思而后行。我最怕和他讨论问题，准定忍不住拼命地踢桌子、跺脚发出噪声，任由我急促的"马蹄声声"，一点不干扰他"让我们从另一个角度再想一想……"

章生以管理严格出名，每个员工的报销单都会仔细审阅，我是"问题"最大的。终于有一次章生忍无可忍，以电子邮件的郑重形式提醒我（可以直接谈话沟通的题目，如果接到老板的电子邮件，通常表示其严重性）："Juliet，你的经费比别人都超支了，你要注意，要以对待自己的钱的态度对待公司的钱。"我马上以邮件方式回答："章生，经费是否超支应以销售额比例衡量，不应'比别人'。顺便提一句，如果是我自己的钱，我绝不会如此谨慎地计算。"章生再度回复："那么，你不应该以对待自己的钱的态度对待公司的钱。"

不过，章生律己更加严格，从来把公事私事分得泾渭分明，即使到了南方有充分的化外自由，也从不会在用公司车接太太之类的小事上"失节"，让人头疼之余，不能不佩服。

尽管头疼、跺脚，从心里不能不承认章生对我的帮助和栽培，我成为经理后接替了他，他1993年去了广州筹建华南分公司，1993年6月18日华南分公司成立。华南分公司是他的"新生三个月至亲至爱的孩子"，他就来找我，要请我去做他的接班人——这就是IBM企业文化造就出来的优秀经理人！

章生为"诱惑"我，特地邀请我去参观他深深引为自豪的IBM华南办公室，当时在世贸大厦，初建时人员不多，清洁整齐。章生无比骄傲地问我："感觉如何？"我说："很好，就是人都太乖，太安静了。"章生说："这正是我想请你来的原因。"

1994年6月23日，我携带全部行李从香港坐火车到广州，从车站直接去办公室开始工作。回到名雅苑寓所已是24日凌晨，打开空调和热水器，不料电压过强烧了保险，只好草草用冷水洗澡就寝。没有空调冷气的遏制，蚊子全体出动，公寓已经空置几个月，大群的蚊子饿到疯狂，突然闻得香肌玉肤，以死相拼也要做个饱死鬼，前赴后继把我咬得体无完肤。第一夜入住，什么武器都没有，最后只好用一条毛巾遮脸以期保持"颜面"，至于身体，就听天由命了。没想到第一夜就被蚊子咬得我哀哀哭泣。我在广州的酷热的第一个星期只能穿长衣长裤，为了遮挡蚊子制造的恐怖痕迹。

广州人以精明务实和善于经营著称，凡有冒险精神的都去做自己的买卖，自己当老板。选择到外企大公司的多是最乖的好孩子。我的第一件事，是把"乖孩子们"踢出去，赶到市场上去！我告诉我的销售员们，别怕犯错误，什么错都不犯基本上等于什么事都不干，都给我出去犯几个漂亮的错误来看看！这时我的示范作用已经不只是如何谈下具体的合同，我用夸张的"江湖风采"给我的队伍示范胆量、气魄。

我开始制定内部竞争的目标：我们要超过华东，我们可以超过华东！开始时我的吆喝没有多少响应，乖乖的队员们看着我笑，斯文地包容经理的"痴人说梦"，北地女子嘛，可以体谅她的乖张狂妄。我坚持不懈，大会小会呼吁不止，终于感染了我的队伍，大家有了竞争的目标，有了竞争的胆量，我定的目标变成了大家共同的追求。

我在南方的两年半当中，华南分公司从四十几人增到二百四十几人，业务翻了几番，终于超过了人众"年长"的上海华东分公司。市场政策、高层"人气"摆在那儿，华南业务超过华东，在跨国公司里属于罕见。IBM强调的是团队合作，我的"内部竞争"实属悖论。但是"悖论"毕竟实现了奇迹，我不以为悖。如果我执掌的是华东分公司，也一定会挑选一个竞争目标去激励我的团队，外部最强大的竞争对手，或者干脆是IBM北京总部？IBM的地区分公司长官并不承担如微软的直接销售压力，反正是矩阵式组织，大团队式合作，做到做不到并没有职业性命的交关。但如果没有自我竞争自我挑战的目标，事业生活将多么无聊？

接任总经理以后，角色变化很大。从前线冲杀转变为后台运筹帷幄。要学习除销售外所有不熟悉的领域：人事、财务、服务、渠道、市场、公关、政府关系、媒体……我更勤奋地学习，还要感谢我的团队和章生对我的巨大帮助。

我接手的经理队伍几乎是清一色的香港人，开始时大家都很客气，但我知道他们都不太看得起我:"不过是因为北京人的身份才能有如此机会,除了一点销售业绩还有什么?……"居移气,养移体,在其位,谋其政,这时我心里已没有太多的不平,本来从学历到经验都没有过人之处,我时时告诫自己要公平无偏见,要谦虚善学习。我的工资比香港同事低很多,能给别人长工资提级发奖金,心里没有任何不平,竟比自己拿到还要快乐!从这些优秀的职业人身上我学到了很多东西。日久见人心,我离开华南时,竟有了好几个香港的好朋友!香港人的工作观非常实际,"反正都是打工,无所谓啦!"但都最怀念华南的经历,称那是"最快乐的工作"。

总经理仍然需要接触客户,或者是签约如仪的摆设,或者是死马当活马治的危急关头的最后一掷。我坚持要有后者,毕竟能在前线厮杀中体现英雄本色。这种"超级销售员"的角色没有相濡以沫慢工细活的时间,更需要超出技巧的诗外功夫。治活了不少"死马",只举一个例子:

一个销售员愁眉苦脸地来找我,报告一个关键案子必输无疑了。竞争对手是 IBM 一个本不是太强的制造业的客户,据可靠消息竞争对手已经在准备最后合同,并放出风声,志在必得。我仔细问过情况后,不得不同意销售员的判断。此时再做责备毫无用处,我只建议销售员做最后努力安排我拜会客户决策人物。两天后销售员来报时:只得到三十分钟的约会时间。我顿时大振,仔细研究过所有相关的资料,告诉销售员我们三十分钟的目标是达成下一个约会,销售员仍是一脸愁云惨雾,不解这与项目何干?在宝贵的三十分钟内,我与客户的副总裁大谈特谈企业管理、人力资源,三十分钟一到,我遗憾地说时间不够用,邀请副总裁亲临我的公司再做切磋。又过了三天,副总裁亲自从深圳到广州,我们于是有了一整个下午和晚上,从容切磋企业管理、人力资源,还有许许多多 IBM 的好处……一周以后,销售员面无人色拿着一份传真给我看,上书"致 IBM 公司,经我公司董事会研究,决定不采纳贵公司建议的方案,对贵公司的努力表示感谢……"正在面面相觑说不出话的时候,秘书气喘吁吁又送来一份传真:"致 IBM 公司,经我公司董事会研究,决定采纳贵公司建议的方案,对贵公司的努力表示感谢……"这一份只少了个"不"字,先前有

"不"的那份是错发的，改了公司名字发给了我们的竞争对手！我的销售员说："终于理解了一点点，什么叫作'诗外功夫'。"

IBM 的传统优势是"销售"，而不是"市场"，重"直销"而轻"渠道"，以我全体二百多人的队伍，就算人人具备"超级"的销售本领，也不能覆盖华南五省的广大地域。作为总经理，职业观念发生了很大的转变，我必须动脑筋思考，如何在没有分公司的地方开展业务。华南地区市场包括广东、广西壮族自治区、海南、福建等地，我跑过所有的地方，市场形态各异，要在所有主要城市设立分公司肯定不是最划算的做法，如何能遥控而确切地把握市场的动态？百思之下，悟出道理，单凭一己之力只能拨动眼前的方圆之地，若要拨动大市场，必须团结发动"我"之外的资源。我开始试验与外地渠道伙伴和地方政府的合作，四两拨千斤的效益立即显现，我离开南方后，在管理全国渠道的职位上又有更大的发挥心得。

我离开南方时也交了一份"毕业论文"，在 1997 年 1 月华南分公司大会上做的年度报告，我总结对华南地区市场的认识：华南是非常活跃的市场，但 IBM 传统优势的大客户群并非主流，要抓住中小型客户的市场机会必须重视渠道合作，必须注重支持推动多元化应用软件。我提出的 IBM 在华南应持的策略，其中有几条重要的"新意"——要积极寻求本地的合作伙伴，在广东之外的市场依靠几个核心伙伴，其中必须有直属当地政府的企业伙伴，能够最大限度地利用地方政策和政府支持的优势，牵动当地媒体，远程启动市场，在当地市场较为成熟可以达到每年 × 百万美元营业额时即建立分公司；IBM 要与软件开发商密切合作，主动支持和推动在 IBM 平台上应用软件的开发。华南分公司的组织机构及人力资源策划也应与华南市场战略配合。IBM 人员机制是全国一盘棋，分公司各功能有点像配给制，我认为华南市场就需要比别的地方需要更多做渠道的人，不一定要按配给名额非增加多少销售人员、多少工程师等，组织也应有偏重……

我最心心念念的是我的团队，在报告中强调要更加大力度培养本地人才！

人力资源策划应重视现有人员的培养,要防止无度扩张,继续推行"师傅制"(华南分公司是 IBM 学习中国公司传统"师傅制"的试点)。过去两年多里,乖孩子们已经成长为能够战斗的队员,已经成长起来几位本地的经理,我们年轻的华南分公司甚至诞生了第一个孩子!

我提出:华南分公司的远景目标,要成为华南最优秀的外企,要成为 IBM 中国最优秀的分公司。这是我第一次尝试以经理人的身份为企业提出"远景"——vision。未能率领我的华南团队去实现这个我深信可以达到的远景目标,我留下深深的遗憾。

南方有很多好玩的经验,由于离总部远,我能找到很多"玩出格"的缝隙,比如和媒体的联系。IBM 对媒体交道有严格的控制,沿用全球统一的公关公司,新闻稿也是统一由总部发布,分公司没有单独做媒体活动的经费。我发愁了很久,没经费如何能主动地煽动市场呢?终于想出个好法子:用个人身份和自己的经费!我请记者们到家里来玩,交朋友,喝酒聊天唱歌,因为先声明了是个人而非 IBM 华南总经理,大家都非常洒脱,交到了朋友是我个人的福气,搞好了媒体关系对我的工作有益,一举两得,怎能让我不得意?亚特兰大奥运会 IBM 系统出了问题,全世界闹得沸沸扬扬,独有南方媒体比较理性地对待,从此我喜欢上媒体的朋友,不管多少次高层经理培训,再也达不到"对媒体要时刻警惕"的境界。

IBM 的广告费用也是严格地拨款监管,我只有广告地点的建议权,看中了一块宝地,咬紧牙关不松口,终于在十一个月后打通所有关节,在我离开前三个月,1996 年年底终于亮起了 IBM 的广告牌,地点是迎接所有降落广州八方来客的过街拱桥,IBM 广告语上方是广州市政府的"欢迎来广州"和"拥军优属模范城"。国际商业机器与本地色彩的融合,正显示我的理想期望,不管别人怎么说,我很得意。

我初来广州时单纯是事业的考虑,对南方人有典型的北方偏见。在各层次深交之后,我越来越了解南方人:讲实际而少浮夸虚伪,会享受而不羞羞答答偏要遮面"斯文",善经商可以有共同的效率、效益语言,而且,一点不缺乏细腻美好的人之本善……我"一不留神"竟喜欢上了南方，也交了很多南方的好朋友。遗憾的是我终未能学会讲广东话，我自恃语言天赋曾夸下海口，三个月学会广东话，也确实努力学习，不到三个月败下阵来：只要我说广东话，所有广东人立即笑得前仰后合，极为影响效率。我恼羞成怒追问再三，终于得到一致的答案："你把广东话讲得太柔和好听，所以不像。"沮丧之余，我决定放弃广东话，而不想放弃"柔和好听"，结果只传染了些南方口音，闹个不伦不类。一次我回北京，从机场要出租车回丽都饭店，因为路程太近怕司机不高兴，心里忐忑。司机很和气，一路搭讪着聊天，自然地建议："小姐，快到国庆了，天安门很好看，要不要去转一圈？丽都饭店到天安门顺路，一点不绕远。"来过北京的都能知道这两个地方只绕十几公里那么一点。我笑得喷出来，告诉司机我是北京人，他说："别逗了，你的口音再怎么装也是南方人。"一直到了丽都我也没能说服他关于我的籍贯。

南方，浓缩了我职业生涯和生命历程的许多精彩，我难以忘怀。

我在这里付出了很多：北雁南飞言不尽的孤独；为太投入工作伤了爱我、我爱的人，痛失良缘……

我在这里得到的太多：我带起了一支队伍，我们一起成长，一起做出辉煌业绩傲视群雄；我结识了IBM内外很多优秀的人，不管我再到东西南北，南方总有朋友惦念我，其中也有曾与我彼此心存偏见的香港同事；我学会了做经理，克服了偏狭，懂得了大度，能凝聚起不同文化背景的各类优秀的人，在这里我开始真正懂得什么是经理人的幸福；从超级销售员的英雄角色"退到"培养和欣赏英雄团队的高度；从身先士卒冲锋陷阵兼备运筹大市场管理公司全面运作；我完成了又一次蜕变升华——从用"命"做事，到学会思考；从不知前路的迷惘，到有了清晰的理想——我的下一个目标，不再是超越别人，我想超越自我。

超越自我，先要完善自我；理想是要去做国际化的中国企业，或是中国化的国际企业，为了理想我需要知识，需要学习。我应该退下辉煌的舞台，去念书。我一直认为自己没有那些起码的学历，要上大学进修可能会很难，思考的过程中遇到一个机缘，促使我最后决定去上学。

1996年5月，我受一个同事之托，代作一场演讲，对象是Wake Forest大学EMBA班学员。Wake Forest不是一所非常知名的学校，但是个好学校，包括郭士纳在内的许多公司的高级管理人员都曾在那里念过书。学校位于北卡罗来纳的温顿斯，一个盛产烟草、非常美丽的小城。开设了EMBA（Executive MBA，专为高级行政管理人员而开设），招收高级行政管理人员，学员多来自美国大公司，学制一年半。EMBA班有一个课程安排，每年都要去欧洲或亚洲考察，中信公司为来中国的团安排一些讲座，其中包括IBM公司在中国市场的策略。

以我当时的水平，应当说讲得挺精彩。我没用IBM传统的投影胶片辅助演讲——到那儿才发现人家没准备投影仪！临时决定在白板上画了三条曲线，一条是中国IT市场十年发展，一条是IBM在中国的十年投资战略演变，还有一条代表中国本地人才在IBM（代表在中国的外企）的角色作用发展。演讲完还不算，他们去广州时我又做了回地主，聊天时我谈到很羡慕他们能上学，他们就问我是不是真的想上学，我说当然真想，他们说全班人都愿意做我的推荐人。我当时将信将疑，因为一般来说，这样的EMBA班需要研究生毕业后有若干年的高层管理经验才能就读，他们全体鼓励我，说以我的经历和经验应该毫无问题，他们也用了"传奇"这个字眼来形容我。

有全班人的推荐，我又进行了一次面试，即免了一切其他考试，当时拿到了入学通知书。我终于有机会圆我的大学梦。EMBA学期一年半，学成后一定回来，这里，才是我的国，我的家。我仍然偏狭地认定：在我的国、我的家里一定能再创我的辉煌，那是我想要的辉煌。我想也会有机会，面北占山再做一回南天王！

临离开南方时，我坚持做完巨大的搬迁工程，不能把工程留给继任者。公司在1996年11月28日搬到金碧辉煌的天河大都会广场，全新的移动办公环境，在诸多繁杂细致的规定标准的管束之内，我费尽心思利用所有的机巧边锋，把华南分公司装修成大中华区最受羡慕的办公室，三层楼从天到地每一寸都有我的心血，为选址我去过所有建筑工地，坐过好多拉运建筑材料的笼子吊车……我搬进去不到三个月就离开了广州。

台上"封王"之前，我已经卸下冠冕，我把冠冕和不尽的感激，献给我南方的朋友，是他们，和我一同铸造了那段辉煌，搀扶我走过绝望的心境，帮助我变成一个更好的人。1996年的圣诞晚会，是我与华南分公司"家人"的最后团聚，我想献给家人无可代替的绝版回忆，最后竟想出一场劲舞，还非得练高难动作追求准专业水平，为了四分钟的舞蹈练到爬不动楼梯。这在保守的IBM实在太出格，也绝非"总经理做派"，反正我的南方家人们都很喜欢！我将离去，无可顾忌。

我最终没有去念书，不是恋恋不舍"荣华富贵"，割舍不下的是亲情。在我拿到机票第三天，年迈的双亲同时重病，各自住在不同的医院，我和二姐在两个医院之间穿梭奔跑轮班照料，我心里的斗争是不可承受之重。我痛苦地发现，我挣的钱不少，攒下的不多，全用来做父母的生活健康"保险"也不够放心，再说，父母需要的不只是钱，他们更需要陪伴！我几次想咬牙为自己"卑鄙"一回，跺了几回脚，良心拦着我到底没走出去。我向学校申请，延长一年我的入学资格。我准备挽起袖子再狠挣一年钱，挣够了留给我的父母，再去圆自己上学的梦。

我已经和IBM说过再见，不能再回头找草吃，就准备好要去外面找生活了。正在这时，IBM挽留我做全国渠道总经理。我先讲清楚我的承诺是最多再做一年，这一年不是为了IBM，是为了我爸我妈。说清楚以后走马上任，接手时已是5月底，才做了全年指标的23%；又拼上七个月的命（自己开车，车祸都出了两次）。到年底交出来将近130%，七个月做了全年的指标，顺带学会了管理渠道运营的精髓。七个月把来自祖国各地的混合旅团结成能战斗的队伍，和我的队伍一起挣到了一块奖牌：1997年IBM亚太区最佳业绩集体。奖牌是锡做的，正面是关公，反面是商人宝训："能识人，知人善恶……能用人，因才器使……勿卑陋，勿优柔，勿强辩，勿懒惰……"牌子一直在我床头放着。

我说过"最多承诺一年"，结果做了九个月，因为是超额完成了，心里没有什么不安；我想过要去美国上学，结果花了一年半在微软读了"EMBA"；我本是为父母留下来的，结果一个半月后父亲就撒手西归，让我肝肠寸断……

世道无常，人生难测，四十不惑……我已成长为职业经理人，我已能把握自己命运的舵。"南天王"已是历史，想要的，是更大的理想。

文化不虚

IBM 真的有文化
"另类"中国精英

IBM 真的有文化

> 郭士纳带领 IBM 从深渊走上平原，保持了 IBM 的完整，并使之焕发新的精神，谱写了 IBM 新的传奇……不管是不是暂领风骚，IBM 都是真正的企业奇迹。

IBM 的前身是 1914 年成立的 CTR（Computing-Tabulating-Recording）公司。顾名思义，公司业务是计算—制表—记录（computing-tabulating-recording），主要产品是打卡机，与计算机不太沾边，更像织布机：利用织布机原理，不分配线，分配记有资料的卡片，用来排列印制统计表格。老沃森卖缝纫机、钢琴，走街串巷卓绝奋斗起家，是了不起的美国式自我奋斗实现的英雄，他在 1924 年把 CTR 更名为 IBM，"国际商业机器"里的"国际"显示创始人的宏大的期许，但他并没想到 IBM 将来要卖的"商业机器"是计算机，讹传老沃森曾预言全世界将只有十几部计算机的市场。第二次世界大战时 IBM 开始制造计算机也是为战争国防特需，20 世纪 40 年代中叶才在小沃森力主之下进入计算机市场，1956 年小沃森接掌 IBM 事业，60 年代开发 360 大型主机系列——世纪豪赌一举满贯，从此大器晚成，在计算机市场独领风骚三十年，直至 20 世纪 90 年代初期。

老沃森相信忠心耿耿远重于每个人都去做最佳决策。小汤姆·沃森接掌后，将集权家长式改为分权合治的管理委员会，IBM 开始形成现代企业文化的模式，也确立了"三项基本原则"的基础——尊重个人、追求完美、客户至上。

1980 年的 IBM 是"最会赚钱的公司"，从 1969 年至 1982 年长达十三年的联邦政府反托拉斯诉讼案，也未能影响 IBM 成为无可置疑的计算机霸主，但给 IBM 留下很多伤痕——过细的规矩，更多的文件（一定比十三年诉讼期间联邦政府从 IBM 取走的七亿六千万份文件还多）。当外界的竞争几乎不存在时，自大傲慢开始成为主流，成功的标准变为内部的阶级。IBM 深深地落入自我文化的窠臼。太多规矩扼杀了创意，很难做没有做过的事情，新事物通常被打死，或是被辩论到至死方休，文山会海，却会而不议，议而不决。

有很多形容 IBM 官僚、自我中心、脱离现实的笑话。一则讲的是一架小飞机在浓雾中迷航，看到有人站在一座高楼窗前，驾驶员忙大喊发问："我在什么地方？"那人答道："你在飞机里。"于是驾驶员立即调整方向，降落在最近的机场。乘客惊魂甫定，不解驾驶员如何能找到方向，驾驶员答："我知道那一定是 IBM 大楼，便知道方位。因为只有 IBM 的人能给出如此正确而全无意义的答案。"还有如此形容 IBM 工程师为大规模集成软件编程的：女人生小孩儿必须怀胎九个月，IBM 似乎希望有九个女人各怀孕一个月，就生出个孩子。对于微软和 IBM 的十一年合作末期在 Windows 和 OS/2 的竞赛，有人用赛艇比喻：各队八名队员，微软方面一个舵手七个划船手，IBM 有七个舵手一个划船手。第一轮微软胜出，IBM 研究后重新部署战略，第二轮依然输掉，再研究的结果是划船手不力因而被开除。

IBM 曾为遏制苹果与微软联手，领导了真正的 PC 革命，十年后微软已无法遏制。为收复失地，IBM 转与苹果联手，双方利益所在都想精诚合作，无奈，红色的苹果和蓝色只调和出紫色的苹果酱。苹果人说：苹果的作风是瞄准，射击，瞄准，而 IBM 是瞄准，瞄准，瞄准，瞄准……

1985 年 6 月，IBM 与微软签约，得到在 IBM 个人电脑使用 DOS 最惠价格，条件是任由微软向其他个人电脑兼容厂商收钱——IBM 不在乎其他兼容商那 20% 市场份额的残羹剩饭。很快，市场份额变化为 IBM 只剩不到 20%，其他人占有的 80%，都成为微软收版权一本万利的天地，而 IBM 对约 20 亿美元个人电脑操作系统的市场完全没有插手的份。而且，1986 年放弃了盖茨建议 IBM 买下微软 10% 股权的建议（当时成本不到 5 亿美元，现在近 30 亿美元——会超过 18M 个人电脑事业自创立以来利润总和）。20 世纪 90 年代初，个人电脑和工作站的功能终于强大到足以动摇大型主机业务的根本，IBM个人电脑业务的优势已挥霍一空，没有什么可取而代之，1992年，只个人电脑事业部就亏损10亿美元，而微软和英特尔抓住IBM让出来的优势，仅1992年就赚了20亿美元。而IBM则创下有史以来一家公司最大亏损金额——50亿美元。

约翰·艾克斯（John Akers）是最具IBM典型的总裁，有风度、自信、坚强，曾是海军战斗机飞行员，从IBM底层做起，七年后成为经理，而后成为培养对象，一路提拔，至1986年接任IBM总裁。他接手时IBM尚在巅峰，但不幸已是冰河期的开端。艾克斯上任后努力尝试改革，1987年为"顾客年"，1988年改组机构下放决定权，宣称"IBM今后会以冒险进取著称"。IBM有史以来第一次裁员，不料流失了大量优秀的人才。艾克斯任内开展了OEM业务，推行品质管理方案（MDQ），尽管有AS/400小型机系统，使迪吉多（Digital）股票市值遽减3/4，裁员几万人，有RSIC工作站两年内直追升阳（Sun），已于大局无补，1990年盈利60亿美元竟成了回光返照。1991年年底干脆将IBM分成13个独立的事业部，要尝试所谓"企业精神"，但"13个小IBM"仍笼罩在IBM官僚体制的管理委员会大伞之下，没能脱胎换骨取得竞争能力，终于经历了1992年大溃败。艾克斯退位前最后巡视王国，1992年9月来到北京。翌年1月被董事会辞退。不由得想起1999年3月，风度翩翩的前康柏总裁来中国后一个月内解职，呼风唤雨的王者风范即成过眼云烟。市场，只以成败论英雄！

艾克斯1992年10月最后一次来北京时（好像也是他在位总裁的唯一一次来中国），我曾"随侍"，得以近距离观察。偶然参与了很好玩的一幕，在这里插个小故事。

我被指派做本地助理之一，工作很简单：下午5点在王府饭店门口迎候总裁，6点在门口目送总裁上车，第二天一早再到门口目送总裁上车。只需夜里枕戈待旦有事传唤，基本上这是不可能出现的情况——总裁和夫人也要睡觉啊。工作简单，可这是了不起的荣誉，我本该感到兴奋光荣，因为甜甜（小小的博美犬）病危，我非常焦急难过，心里竟抱怨总裁来得不是时候！总裁比预定晚了一个多小时才回到王府饭店，脸色铁青直冲进总统套房，根本没我致敬招呼的机会。随行数位高级经理各个领带歪斜满脸油汗，都是一副丢盔卸甲的狼狈。我听了一阵大概猜出来，预定去天津的行程出了大问题：竟然走错了路，结果没去成大邱庄，也没见成天津市市长，路上又遇车祸堵车。结果把艾克斯闷在车里七八个小时，高速路上找不到总裁能用的厕所，怪不得回到酒店全不顾风度了。

随行经理们气急败坏，我第一次听见IBM高级经理如此集中地用脏字。不怪他们担惊受怕，事故出得太大了——北京市市长的会议只能临时取消，人民大会堂的千人宴会也晚了……发昏当不了死，总裁下楼了！突然他们发现了我蔫蔫坐在旁边（我等着执行"目送"的任务呢），一把抓住我，让我上总裁和夫人的车，我焦急地说："我哪儿行啊，没说让我做这个……"结果发现只有我自己和艾克斯夫妇在车里了。我说什么呢？没人教过我就随便了，有点像导游，还说到了我家甜甜的病情，夫妇俩深表同情。我把夫妇俩送到人民大会堂贵宾室时，所有IBM高层目瞪口呆：我们三人挽着手臂谈天说地其乐融融。交代过额外任务，我要回去照顾我的客户，又被抓回来，这回更离谱——要我做主持人！这可是人民大会堂千人宴会，哪有我的份儿？主台上二十几个IBM经理哪个都比我高好多级——我没级，只是白丁业务代表。本该做主持人的老先生言辞恳切："Juliet，需要你帮忙，我的心脏怕顶不住。"差错出得太大，老先生看起来真的要顶不住了，闹不好事关人命。我请示了几位最高的头脑，几位忙不迭地说："上吧上吧，出了差错不怪你。"于是我就主持了，没事先演练过跟翻译配合，我在台上中文英文兼做了一半的翻译。

我一上台大家忙互相问这个女孩儿是谁，我的客户特别骄傲地告诉周围的客人"那是我们中远的业务代表"。第二天我又增加了与总裁夫妇同车的荣誉，这回是被钦点的。临登机夫妇俩和我热情道别，还祝甜甜早日恢复健康。送走了飞机，所有高层经理都缓过一口气，问我甜甜是谁，我说是我家养的小狗。经此一事，我对高层经理的脆弱和风险有了懵懂的感觉。

艾克斯想修理一部太旧太老的大船，终于未能使其具备在冰河里航行所要求的活力、速度和效率。1993年郭士纳临危受命，接手时IBM已经风雨飘摇沉没过半，他大刀阔斧在怒海中修理将沉的大船，伤筋动骨，伤了很多终身效力IBM雇员的心，及至1995年年初郭士纳宣布"停止流血"时，IBM已经经受了七年的磨难。七年里，消失了14万个职位，影响了40万人的生活，股票价值丧失了750亿美元，多么惨重的再生代价！但是郭士纳没有把船拆散，而是重新编整了这艘不沉的航空母舰，没有伤害IBM的精髓——只要文化还在，IBM就还是IBM。郭士纳功德无量，为世界企业史保留下来宝贵的文化遗产。

"尊重个人"，培养员工是IBM引为骄傲的传统，每人每年平均要培训几周，即使在20世纪90年代初的最困难时刻，股票已经从高峰的200多美元跌破了40美元底线，IBM也没有放弃对员工的培训，照样是从头开始讲授做人经商的原则。

IBM的经理占员工的比例超过绝大多数企业，好处是提供大量内部员工升级途径，也保证企业文化源源不断地辈辈相传，IBM经理首先是经理"人"的，耳提面命培养员工是经理的本职工作。"好"经理的一条共同的标准：乐于教人带人。IBM有个说法，带出来接班人才有机会升迁做更大的事。我在IBM十二年换过十个经理，各自有不同的性格作风，我从每个经理身上都学到很多东西，包括如何教人带人的心得，我自己的好几次提升都是直接顶替原来我直接的经理。如果没有经理尽心培养帮带，我的提高和提升是不可能如此"快"的。经理人应以培养自己的接班人为己任，在我看来是最自然的事，以后还会这样做。然而，凡利则会有弊，过多的经理阶级的弊病是庞大的官僚机构，强调"尊重个人"也可以成为庸才的保护。今天IBM经理的角色发生了很大的变化——不仅要是好的人事经理（people manager），也要是能带兵打仗的工作经理（working manager）。这使 IBM 的经理人具备全面的优秀。

IBM 培养人才着力于综合素质，培养出来的人被业界普遍欣赏。这几年中国 IT 行业"人才交流"速度倍增，IBM 两千多人摆在那儿，是猎头公司最大最好的目标。这几年 IBM 的人员流失率可能要高过业界平均值，IBM 没有因噎废食反而加大培训力度，索性在中国扎下了长流水的新兵营。还重新设计改进各种专业的职业阶梯，营造更多个人职业发展的机会。以前，人人想当经理，因为那是最多晋升机会的路径。后来又多了几条路：工程技术人员、资深销售员人员。他们的级别工资有可能比经理还高，从行政到专业都能有向上的台阶。从以前单纯强调对公司忠诚，到现在鼓励员工自己对个人事业规划、发展负责，疏而不堵是更开放的姿态。人员流动没有减慢，但总是留下的比走的多，留下的大都努力工作，也能适应复杂的矩阵组织结构，能适应大团队工作模式。

IBM 的文化还有一个奇妙之处：不管在 IBM 里面怎么抱怨，真要想离开它很难下决心。在其中浸染越久，习惯的力量（或换言"忠诚度"）就越强，把人牢牢拴住要想挣脱很难。IBM 够大，里面什么都有，像一个小国，在里面的人往往不太关心外面的世界，真要"出国"时才发现不知道外面的规矩，能力很强的优秀人物都免不了怯意，不敢轻易离开这温暖可靠的王国去独闯江湖。我的一个朋友评价 IBM 的工作是"性能价格比最好的工作"，做到中层以上经理就都变得很稳当了，基本会做到拿到二十五年服务勋章，若我般不知死活非往外飞的不多。要离开的人多半都抱怨 IBM 的"大锅饭"，向往个人实现，出走后都免不了怀念 IBM 的团队；不喜欢规矩太多束缚太紧，一旦独当一面就先想建立规矩。这几年出走后又回到 IBM 的已经不少见了，体验过其他公司，哪里都有束缚规矩。说到底，IBM 确实是外企中最综合优秀的好公司。IBM 也松动了再雇用的原则，以前，如果加入竞争对手，离职手续清单上会有一条"永不雇用"，现在可能这一条还照写，但是规矩已经被破过好多次了，回头"浪子"的忠诚度往往更高。风雨飘摇过去之后，大家庭的感觉又回来了，终身雇用已不再提，但是，只要守本分，就会一直有工作，安全和温暖使人眷恋，也可能使人怠惰了对冒险和创造的追求。

企业文化都是为了企业战略服务的，IBM 的企业战略是做 IT 市场的综合领导者，注定有从软件到硬件无所不及的产品线和无比复杂的功能，只有用矩阵经纬严密规范的组织机构，才能保证这台巨大的精密机器运转。郭士纳时代以前是以地域为主的组织，只有生产和科研全球统管。现在的矩阵是：全球纵向是各行业组织，横向是各产品线，各组织有独立的销售利润指标，但经纬相依，不能脱离。只有服务组织相对独立，以质量和效率为主要指标，但服务的推销也越来越需要与整体营销队伍的配合。

试想：一个银行的客户，由行业销售员为主要责任人，但是做方案、做项目时要牵涉所有重要相关资源：应用咨询的、主机硬件的、软件产品的、网络产品的、微机的……一出动就要小一个排兵力，而销售员并不是"排长"，要能随时调动资源，一是要靠综合团队和个人业绩的激励机制，二是要靠团队精神。

IBM 在全球一百三十多个国家和地区运营，它的文化可以融入各种文化，兼容而不失其本色。大规模的硬件制造，提供了在各地建厂投资的广阔余地，不出手便罢，出手就投资个"亚洲或世界最大规模的×××工厂"。大规模投资，加上"做企业良民"的原则，使 IBM 更容易被当地政府接受。因为坚决奉行经商准则，IBM 很少商业丑闻。稳稳当当，不吹不炒，却总是处在政府关系、本地政策的上风头。

《蓝色巨人——IBM 在中国》这本书，将 IBM 在中国的宏图大略写得淋漓尽致，只是忽略了一些历史，在此只想补白一个"历史人物"。IBM 于 1992 年年底在中国成立独资分公司，从美国派来一位总经理，是得克萨斯人，起个中国名字叫包国安，老包热爱中国，积极推动人才本地化，向总部不断积极鼓吹在中国长期投资的战略性必要，1992 年到 1994 年正是 IBM 全球最困难的时期，IBM 中国却开始做长期投资，并真正开始了人才本地化进程。今日多位

IBM 中国公司的中高层本地经理的职业成长，都应怀有对老包的感念。老包的热忱也感染了许多客户，他还曾数次派本地高层经理去美国为中国最惠国待遇游说。我虽不在 IBM 了，但不会忘记老包的培养提携，从这对天真热诚的得克萨斯夫妇身上，我学到了很多做人、做好人之道。

郭士纳上任六个月后即宣称不会将 IBM 分割为小公司任其在险恶江湖自生自灭。我认为这实在太英明了，IBM 是 IT 产业唯一的、具备所有功能的航空母舰，保持 IBM 的完整——保持了唯一的规模优势。为使航空母舰具备必需的灵活性和速度，郭士纳将公司重组为以客户行业为中心的矩阵式组织。现在全球行业组织已精简为"6+1"，专注于 IBM 优势的领域：公众公用事业（电信、ISP、媒体、公用事业）、金融证券、保险、政府、公益、流通业、工业制造，再加上中小型企事业群。

矩阵式组织打破几十年形成的区域分割，为的是加强全球合作，真正发挥出 IBM 独有的规模力量。现在的矩阵大大淡化了区域长官的"实权"。各经、纬的首领都直接向各自组织的高层负责，也向区域负责，但轻重显然不同。作为区域长官主要的作用是协调各组织功能，负责当地政府关系、市场开发、建议投资方向等。但区域长官往往是精明厉害的角色，比如大中华区总裁，不用"实权"，即可以把中外混成的高层领导尽数掌握在股掌之中；不用"实权"，照样指挥调动几千人大部队、数十个分公司、几十亿美元营业额加上重磅投资，堪称卓越的领袖人物。我曾直接述职于大中华区总裁，对他的领导艺术和政治智慧佩服得五体投地，也学到了很多宝贵经验，在我离开 IBM 以后，随着自己的成长成熟还会时有顿悟。

当今 IT 行业的竞争前所未有的激烈，技术、产品、市场份额迭代的速度越来越快。大规模团队作战常常赶不上竞争对手游击作风的狠辣灵活，团队结构太复杂，销蚀了个体发挥的能动性。郭士纳在努力为 IBM 文化注入新的生长素：速度、拼赢、激情、赋权……今年，IBM 开始提倡"个人绩效文化（individual performance culture）"，营销队伍的激励机制也更注重于个人，这必定会改变营销人员的行为，IBM 的十万销售大军会更"饥饿"、更凶悍、更快速地投入战斗，市场竞争会更精彩！在快速运转中，更多的个人会感受到"英雄的实现"。而这部巨大商业机器仍保持细至纤毫的管理程序（processes），一盘棋有三十万个格子，每个人只占一个。严密的矩阵和程序，仍能使 IBM 说："无人不可替代（No One Is Unsuspendable）"。

郭士纳带领 IBM 从深渊走上平原，保持了 IBM 的完整，并使之焕发新的精神，谱写了 IBM 新的传奇。今天，人们的注意被迅速致富的网络股奇迹所吸引，吝施笔墨于"古老的传奇"，但是，不管是不是暂领风骚，IBM 都是真正的企业奇迹。IBM 仍是最大的唯一，但是即使是"最大"也发生着变化，从 1997 年开始，不能再自称"最大的软件公司"；大型主机的业绩不再公开谈论销售额，改提"最多的处理能力"；科研一直是 IBM 一流科技的支撑核心，20 世纪 80 年代投入科研经费达 1000 亿美元，出过几个诺贝尔奖得主，现在仍拥有世界上最多的发明专利——而最重要的是如果能有"最多、最好的市场产品"，但要在今日之世界重振 IT 领袖的雄风，要重返"无论是一大步，还是一小步，总会带动世界的脚步"的境界，还要走很多步，无一步是坦途。老沃森的座右铭"THINK"（思考）依然高挂在总裁办公室，其左右应已加上"ACTION"（行动）和"WIN"（赢）。

我个人曾将 IBM 的企业文化总结为：真善美，仁义理智信。现在又有了新的认识：真、善、理、智、信。这仍是难能可贵的综合美好。IBM 已有八十多岁了，八十多年在 IT 行业已是世事变迁沧海桑田，历经几代仍能继承，仍能保存，这该是多么深厚的文化力量啊。我相信郭士纳领导的 IBM 将继续为 IT 产业、为人类演绎出卓越的奇迹。

IBM 给了我入门机会，给了我无数的培训，没有 IBM，就没有职业的我。我在 IBM 的十二年半里，后来一段时间经常是一颗有争议、不安分的棋子，IBM 和我亲爱的优秀团队包容了我，在我磕绊跌倒时没有抛弃我……我深深地感激！

我的心里永远会有这份对IBM的感谢，会永远惦念我的IBM朋友们——祝你们成功。也祝愿IBM的优秀企业文化永存。我为曾是这永不沉没的航空母舰上几十万颗螺钉之一而感到光荣。

"另类"中国精英

> 中国需要外企在中国成功,白领一族的事业本来是为国为家的光荣,没必要壮烈,只需要成功。

能进入外企的本地人大多都很优秀,但是不可否认,我们与当时的西方雇员依然有很大差距——整个中国重新进入国际市场才不过二十年。求生,求存,牛一样地熬夜苦耕,一点一点学会学习,学会思考,学会竞争法则,受委屈跌跟头是免不了的。人人如此并非我的专利,外企的中国白领们都有一段艰难的心路历程。

外企对白领们的最初吸引多半是职业训练、发展的机会、工作环境和优厚报酬,等到白领们终于爬上几个台阶,当了经理,买了房子买了车小康起来,很多人又会经历"无从理想"的失落。

我也经历过那种失落的痛苦,不止一次。最痛苦的一次正是在南方"占山为王"的辉煌时刻。我已经习惯了设定短期目标,以级别为标尺,以平级的同事为竞赛参照物,一级一级埋头爬上来,一路十年都挺充实。终于坐上了IBM华南分公司总经理的座位,成为IBM中国唯一最高的本地经理之一,唯一最高的本地女人。好像峭壁攀岩终于到了中间一个平台,突然失去了短期目标,下一"级"更高的职位看起来遥不可及,往回走绝对不可以,不但自己不同意,此时有了点名气还自觉承担了社会责任的压力;继续往上爬吧,突然觉得再爬上去没有意义,在IBM里面再高几层的职位不能使个人实现有什么质的改变,已经证实了生存、能力,我到底还想要实现什么?白天仍是欢乐地干着,夜里失眠越来越厉害，觉得上不着天下不着地。

　　反省的过程是极端痛苦的，中间还经历了情感的失意，昏天黑地爱了我两年的男友离开了我，七尺高的优秀男人流着泪说"我认输，我争不过IBM，我得不到你"。这个刺激险些让我休克，结果变成了休克疗法，逼迫我必须思考：我属于IBM？我是谁？我想是谁？我想不想继续付出？付出是为了什么？……思考的结果是认清了理想。我没有再给自己定在××时间内，要做到××职位的目标，我认定要开始追求理想：把优秀外企做成中国的；或者，把中国企业做到国际上去。理想给了我更高的追求，为了它可以进可以退，海阔天空。有理想是很幸福的境界，许多蝇营狗苟不会再让我烦恼，变得比以前乐观大度，别人更喜欢我了，我也更喜欢自己。许多精英人物都有理想，我自己是混沌迟开，领悟得好不容易。外企中国白领要成长为真正国际标准的职业人、经理人，是非常艰难的过程。经过十几年，外企在中国已全面推行人才本地化，本地人在外企越来越受到重用，因为性能价格比是明摆着的！我们不愿被当作"矮子里拔出来的将军"，要拼命证明本地人与外国人一样"高大"，还能做得更好——不只以中国本地的标准，以国际的职业标准！我们一族想以自己的能力和智慧，真正自立于世界民族之林。在"高大"起来以前，我们在外企注定是"另类"，人多而势不"重"，不能真正影响外企在中国的经营决策。

　　我的一个朋友，是资深的外企经理，非常优秀的人。曾经是"工会领袖"式的激烈加上"大哥"式的热血豪侠，带领众本地兄弟姐妹与资本家争各种平等的说法。近两年人变得成熟深沉，自从被公司派往美国总部深造一年回国后，变化尤其明显，位更高权更重，反而少了激越，更加兢兢业业地做事，常常挂在嘴边的座右铭是"平常心"。有一次，偶尔闲谈起他在美国的经历。一次，他开车去纽约的中国总领事馆办事，快到领事馆时提前电话联系，车到门前，门已洞开迎候，"真是回家的感觉"，平常心的男子汉，说到如此"微不足道的细节"，竟是两泪晶莹！我们这些人，身处本乡本土却有异国他乡游子的心情，怎么能有平常心？

　　早期的"劳资冲突"多半是围绕报酬、待遇，本地人比起外籍人士常有不平。

成熟成长之后有了理想的职业经理人们，追求的是参与更高层次的市场决策，超出了小我的利益。这种追求的实现在外企可能会是一种漫长的痛苦，成熟成长是和中国的成长强大分不开的，十几年前我们觉得外国的一切都那么精彩，今天不管走到哪里，都会有泱泱大国国民的自豪。自豪归自豪，我们所处的特殊位置，能最清楚地看到自己国家和世界的差距。为了尽快缩短在经营管理、市场运作、战略策划、资本杠杆等如此多方面的差距，只有抱以"平常心"去潜心学习，努力实践，才是最有效、最实际地报效祖国。

无论如何的"平常心"，最不堪的重负还是有一种"另类"的感觉：本地人做外资企业的雇员，本是中国改革开放的需要，是中国要融入全球一体化的必然，但是白领们经常会遇到外企雇员身份与民族感情的矛盾，当出现与中华民族利益冲突的国际矛盾时，"买办"的称号就显得格外刺耳刺心。

1999年5月8日，以美国为首的北约悍然轰炸中国驻南联盟大使馆，造成3名中国记者遇难，20多名中国外交人员受伤。

5月10日是我的生日，早计划好这天休假，结果在家郁闷悲愤，终日不可名状。我的第一个冲动是想报名去南斯拉夫，不知道去哪儿报名，不知道能做点什么，只要是为国做的就成。上了班还是要执行美国微软公司中国总经理的职责，先要拿出公司的立场，把自己的情感暂时按住。想要尽量说服公司表态与中国人民的感情一致，只能从公司利益的角度去论证，努力了两天，最多只能表示哀悼，能行使的一点职权也就是把哀悼的挽联挂在网站上。作为职业经理人要首先做公司的事，最终服从公司的决定；作为中国人，至少能有哭一场的权利。我决定召开追悼会。知会了上级，说明只占半小时上班时间，是员工自发活动，想借公司的场地，如不方便我们就到外面另找场地。

5月13日，在中关村希格玛大厦微软中国公司大会议室，设置了追悼会的灵堂（因为是自发行动，费用由我们自己出），三位无辜牺牲的同胞的遗像，镶着白花黑绸，艳丽的鲜花捆扎在表示死亡的花圈上，是无法欣赏的美丽，提醒着人们，战争和死亡是多么近！前一天夜里我把国歌的词写下来，多年没唱过，竟一字未忘。哀乐起，默哀，唱国歌，全体泪如雨下动了真情，像孩子在哭受了欺负的母亲。孩子们流着泪发誓要让祖国强大起来，祖国强大了，母亲才不会再受辱，字字血声声泪都是发自内心的中华赤子情。

但是，我们还是要为美国公司做事，为国家、为个人，都应如此；在国家受欺负的时候，谁不想至少能堂堂正正地"发出我们的吼声"，而我们只能选择低调，还要陪着公司受抵制，只能在狭小的范围里以泪宣泄，泪中有深深的委屈。

我告诉我的员工，国家强大，需要我们的工作，我们就吞下自己的委屈吧！这样的委屈，又何止微软中国区区二百本地员工？外企中国白领一族上百万人，应该都是同样的心情。每逢这个地球有风吹草动触及中美关系伤到中国的利益，中国的外企白领们心中就是一场惊涛骇浪，困惑自己的意义，痛感自己的"另类"身份。而作为"国际一体化"标准的职业人，必须在公司意志、职业责任和个人意志几者间找到平衡，否则就达不到职业人的基本要求。

回想十二年前我第一次以助理业务代表的身份单独出差，任务是去济南客户处收 IBM 的软件租金。客户先是不见，我穿一身职业裙装在 12 月没有暖气的接待室一等就是一个半小时，客户出现后先说："申请不到外汇指标无法付账，你是中国人应该知道！"本来是正当的业务，我却觉得自己像穆仁智帮着美国黄世仁收租，心里是无法平衡的混乱，冻僵的是身体，烧烤的是心灵。

今年 5 月又出了"亚都诉讼案"，我的反应首先是职业的：公司如何处理又一次舆论危机。刚刚北约轰炸过，所有的北约国家是中国人民的愤怒靶子，美国公司首当其冲。微软偏要在此时再探头伸颈，多么愚蠢，多么没有常识！要不是早晨上班堵车，等候时买了份晨报，总经理还要再晚些才能知道！盗版，不管说到天上说到地下都是不对，我不会因"民族"而混淆原则的判断，我的民族利益也需要反对盗版；作为职业经理，我需要告诉公司如何在中国最正面有效地进行反盗版，如何聪明地做生意！尽管直到案发我从来不知道有"亚都"一案，但是我不在乎担当恶名——只要能假我时日给我权力去纠正和避免再犯同类的愚蠢错误，这是我作为职业人的思维。只有在无法尽到职业责任时，我才会决定不做无谓的名誉牺牲。

我离开微软不是因为"民族自尊"的冲动，过去十几年冲动过好多次了，一直没有离开外企。开始时，是舍不得好不容易才能挣到的一点钱和小小的生存地位；后来明白外企对于中国的重要，也为了我的理想，就更想在外企里做成功，心里非常坦然。我爱我的国我的家，像爱自己一样地爱，有爱的支撑，就受得了委屈，就担待得起。我本打算承担下去——如果我有机会影响微软在中国市场的策略和做法！我本想在我手里把微软在中国做成功，通过我使之与中国更好地融合，操之切切而不得，所以决定离开，这是职业人的成熟决定，并非出于"民族"的壮烈。中国需要外企在中国成功，白领一族的事业本来是为国为家的光荣，没必要壮烈，只需要成功。我希望看到我的一族在外企更快地成功，出现更多人担纲领军将帅，在更高的位置上，去实现更大的中华民族的利益。我们不是另类，会得到越来越多人的认同。我也希望看到外企在中国成功，外企来中国本是为做生意，中国市场经济繁荣才有生意做，两者成为互动的利益关系，外企应该多学些在中国做生意的聪明，最聪明的办法是善用优秀的中国本地人。几年前曾听到一个美国化妆品公司的总裁惊叹中国的市场："想想看，12亿副嘴唇！（Just think about it？1.2 Billions lips！）"但不是所有中国人都要用润唇膏和口红的！中国的市场浩大无边，但入得宝山不一定能满载而归！职业白领要在外企成长、成功，每一步都要做到"底线"——做好自己的本职工作！曾有人笑我，"做事做糊涂了，把公司的事当作自己的事那么玩儿命地做"。说到底，其实就是自己的事，每多一点的付出都是为我自己的事业成长进行铺垫和积累。我坚信，外企对员工的认可程度，最终看的是同一个底线——业绩。这也应该是所有成功职业人的最重要标准。

最后，想借通用电器总裁杰克·韦尔奇的一段话共勉，是韦尔奇1992给克林顿总统的短柬："由于每个人都向总统当选人克林顿献上祝贺之意，我想我也不例外：美国人天生就是赢家，而不是抱怨者，所以不要纵容、资助或设法保护他们。要鼓励他们去竞争，让他们接受挑战，去打破所有造成分化与停滞不前的障碍，并将废除官僚体制与老旧的工业政策；让他们以平常心去看待与经历所发生的事。凡是走完这条路的人，不会有人因此失望。"

中国人身上最可贵的是不屈不挠的奋斗精神，让我们努力，为国为家为自己，做赢家！

谨以此篇献给我的族人，我将另寻一片天地飞飏，让我们在中国和世界的蓝天会合。祝我们好运气！

第三篇

我自己

飞飏的个性成就自我实现
把命运真正握于自己之手

再回视过去，发现我已得到的太多：父母给我生命，养我爱我；重病过几次又得再生，我比别人都多了几条命；朋友给我无私的友情，不论荣辱兴衰都会关怀我、支持我；爱人给过我爱情，死去活来伤痛过去，留下无尽美好，让我体会女人生命的丰满；我碰到过那么多好人，在我最需要的时候帮我、扶我，给我机会，他们是我生命中的"贵人"；还有那么多我永不会谋面的贵人，用他们的书教我思考，训练我的情商，为我指点迷津……我走过自卑、自尊、自信、自我实现，直到能有了理想的追求，直到能认识生命的意义，我不断提醒自己知识上的匮乏，幸而有些天赋，我会用后天训练的自虐式的自律学习把天赋和生命发挥到极致。

回首

将相本无种

童年五味

生而自卑

将相本无种

> 今天，不用人告诉我，或是别人说"你失败了"，我相信自己已经成功了，而且自信能有更大的成功。成功，在心里。

我这本书不是自传。不管是事业还是生活，我都还打算要走很长的路，离写"传"的时候还早着呢。可还是忍不住想写写我自己，从小时候，从职业之外的侧面。我有两个原因，先交代出来，免得本不想看的人花了冤枉时间。

第一个原因纯属私人。

1997年7月我父亲去世之前，住院几个月了，已经不能走动，老人家身体极端虚弱，但思维和记忆都清楚活跃，就更敏感生的痛苦和无奈。他常常问我还会不会接他回家，还给我表演双手用力一撑自己坐起来，以显示他多么"有劲"，满怀想回家的希冀。我说当然要接您回家，我常出差在外面跑，特别需要您看家护院。我知道他很闷，就编了个故事给他解闷。我说："爸，我要写书了，您得帮我，把咱家的老事儿从头告诉我，我好把咱家写进书里。"

被我托付做如此意义伟大的事，我爸特别兴奋，为督着看护学会录音机操作还发了两次脾气，他告诉所有来看他的人："我闺女要写书了！就是那个在IBM做大经理的小闺女……"他开始认真工作。

7月15日早晨8点我的呼机响了，信息是"父突然去世"，我一下瘫坐到地上，欲哭无泪，感觉他赋予我的生命也随他而去。料理完丧事，我带回了录音机，我听了整整一夜，他的录音全部只有十三分钟，中间歇了三次，声音越来越弱，间歇喘息越来越长。我恨死自己怎么想出这么个歪招，我觉得是我把我爸给累死了！我对我爸说：爸，我一定写出书来，把咱家的事写进去。

对我爸承诺了，我一定要写。

还有一个原因，要说一下——

1998年5月我在广州讲了一场"与成功有约"，是冲着朋友《南风窗》主编秦朔的金面友情客串，原以为是二三十人的圆桌座谈，从北京出发前核实地点才知道是七百人的会堂！七百多人花钱买票搭上三个小时再加上交通时间，那还是广州人周末的晚上，不去歌厅不搓麻将，专为来听我讲。我在广州生活过，对广州有一些了解，就更加感觉这份期待的沉重。经过了不少大阵仗，还是不由得心里打鼓，正是微软的 scrub 季节根本没时间准备。坐在飞机上问自己："我拿什么奉献给你？"只有给大家一个真实的我！好在广州是我的第二故乡（除了生长于斯的北京，广州是我住过时间最长的地方），"故乡"的人对我宽厚包容，没把我轰下台，还给足了整整三个小时的专注和热烈的掌声。后来不知是谁还根据录音整理了一篇《永远先走一步》，讹传成我的亲笔，借此更正不敢掠美（也趁此机会表白：我个人没收一分钱。因临时发现面对的阵势"个人色彩"太浓，连机票酒店钱都自己出了，没跟微软报销）。

才子秦朔的开场白流光溢彩，其中有言："……人人都想成功是不可能的……"我在演讲中说："我不同意！人人都想成功是可能的，'想成功'至少比'不想'多了成功的机会。"当时理直气壮丝毫不觉谬误。后来我的才女编辑，也是我特佩服的，看了演讲的录像后正色斥责我妖言惑众，特别指出我（对七百人）说过的"连我都可以，你们怎么不能（成功）"，是极不负责任的说法，可能引起不可能成功人士搏命努力而不得实现之失落，误人的恶果不堪设想。我不禁肃然，赶紧分析自己，想了解我自己有什么特异功能才能有今天这点成功。

我看了很多名人自传，得出结论：凡成功人士，往往从小时候就能有种种异象，预兆着长大后必能有惊天动地的成就。我虽非成就超卓，但既然在写书，就想于人于己负责任。翻回记忆，竟找不出什么历史根源来预言佐证我的"传奇"。小时候除了考几个第一别的什么都没干，大人们说我聪明我真信；后来一直觉得自己特笨特丑特没用——因为是最爱最亲近的人告诉我的，我当然信了；再后来我一直玩儿命地跟着人家后面追，很难再像在学校里时总是考第一名；这些年说我刻苦、拼命的多，又一来二去就变成"传奇"了，一直再没觉得自己聪明。写完《求生求存》以后突然觉得我是挺聪明的——就凭考的那些试！可聪明有什么了不起呀，这个世道这个行业人人都特聪明。

从自己身上想不出特异功能来，也好，就交出来一个平常百姓女儿家的原貌，有道是"将相本无种"，男儿、女儿们如果真想自强，无论多么平常，都可以是起点。我终于找到一个成功的例子支持我的观点。科林·鲍威尔，出生在纽约市贫民区的黑人家庭，上学时未见聪明过人，毕业后无前途可言，只能打零工，由于个人努力和种种机遇上升到美国责任最重大又最受信任的岗位，即使在军旅仕途开始上升的年月，仍饱受种族歧视。不能上白人餐馆、白人厕所，度蜜月只能住专为黑人开放的汽车旅馆。鲍威尔深信，通过艰苦奋斗和刚毅不拔的决心能够改变自己的命运，直到后来根本地改变了命运，成为美国最高军事长官、四星上将、美国参谋长联席会议主席。这是典型的美国梦的实现，不靠祖辈余荫，靠自我奋斗，借努力和运气自我成就——self-made。鲍威尔身上有着典型的卓越人物的共同特点：追求卓越的渴望和敢于冒险的天性。

美国和中国的政治制度不同，文化也有极大的差异，美国是具有强大的生命力的"巨大的杂交植物"文化，中国的文化是悠久、自守。所有外国博物馆都陈列中国的文物，而中国的博物馆只骄傲地守着中国国粹。尽管有这些差异，"成功的梦想"是全人类的权利。成功不是美国人的专利，想成功而不能成功的中国人也不应以文化、社会因素作为原谅自己的借口。我还是坚持我的观点："人人都想成功是可能的，'想成功'至少比'不想'多了成功的机会。"不过我要加一句：女儿要自强，并非只有事业一条路，现而今，如能把家庭经营好，已经是不凡的女子！

过去多少年里，我一直不敢想"成功"这个字眼，后来，非得别人告诉我"你成功了"，我才敢相信。今天，不用人告诉我，或是别人说"你失败了"，我相信自己已经成功了，而且自信能有更大的成功。成功，在心里。

我是怎么成功的呢？多写一点我，让大家帮着想一想。

童年五味

> 我永远爱我的爸爸，他给我生命，爱我，如有下辈子我还要孝敬他，补上他受过的那些罪……我祝愿妈妈永远保留让她骄傲的回忆，因为"骄傲"能使她快乐，忘掉她受过的那许多苦，未尝不是一种幸福。

上次写书是十四岁，是自传体长诗！五言、七言的押韵很整齐。不只是给自己勾画了未来，还《红楼梦》式地编了身世，总之是破落大家的小姐，影射着些与皇族的迷离渊源，流落贫穷，虽不美丽，才智过人，最后当然嫁了个才子，相夫教子，尽享天伦……写完"自传体长诗"二十几年人生道路走过来，完全是预料不到的轨迹，只有身世并不全是杜撰。

听爸妈讲的……

我爸家从前很有钱的。有钱到什么份上呢？有房产、矿山，还够资助张作霖部队军火。爷爷念书好，口才好，会做官，从北洋政府的国会议员做起，做回黑龙江老家，很得奉系督军吴俊生吴大帅的赏识。爷爷年轻才俊仕途得意，又娶了家道更殷实的奶奶，奶奶的爸爸是蒙古族贝勒，陪嫁无数，爷爷家正式阔气起来。

爷爷娶了好几个姨太太，还让我爸娶，我爸在家受重视，自然早婚，娶的原配是梁姓军阀的女儿，不生养，后来抽大烟抽死了。我爸说他不但不娶偏房，还劝我爷爷别再娶。为此我一直很佩服我爸，后来我妈跟爸怄气时，我还试着借此美德来劝我妈："您想想，要不是当初我爸坚决不娶姨太太，可就没有我和我二姐了!"有一次我得了一块巧克力,捏着举着让爸先咬一小点儿,爸说不吃,说小时候吃腻了。

张作霖和日本人过不去,日本人在皇姑屯安了炸弹,吴大帅同车也被炸死了,三天后我爷爷也被暗杀。"那没跑儿,肯定是日本人干的!"我爸多会儿说起来都是咬牙切齿,我也就从小埋下了仇恨的种子,种子跟着我长大至今。所以说,幼儿教育是非常重要的!

就只剩下一群生而不知忧患的少爷和一个小姐(我只有一个姑姑)。我奶奶虽是蒙古族,早就脱尽了草原彪悍本色,一直家养着,先做千金小姐后做官宦正房,遭此巨变根本主不成事,居然我爸二十来岁就成了一家之主。我爸从小是我爷爷的重点培养对象,把我爸爸托付到吴大帅跟前,深得吴大帅喜爱,十四岁就出过东洋,十五岁就买了个"参议"做,准备着步我爷爷的后尘走官僚仕途。我爸是家里兄弟九个大排行的老二,但老大是庶出的,且没出过洋,也没上北京念过书。

家里十几只大狼狗也挡不过日本浪人的骚扰,我爸果断决定,能卖的变成钱,不能卖的就弃置,携细软举家迁居北京。我爸的哲学是"钱,你敢花多少,就能挣多少"(这一点又让我佩服,后来就是我的"钱"理论,攒不下钱来一点不着急)。一大家子搬到北京,都会花钱,可没一个做事挣钱的,我爸有办法,先是变卖,后是典当,房子也从东城石狮子胡同儿进几出的深宅大院渐渐地就搬到西城承恩胡同的大杂院,但一家子还都住在一起,也占了大半个院子,我奶奶和姑姑住在院里唯一一座木头的二层小楼(现在是居委会所在地,住着十几户人家)。一家子仍是不知愁,几个年轻的叔叔和姑姑还是忙着捧戏子、串票友,变着花样儿齐心合力地花钱,眼看着真没钱了,幸亏就解放了,政府要求人人自食其力,十几个兄弟姐妹各自都找了工作。1951年遇到我妈时,我爸是人民教师,教中学历史。

我妈家也在东北。姥姥家是镶黄旗,姥姥的哥哥做着世袭的旗官。姥爷是汉人,在世袭旗官手下当差得力,不仅连受提拔,还把旗官的妹妹娶了。伪满洲国以后旗人的世袭取消,可我舅姥爷还有官做,说是"署长",也是不小的官衔。调防（东北口音读"访"，三声）到另一个城市，为的是我太姥姥只认亲闺女的伺候，带走了我姥姥和姥姥的三个孩子，舅姥爷只顾着孝顺他的妈，竟然没带着我姥爷！我一直觉得这事说不通道理，为什么亲哥要拆散妹妹的家？为什么我姥姥、姥爷从那以后再也没见面？他们就不能互相寻访、通信吗？这里肯定有故事！到现在我妈也说不清楚，那时候她也很小。反正，"从那时起我们就没家了，孤儿寡母寄人篱下"，我妈说起这句话是永远的戚然。

算命的说我妈命硬，她一直说是自己克死了一兄一弟，其实我大舅是出水痘死的，小舅的死倒是和我妈有直接关系。我姥姥得忙着照顾她妈和署长的女儿们，没时间抱自己的儿，就由小小的姐姐抱着更小的弟弟，过门槛摔了一跤，姐姐没事，弟弟的头磕到石沿儿上，一下子就死了。孤儿寡母的凄惨更是无以复加。我记不得我姥姥的样子，她去世时我大概两岁。只记得她脾气特坏，动不动就骂人，她老了以后白内障失明了，永远在里屋床上坐着躺着。有时叫我进去给块点心糖果，我总是拿了就跑，不敢在她那儿多待。我妈脾气也不好，但对我姥姥是任打任骂从不动声色，绝对地孝顺一辈子。

寄居舅舅家能吃饱，衣服捡表姐们穿小的，学是断断续续上的——我妈是表姐们的"陪读"，轮流陪着不同年级的表姐们，所以旁听的课程也是不按程度顺序的。"陪读"可比小姐们念书念得好，活得不易就懂得珍惜，加上我妈聪明，是专为学习好的那种聪明，也遗传给了我们一些。"永远考第一"是我妈一辈子的骄傲，后来再没"试"让她考了，她就把希望寄托在我们身上，要求我们考第一。每次我们交回成绩，都要听她说"我上学那时候……"，只不过视我们考的是第一还是第二，口气有很大不同。

本来预备把我妈嫁人了，我妈背着我姥姥，跑去考了长春师范大学，因为师范是唯一公费的大学。考上了第一名，我姥姥也就不说什么了。毕业就去教书，挣钱后赶紧租了房子，就把我姥姥接出来一块儿过，终于结束了寄人篱下的生活，母女再也没分开过。我妈年轻时挺好看的，虽不够大美人儿，可是有健康活泼知识新女性的非常魅力，打羽毛球还打篮球，风头很劲。

我妈一人支撑着家。1951年正是中苏友好的蜜月高潮，北京奇缺俄文翻译，我妈应聘，得中，举家来了北京。与我爸当年不一样的是，我妈没有细软，她把一家老小及所有的"粗重"都带来了，包括桌子、椅子、书架、柜子、褥子、被子、锅碗瓢盆、擀面杖，还有床，是"老毛子"式的弹簧床，铁管做的，结实得不可想象。到现在我妈家里还有一张单人的，我小时候无数次拼命地在上面跳，为试验弹簧的质量，到现在，弹簧一根都没坏！

两个命中的冤家终于走到一起了。我爸我妈在1952年结婚了。媒人是我姑姑，我姑姑那时好像也在教育部工作，和我妈不是直接的同事，不知怎么认识了。爸家早没钱了，也没资格嫌妈拖着三个孩子和瞎眼老妈，中年鳏寡，很实际地结合成家。我记事后只记得他们的争吵，我为此质疑过我妈："为什么你们会结婚呢？只为着到一起吵架吗？"妈说："那时候（结婚以前）你爸可殷勤呢，每次送我回来争着帮我扛自行车！"说话时很愤然，好似受了我爸"殷勤"的骗，我估计那是他们唯一一点浪漫经验（其实扛车也就是过一道大门槛儿——我家一直住平房）。

我妈属龙，我爸属虎，龙虎相遇必有恶斗，最不宜合婚。好在"虎"爸的命也很硬，再没性命之忧。"龙虎斗"从结婚后开始，纠缠了两人的后半世，也没分出高低胜负。斗争中产生了我二姐和我。

如果说他俩有任何一致的地方，那就是他们都是东北人，而且很引为骄傲。我生长在北京，但从小认为自己是老家哈尔滨的东北人，因为父母一直这么告诉的，我也挺为此骄傲的，只是不知为什么。家世则是零星听爸妈讲的，后来才省悟自己原来是满族、蒙古族、汉族的结合体。

我快四岁那年一个很冷的冬天，我爸带我和二姐去照相馆照了相，然后去西单东来顺吃涮羊肉，吃得太饱，就走路回家以便消化食儿，从西单到和平门西河沿的家有六七里地，我是一路蹦跳着回来的。第二天就觉得嘴巴里凝了层厚厚的膻羊油，急得我喝滚烫的水想把羊油化开，还借东屋关大妈的舌刮子（"舌刮子"是一根马蹄铁状的硬塑料薄片，北京老人习惯用它刮掉舌苔，相信比刷牙更卫生）刮舌头，要把"羊油"刮掉。关大妈说，是喝了太多的风着凉了。从此再不能闻羊肉味儿，顺带着也永远戒了牛肉。后来我才知道，我爸请我们吃涮羊肉是为纪念他和我妈的离婚日。我爸搬回了承恩胡同。

我和我二姐判给我妈抚养，我爸要付抚养费，允许每两星期来看我们一次。判决条件一直没有严格执行，我爸经常来看我们，只是不在家里住了。因为双方离婚后都未再婚，没有后爸后妈的威胁，感觉上"爹也还是那个爹，娘也还是那个娘"。他俩连吵架都没改样，吵得严重时，我妈就搬出法律条文不许我爸经常来，于是我姐就带我去外面与我爸会面，接头地点经常是中山公园，我倒是兴高采烈。二姐比我大四岁，有真切得多的痛楚，记得她常对我说："你还太小，不懂。"摇头叹气，老成持重的样子。过几天妈气消一些，又默许我爸经常回来，周而复始，循环成了规律。

我爸那时是中学教师，工资在当时算不多不少，花起钱来仍是大少爷的脾气，从来没有花到月底过。他发了工资必定带我们去吃一顿，我爸不赞成把钱花在买衣服和"没营养没用的东西上"，可给我们买东西吃从来出手"阔绰大方"，深得我和二姐的欢心。他老是把应该交给我妈的抚养费耽误了，这也是一个永恒的争吵主题。

中苏关系破裂以后苏联专家都撤走了，不用俄文翻译了，我妈就改教书，看出来俄语没前途了，她就自学了英语再教英语——比我强多了！是师大讲师级，级别和工资都比较高，但她要抚养一家老小，爸是指不上的。我们所有的衣服都是她自己做，一直用那台从东北带过来的缝纫机。妈怀着我到八九个月时还每天熬夜到两三点，翻译资料以多挣些稿费。全家吃穿用度是头等大事，我还没出生呢自然顾不上，每熬到半夜必会抽烟喝咖啡。她纯粹是为了提精神，从来没瘾，没想到这两样瘾后来都成了我的，我熬夜的本事没准与胎教有关。

我根本是计划外的产物。第一，刚有我二姐，爸妈就闹着要离婚了，要离婚自然不会再想要孩子，不料闹而未离的时候又有了我，只是因为那个年月还未时兴人工流产，就侥幸留了我的小命。第二，养家的负担已经很重了，最不需要再多个孩子。第三，我刚出生时差点被送人。这是后来我学会斡旋，给我爸妈劝架时无意知道的。他们都指责是对方曾想把我送人，不管是谁，指证了确有此事。我非常伤心，在一个下雨的晚上离家出走，被警察叔叔送回家，第二天又被爸爸送回幼儿园。

因为家里负担重，没工夫没精力管我，我妈休完产假（那时的产假是56天）就立即恢复上班，继续熬夜，挣稿费。把我送到托儿所全托，后来直接升入幼儿园，还是全托。我从出生57天开始过集体生活，从星期一盼到星期六一盼就是六年。星期六下午多半是爸来接我，总是带着我从河沿遛着弯儿，先去延寿街南口的小酒馆，他喝得不多但是经常喝一点（我以前以为他酒量不大，后来疑惑，可能是没钱不能放量喝），小小的人儿卷卷的头发，坐在爸腿上，我是小酒馆里所有大老爷们的宝贝小玩意儿，都用筷子蘸了酒喂我，我很随和，来者不拒。晚饭前慢慢往家走，爷儿俩都有点醺醺然。我和我爸很默契，在妈面前从来不提酒馆的事。我妈总是奇怪，这么好动的孩子怎么每星期六到家就睡觉？

在幼儿园里想家想得厉害，但是装着不想，星期一兴高采烈地给小朋友们编故事，讲昨天都去了哪儿玩，看了什么动物，吃了什么好东西，故事里一定是我爸我妈一起领我去的。我特别希望让阿姨们最喜欢我，使尽了小心眼讨阿姨喜欢，可是管不住自己太爱动，受批评总比受表扬多。有一次犯了错误（忘了是什么错误了）被阿姨关禁闭，阿姨忘了把我放出来，吃晚饭也忘了交班，直到睡觉前，夜班阿姨清点才发现少了个孩子。我关在黑屋子里早哭够了，听着外面兵荒马乱叫我的名字，就是不吱声。终于被从黑屋子里翻出来，阿姨百般呵护，我不哭不闹倒把阿姨吓得够呛，我看出阿姨特别不愿意这件事让我爸妈知道，就对阿姨说："那，您以后最喜欢我行不行？"阿姨满口应承，之后我很得了一小阵儿宠。

可惜，很快又失宠了。有一次阿姨带着六七个小朋友去广播大厦（我念成"广播大栅栏"），为学龄前儿童广播节目录音，我的台词最长："公社有一群小鸭子。"其他小朋友跟着数小鸭子，一人一只："一、二、三、四、五、六、七。"我再说："嘎！嘎！嘎！"早预谋要在大楼里探险，录完音，我先溜出来，在走廊里看见电风扇，转得飞快看不清从哪儿开始转的，觉着好玩试探着伸手去摸，阿姨及时赶到一把拽开（多亏了阿姨，我十指未损还都好好长着），我被拎着领子原地转了几圈，见阿姨的脸色知道犯了大错，可不知闯了什么大祸。阿姨还对我爸告状，我爸也着实教训了我一顿，少有的横眉立目。从此再没机会去"广播大栅栏"做节目。阿姨的眼睛和声音总追着我，只有木头似的背手坐在小椅子上时才不受批评。我学会了长时间地看蚂蚁，不说话，在心里编故事给自己听。

每到星期天在家要疯玩儿一整天，晚上不愿意睡觉，困极了就用手指撑着眼睛不让闭上，为的是要延长在家的时间。无论怎么努力，星期一还是要回幼儿园。星期一早晨我情绪最低落，于是拒绝走路，必得由我爸背着送幼儿园，伏在爸的肩头像坐轿子，希望轿子的颠簸永远不到头。

不管别人怎么想，不管我妈怎么说，我无条件地爱我爸爸，他讲故事特好听，跟说书的一样，无论怎么磨他从来跟我没脾气，爸快五十岁才有了我，也最爱我，用他的方式。我继承了好多他的性格，我会挣钱以后，就越来越明显像他，对钱漫不经心，也随了一点他自嘲的幽默。

最后他住院那段时间，我在北京，能经常去看他，一见到我，他第一件事是从枕头底下拿出各种报纸给我看，但凡有IBM的消息都画出来留着，包括报上登的IBM产品报价。1997年5月，听说我要辞了IBM的差使去美国上学，他开始特别注意报纸上美国的消息，记住的都是关于凶杀抢劫，他知道拦不住我往水深火热里跳，心里急闷担心，冠心病急性发作。见我决定留下来，他放心了，一个半月后就走了。

我赶到医院时没见到他最后一面，他走得突然，并没受什么痛苦。但就是不闭眼，最后我贴在他耳边说："爸，我下辈子还给您当闺女。"说完抬头再看，他眼睛就闭上了，周围有七八个医护人员和我二姐，大家眼睁睁地都看见了。我一直握着他的手，老是错觉他的手还有温度，喊医生过来再检查，到底没能检查活过来。我送他一直到火化炉的电梯门口，我给值班的大爷几百块钱，嘱咐他轻一点，务必别忘了把随带的照片一起火化，那是我爸最喜欢的一张我的照片。

20世纪六七十年代，我爸辞了工作回到街道，他人缘好，街道上都是老街坊，过得还算平稳。他从此一直在街道做临时工，什么苦活儿累活儿都干，干不动了，就给单位看大门。我生病住院时我爸每星期必来看我，绝对是雷打不动的，每次来带一点山楂糕、冰激凌之类的吃食，东西不贵，都是我小时候爱吃的，是我爸出力卖块儿挣来的血汗钱买的。每次一进病房他就大声说："这回看着气色好多了！"只有一次医院又报病危，他赶来医院没再说我气色好，哭着说："幼儿（我的小名），你可别走，走了爸也不能活了！"我到外企后就不让他再干活，他一直不听。直到1986年脑血栓发作以后才什么活儿也干不了了。他没有工作单位没有医保，我和二姐负担他的生活和医疗，可一时负担不起他的"住"。他一直住的是一间不到五平方米的小屋，阴暗潮湿，不能想象是人住的地方，每次去看他出来就忍不住要流泪，那是我最扎心的痛楚。到1994年我才买了公寓，第一次有了自己的家，我当时住在广州，遥控着做好装修，赶快把我爸接来还请了保姆，他已经太老太虚弱了，没享几年福。他生而大富大贵，长而穷困潦倒，最后的几天日子才"沾上了闺女的光"，但他一直知足乐天。我永远爱我的爸爸，他给我生命，爱我，如有下辈子我还要孝敬他，补上他受过的那些罪。

对比起来，我心里和我妈就不那么近。我认定了是妈差点把我送人，没送成，就把我从小全托出去，小心眼里总有怨。后来长大了，明白了妈为家承担的责任和辛苦，不再怨了，更懂得该孝敬妈。

我妈从小跟着姥姥寄人篱下，深知独立的可贵，也形成她绝不求人的刚强性格。同院有个阿姨家境比我家宽松得多，爱吃零嘴爱花零钱，到月底常跟我妈借几块钱接济，我妈总是大大方方地借，回头就说看不起这种人，为了嘴没志气！妈有志气，从不跟别人借钱，拼命靠本事挣钱，我妈也确实有本事，会日、俄、英、德四种外语,俄语、英语、德语都是自学的,还能评上师大讲师级。有本事,就爱犯"个人英雄主义",群众总是有这一条意见,多年努力争取入党都未成功。妈不气馁,继续积极要求进步,后来,我们常常调侃妈"个人英雄主义",她上年纪后不再以此为忤,只拣了"英雄"一词来发挥,陶醉于往日的光荣回忆。退休后妈又自学世界语,学得有声有色,还是世界语协会的理事,能达到用世界语上台发言的水平。她患上老年综合征已有六七年了,所有的外语都忘记了,连吃没吃过饭都记不起来了,却还记得遥远的"英雄业绩",每当提起,两眼立即流光溢彩。我祝愿妈妈永远保留让她骄傲的回忆,因为"骄傲"能使她快乐,忘掉她受过的那许多苦,未尝不是一种幸福。

我爸会花钱,贴补家用是指不上的。妈承担得太重,加上婚姻坎坷,脾气就免不了急,对孩子管得多,爱抚得少。我妈坚持说最喜欢我,说我嘴儿最甜,会来事儿。我很小就学会给爸妈劝架,练就了几招看家本领:撒娇,哄,哭,再不然就"头疼""肚子疼"。虽然是"文明争吵"从不动手,但是密度太高了任谁也受不了!后来我真的有了头疼的毛病,从六岁左右开始,一激动就头疼,一直这么多年也没好。

我妈认定我最聪明,要为我特别设计一整套超常发展计划。为了让我全面发展,她打算让我从五岁开始练冰上芭蕾,去报名时,考官只看看我就摇了头:"这孩子头太大,怕平衡不好,不适宜练芭蕾。"我妈不气馁,继续推行下一步计划,要让我早上学,然后一级接一级地跳班,早早地成才最好能成个什么家。

我一点都不反对早上学,终于可以结束"全托"生活了!而且,我觊觎已久每天一毛钱的"上学津贴",我二姐都领了三年了!由我爸给发。第一天放学我飞跑回家,我爸豪放地发给我一毛钱,我太阔气了!早想了多少遍自己花钱的方法,转身跑到书店,是出租小人书的书店,一分钱租一本能租十本!有时会花三分钱买一根冰棍,一定要小豆的,货真价实是红小豆做的,冰化完了还能有嚼头。我养成了慢慢吃冰棍和快快看书的习惯,第一年上学真快乐,只要交出的都是一百分我妈就不管我,我尽情地看小人书,因为是"最忠实客户",还得到了书店主人的 VIP 待遇：只有我可以坐主人的小板凳看书。后来看京戏总觉得不正宗，因为脸谱盔甲不符合小人书里的规范！

好景不长！我的第一个暑假到来，我妈给我几本二年级课本，要我在暑假内学会二年级功课，我妈早和学校交涉好了，开学前让我参加二年级补考，务必考过，跳过二年级直接上三年级。暑假本是假期，却要变成我的刑期，我不甘心！我挤出白天的时间玩儿，闹钟一响赶快回家，我妈下班回来准看见我正襟危坐认真学习。

暑假前还出了个事故，我跟着二姐和她的同学去陶然亭游泳池，人小腿短紧跟她们跑也跟不上，跑得急了脚下一滑人就平着飞了出去，平着落下来后脑勺先着地，摔了个中度脑震荡，在家躺了两个星期。我妈从此严令我远离游泳池和一切水域。后来我特别爱水、爱海，可能是小时候被管制造成的逆反心理？妈埋怨二姐对事故有主要责任，最担心破坏了我的"聪明"，她后来坚持说脑震荡以后我没以前灵了，谁也无法跟她考证。出了这么大的事故，我妈也没放过我，坚定地要我一个暑假学完二年级功课，必须跳到三年级。

本来一心只想糊弄我妈，不知怎么就把考试也糊弄过去了，只犯了一个错误，把除数摆在除号里边了，愣把正确答案除出来了。我于是在一年级的年纪跳到了三年级。

我妈的计划第一步试验成功，高兴得不得了，拉着我到处炫耀，并向所有人宣布我将继续跳班直到上大学。我心里很悲哀，这意味着我上大学前都没有暑假了，上学时间也要短了一半——只能领一半的上学津贴！我心里盼着再出个什么事故，我好不用再跳班了，我只想和别的孩子一样能在暑假里痛痛快快地玩儿！

盼啊盼的，"文化大革命"开始了，我妈再也顾不上逼我跳班了。

比起后面的日子，我的短促童年是无比的幸福！我很快开始怀念我爸我妈吵架的日子，他们分开了，很长时间再没机会吵了。

生而自卑

> 从小听的都是"唯有读书高",我读书比同学都高,可是不让我上学了,我还有什么前途?还能干什么?我爸妈是黑的,我也永远是黑的,是人都比我强……

我从小很自卑,因为双亲健在而又支离破碎的家庭,总觉得比别的孩子缺陷很多,从性格和行为上都受到影响甚至扭曲。我姐的表现是清高,她学习努力成绩总是很好,很大程度是为了"成绩好"比别人强,有清高的资格;我的表现是"骄傲、爱出风头",这两条总是在操行评语上出现。上小学那点课程对我一点不难,跳到三年级也是轻松得很。复习只有回家才做,不在学校里做,不能让人看见我也需要用功,我偏要显摆出来我比别人"聪明",我一点不用功,照样能考第一。对我来讲,考试第一个交卷比考第一还要重要!我一定得比别的孩子有强的地方,为了弥补心灵的"缺陷"。

跳班到三年级风光了一阵,老师总是用我来鞭策班上的同学:"看人家小◯同学都能……你们难道不羞愧吗?"我听着心里美得很,故意拿着不在乎的劲儿,那么"飘着点"自觉挺潇洒的。甭管是"最小的、最聪明的、最灵的、最快的、最骄傲的",只要是"最",我就高兴,哪怕是玩儿也要是"最淘气的、最胆大的"。

小时候形成的性格是很难改的,哪怕是压制埋藏多年,有机会就要迸发。即使现在是成熟不惑的年龄,我仍改不了要对"最""第一""第一个"……有原始的冲动追求。我二姐也是依旧清高,清高着她的淡泊。

记不清"文革"是怎么开始的，突然一天院子里挤满了人，出出进进把我家的东西往外搬，那是妈单位上的"造反派"来抄家了。我在对面北屋李姨家门槛上坐着，看着全过程。只注意数着记着都搬走了什么，没记得当时心里有多少害怕和悲伤，只是一心想着千万别让人认出我是这家的孩子。

我姐承担着所有的沉重，一直守在家门口，直到东西搬空了，"造反派"通知我姐，我妈是"历史反革命兼现行反革命"，已被革命群众隔离审查，不准回家。我追到大门口，看着装满我家家具的卡车绝尘而去。回到家里，屋子空了，一下大了好多，二姐一把搂着我接着哭，说"别担心，有我呢"。我心里堵了好多东西，又很空荡荡的，又想哭又想笑，说不上来是怎么个劲儿——到现在我也不明白怎么会在那个时候想笑！

几乎是同时，我爸也被街道革命群众管制起来了，是我一个表哥趁着一个月黑风高夜偷偷跑来送的信儿。表哥像地下工作者似的，轻轻敲门，闪进来压低声音传达消息，再把门开一条小缝，见院里无人机警地闪身出门，一点声儿都没出。这个情景真正让我感到了处境的危险，心里慌张起来，没有爸妈在只有往我二姐身上靠，二姐比我高一个头，倚靠上去能给我安全感，其实她只大我四岁，连大孩子都算不上呢。下学回来我坐在门口等她，不敢一个人进屋，她回来就再不离开她一步，去厕所也得跟着（公共厕所在胡同口，来回要好几分钟，那几分钟的孤独和恐怖是我一个人无法承受的煎熬）。

家里只剩下我和二姐。我爸根本没工资，幸亏承恩胡同五号同院住着自家兄弟，爸不至于没饭吃。自我妈被看管起来，她单位每月发给我和我二姐十块钱生活费，两个小孩儿相依为命过起穷日子来，一过就是两年！

二姐承担起管家管账的责任，兼做我的家长。管十块钱的家比管几十亿元的家难多了！就那么一笔小账活活难死聪明的姐儿俩：房租水电三块多，剩下不到七块钱，买五十斤玉米面加几斤糙米，又去掉六块多，半斤油几毛钱，剩下一块来钱是我俩全月的菜钱——平均一天两三分钱。最怕天冷，没钱买煤。

我家的房子是教育部宿舍，是四合院里的南房，老式房子特别高，夏天凉快冬天很冷。屋子差不多六米乘七米方方正正的，从四分之三处横打一道隔断,里屋是七八平方米一个长条,外屋还很大有二十几平方米。抄家以后我和二姐就退守到里屋,外屋太空了,住着害怕。为省电只开里屋的灯,还换了最低瓦数的灯泡。天冷了就早睡觉,几床被全搭在一起,两个人挤一个被窝。实在挨不过去了必须生火买煤了,我们俩一起去煤厂买,买的煤不多,为的是能顺手牵羊多撮点煤面儿回来打煤茧(煤茧:煤面加水和成泥状,趁湿摊平,划成方格,待干后敲开,即成大小均匀的方形煤块,供煤炉使用,以取暖)。炉子当然只能生在里屋,二姐为了省煤学会了"焖炉法",老是封着火,不死不活阴阴地烧着,没多少热乎气儿。外屋是真正的冰窖,水缸里总有一层冰,要乒乒乓乓砸一阵才能舀着水。烟筒破了凑合使着,那两个冬天我们俩没煤气中毒真是不可思议。

正在发育的孩子本来就能吃,没腥没油没菜,更饿了。我饿,饿得厉害!在学校整天就盼着晚上"炉边烧烤"的幸福时光。

我们每天只晚上做一次饭,做晚饭时,二姐终于把焖着的炉子打开,架上饼铛(读"撑",平底铁锅,北方烙饼的炊具),压抑了一天的火苗在铛底下跳舞,给屋子添了暖意和活气。铛烧得很热时,滴上几滴菜籽油,热油滋滋啦啦发出香味,赶紧摊上和好的湿玉米面,盖上锅盖静等十几分钟,就可以吃上金黄滚烫、外焦里嫩、香甜无比的贴饼子了!我的世界白天是一片饥饿的空虚,只有此刻无比充实和幸福!在我的央求之下曾被允许"司油",只一次就被二姐永远剥夺了权利——她嫌我多倒了几滴,油是我们的奢侈品,二姐用油时总是像做化学实验般严谨,她的态度让我深感菜籽油的神圣(我们不买花生油专买菜籽油,为的是菜籽油色重味重,是更高层次的享受)。吃贴饼子时要做三铛,第一锅我全吃了,第二锅再跟着二姐蹭一点,第三锅是我们俩第二天的早、午饭。我吃完第一锅从没觉得饱过,老是觉得二姐的那锅更脆更香。好多年后一次偶然谈起往事,二姐淡淡一笑说:"那当然了,我的那锅饼更薄,才会更脆。"她的饼本来就薄还要再让给我吃,她得比我多挨多少饿呢。

我虽不完全了解局势严重的程度,却已经很懂事,能忍住不说饿。还会想法子帮忙了。深秋时节是北京人买冬储大白菜的季节,满街都是白菜垛,我们没钱买。我密谋了很久，开始行动了。深秋天黑得很早，我背着书包装作下学回家的学生，本来是学生，因为要做"坏事"心里虚，老怕人家看出书包是空的，故意松开鞋带，走过白菜垛时蹲下去系鞋带，看左右无人赶快从地上抓一把白菜帮塞到书包里（打死也不敢拿整棵的），一路上系几次鞋带书包就装满了。我的心狂跳生怕被人当贼拿住。到了家献宝似的献给二姐，二姐又高兴又心疼，说："回头我去捡吧。"我说："我比你会捡！"轻描淡写像个老练的"贼"。有了菜我们做了一大锅白面片，放好多水，两个人不用谦让都能喝得很饱，非常奢侈满足。后来还试图捡白薯，终于没敢，只捡了两三回白菜帮季节就过了，从此"金盆洗手"，幸好没养成做贼的习惯。

好多年以后我才知道家里好多次险些断顿，为实在没钱了二姐偷偷哭过多少次，去央求街坊大妈阿姨借几毛一块的才能接济上下顿。后来，二姐永远不愿跟任何人借钱，不愿欠别人钱，也不愿别人欠她的。她的"钱"哲学正好跟我和我爸的反着，是"能挣多少，就花多少"。我们俩是同胞亲姐妹，从小性格有很大的反差，我是热烈，亲近人群，浪漫仗义，不管不顾；她是淡泊，清高，安贫乐富，责任感很强。从小在家里总是她干活多，我只管任性地撒娇玩耍，闯了祸爸妈总要先拿二姐是问，待发现祸首是我，就轻描淡写轻责几句带过，非常明显的偏心。小时我养了只猫，特别聪明，起个名字叫"猫妖"，我爱得不得了，就是老忘了它要吃饭的事。猫妖饿了就找二姐，玩儿总是找我，气得二姐骂猫妖没良心，可还是负责"没良心的"的饮食。长大后我们各走各的路，有一段甚至很疏远了。爸妈老了以后都是我俩负主要责任，这才又走得近了。在我心里，二姐是我永远的、最亲的姐姐，我们曾相依为命，我欠她好多的玉米面贴饼子和比血还浓的亲情。

饿，不是最难忍的。身份的变化让我再也不敢做出风头的事了，我学会低眉顺眼，沉默是金——千万别引人注意！从那时起，我的性格巨变，不爱和人讲话，讲话时也再不抬头不抬眼。要等到二十几年后 IBM 才训练成我"目光接触"的能力，找回来我风风火火的本来性情。

爸妈都被"群众专政"了，我们自然是黑的，不可能沾"红"的边，二姐不是红卫兵,我不是红小兵,当时学校和社会上是红的海洋,没有红箍走在街上特别扎眼。我找了一块红布放在兜里,放学回家趁人不注意套在袖子上,不是我向往参加红什么兵,有块红色走在街上心里觉得安全一点,这是我唯一的大胆妄为,目的也是"千万别引人注意"。我和二姐除了上学下学,再不出门。

妈被关押的时间很长,每到发薪日,二姐带我去领生活费,盼着万一能看见我妈呢?借了一辆破旧的自行车,二姐骑车带着我,二八男车她蹬起来很困难,腿不够长只能扭来扭去的;没有后支架,我直接坐在后轮子的铁皮上,没走多远就硌得生疼,后来绑了个小枕头,改良以后可以勉强忍受。从和平门到大北窑骑车要一个多小时,去时还好,因为抱着希望,回来时兜里有了十块钱,两个人反而要一道哭着回来,多半是因为没看到妈,偶尔见着一两次更难过。二姐到现在都能历历数出各次见到我妈的情景,我只记得清楚一次。

领了钱磨蹭一会儿,眼看见妈又没希望了,我们俩垂头丧气打算往回走,二姐骑上车突然说咱们绕着围墙转一圈再走,围墙挺高的,只有一小段是栅栏,可以望进去,真看见了我妈!她和一群人蹲在地上拔草,我们不敢喊,眼巴巴地看着,希望她能抬头看见我们。她拔得很认真,远远地蹲在那儿人显得很小。我们也不知站了多久,没引起我妈的注意,引起了戴红袖章看管人的注意,开始向我们这边走。二姐拉着我飞身上车赶快跑。那一次的伤心非同小可,哭得天昏地暗,居然忘了饿,连晚饭都没吃,直哭得睡过去了。后来我们每次都绕墙一周,在栅栏附近流连一阵,再没见着我妈,她到别处拔草去了。我妈的右手感染化脓,到现在食指第一节明显缺一块。右手写不了字也不能耽误写反省材料,我妈用左手写,后来左手练出来一笔好字。

我还记得我俩唯一一次的真正奢侈,那是中秋节。二姐兴冲冲地回来,让我猜书包里是什么,我哪儿等得及猜啊,扑过去一看:香蕉!二姐花两毛钱包圆了一大堆烂香蕉,虽说烂了点儿,可毕竟是香蕉!我们晚饭就吃香蕉了,烂的地方只要是甜的,都吃了。吃完,二姐叫我一起赏月,我家里屋只有一个一尺见方的小窗子,高高的,还有几根铁杆,看不见中秋月,只有清冷的月光。赏着赏着就又哭起来,哭着还对诗——

二姐：床前明月光。

我：疑是地上霜。

二姐：举头望明月。

我：低头思爹娘。

我们相依为命地活着，只是活着，没有了骄傲，也不再做梦。

过了两年，妈终于回家了，她的正式工作仍然是写交代材料。我们俩瘦骨伶仃长高了许多，更显得妈黑瘦矮小。爸的处境好一点，他及时辞工回街道证明是绝对英明之举。那一段时间家里很安静，爸和妈也不大吵了，说话都压低着声音。妈的工资仍被扣发一大半，但是比十块钱多。这时我爸也能经常挣些临时工钱，多少要看活儿累的程度，一天八毛到一块二，我爸现在知道珍惜钱了，花钱很省，还主动交给我妈一些。爸一直保持乐天，会绷起胳膊显示干活练出来的肌肉，得意地跟我们自夸自封是几级瓦工……爸仍回承恩寺住，但差不多天天来，家倒是更像家了。有了爸妈的生活好多了！我们不用再挨饿。

我毕竟才十来岁，偶尔忍不住淘一回气，都是偷偷的。只有一回闹大了——

我们家院子住的知识分子比较多，红五类少，家长都嘱咐孩子不许去胡同里玩，怕惹祸招事。院子里孩子不多，同年龄的只有我一个女孩儿，我自然就随着男孩儿的游戏习惯，比如弹球、拍三角。"三角"是用烟盒叠成的，放在地上，拼命地在旁边拍，看谁能把三角拍得翻过来。还有一项是我们最喜欢的——上房。只是风险比较大，谁家的大人都不允许，玩的机会比较少。一天下午，各家大人都不在，我和三个男孩儿就上了房。四个孩子差不了一两岁，只有一个比我小。在房上坐了一会儿，大家都觉得没劲，我动议冒险远征，大家都跃跃欲试但都有点怕，我说我带路，随便挥手一指，就带领队伍向着那个方向出发了。

我俨然是领袖，前头领路还要照顾着全体不要落伍。北京的老房子都是人字形的屋脊，两面坡度很大，爬着不容易走着更难。我嫌匍匐前进太慢，决定直立行走，跨着屋脊，两脚摆成"八"字就着斜坡，两臂张开保持平衡，很像走钢丝的姿势，悬得很，但是一溜烟就过了一座房，比爬快得多。说不怕是假的，但是非常刺激好玩儿！我的部队没人敢照我的样子，但是我示范的高难度动作，起了大大鼓舞士气的作用。就这样，我走着，他们爬着，经过了许多房子和院子，来到一处，听到下面热闹喧哗，我们都趴下来往下看，看起来是个大操场，有好多学生。蕴生（我们中间最大的）嘀咕："这地方怎么眼熟？"正在这时被下面人发现，一声喊，大家都抬头往上看，我低喊一声："不好，撤！"——我看见了蕴生的妈！原来我们跑到师大一附中房上了，蕴生妈是这儿的老师。从家到附中走平路要十五分钟左右，我们真算得上是远征了。

我们撤到一处背静的房上，蕴生很沮丧，我鼓励他说没准你妈没看清楚，先不必发愁。我们按原路撤回，路上经过一个空院子，我下到院子里，他们在房上接应，搬上来两个腌菜坛子，我执意要把坛子运回家，为纪念我们的远征。下去容易上来难，我险些被困在空院子里。

泥猴儿似的到了家，天都快黑了，在家等着我们的不只是蕴生的妈，还有我妈和街道革委会委员大妈，没等逼供，我先招了："我出的主意，我是头儿。"蕴生他们罪过轻了点，都跑我这儿来了。委员大妈把坛子没收了，严厉教训我妈不许乱说乱动，也得管住孩子不要乱说乱动！我被妈罚站，只能在屋子外闻着各家晚饭的香味儿。情节太严重，连二姐也不敢徇情枉法给我送点吃的。觉着站了一辈子了，才被允许进屋，我妈没再说我，她在哭，我一下也哭了，说再也不敢了，我不敢再惹祸了。

从此，我再也不淘气了，开始"吃书"。能摸得到的书我都看，看得飞快。我从小就爱看书，只有看书时能安静下来。饥寒交迫的两年没顾上看书，也没书看，后来又抄了一次家，书连同别的都被抄空了。这时二姐和她的同学不知怎么找的秘密通道，去师大图书馆"借"书。图书馆前门有大封条封着，拦不住几只小书耗子来回搬运了好多禁书，是真的借，偷运出来，还要自觉偷运还回去的，一来一回增加了一倍的风险。秘密被我发现，我死缠烂打，苦苦哀求，还以告密和绝食相威胁，终于被允许加入秘密读书小组。

中学生们当然优先，我只能排在最末，在几个人中间蹿来蹿去，看谁一放下书赶快捡起来看一会儿，正主儿一伸手，乖乖地交出来，又像小狗找骨头似的寻找下一个机会，经常是几本书跳着看，速度是最重要的，遇见生字就猜过去，不查字典怕耽误工夫。我突然又有了书看，一下进入痴狂的"吃书"境界，根本不管消化不消化，一本接一本地吃，《红楼梦》《俊友》《三国演义》《十万个为什么》《羊脂球》《镜花缘》《福尔摩斯》《小五义》《圆桌骑士》《封神榜》《一千零一夜》《西厢记》《西游记》《红旗谱》《水浒》《红与黑》《青春之歌》《尼摩船长和他的儿女》《离婚》《简·爱》《骆驼祥子》《交际花》《高老头》……甭管是什么，通吃！有的书是绝对封锁不准我碰的，那就要靠机智和胆量了，连《金瓶梅》都偷着囫囵吞了半本，净顾着别被抓到了，食而不知其味。当时最爱的是《红楼梦》和老舍的书，翻来覆去看过很多遍，到现在还爱。别的都没太消化，后来很多书都重读过了，读书的习惯从此根深蒂固，吃书猜字的毛病也很难改了。

十四岁时我自认为已经博览了群书，决定要开始写自传体长诗，写的都是风花雪月，是现实社会灭绝了的东西，直写完两本日记本，本子是缎面的，可高级的那种。写长诗我有意境——我正在尝试我的初恋，对象是男篮队长，当时我是师大一附中的女篮主力，因凶狠狡黠而得外号"猫"。少女队友们都认为男篮队长很帅，简直"帅呆了"。没想到我们俩真好起来了——我是女篮队员里最丑的一个。长诗的创作被粗暴地中断——被我妈发现了，严厉批评我思想不健康。我悲愤交加，学着黛玉的样儿焚稿葬灰，从此不读诗，不写诗。

秘密地看禁书，秘密地谈恋爱，神魂颠倒，一点没耽误了学习。这时我已经初中三年级了，学校又恢复了上课和考试，考试我还是一定争第一名争第一个交卷。打篮球，学习好，自信心稍稍开始恢复……当头又是一棒，险些置我于死地。

我初中毕业时，学校已经恢复高中了，但是要"择优录取"，择不上的就要插队或待业。老师同学家人街坊，所有人都对我抱有绝对的信心。考试我拿手,还是"飘飘地"每科第一个交卷。成绩公布之日,师大一附中校门口布告栏上贴了两大张红纸,我不慌不忙先看成绩单,我不在第一行,是全年级第二名,因为"政治"是答卷加评语,评语综合个人表现和家庭背景,我答卷满分,加上评语以后政治成绩被综合成"良" = 80 分,总分也就被综合成第二名,这是我估计到的,已经挺满意。再看"择优升学"名单,直看到人都散尽,站得脚都麻了,也没找到我的名字——我失学了!

从小听的都是"唯有读书高",我读书比同学都高,可是不让我上学了,我还有什么前途?还能干什么?我爸妈是黑的,我也永远是黑的,是人都比我强……我陷于迷乱,我想死。我天天去中山公园看着河发呆,我不会游泳,跳下去准能淹死一了百了。我没机会跳,我妈和老师天天盯我的梢。过了最亢奋的危险期,我进入木讷状态,什么都无所谓,什么都不想了,叫吃饭就吃饭,没人理就呆坐着,当时离精神分裂也就半步之遥吧。

待业了半年才渐渐恢复一点,彻底埋葬了读书的梦。我想要自食其力,先跟西屋阿姨学画彩蛋,一个月就画得有模有样的,阿姨拿了一个我画的仕女混在她的作品里去交活儿,人家没看出来都收下了,西屋阿姨给我拿回来五毛钱,这是我挣的第一笔钱。有了基本的"谋生"手艺,我没忙着挣钱,四处乱撞想找一份"更好"的工作,先拜了个河南师傅练武术,下腰摔叉练得很苦,终未考上体育学院;又拜了个师傅天天去公园喊嗓子,想考文工团,海政空政我都去过,人家先问家庭出身,绝了参军的念想;最后一次考的煤矿文工团,老师很和气,还弹钢琴伴奏,我唱了《打起手鼓唱起歌》,老师说这孩子可以照着女中音培养,希望的火苗腾地蹿起来,很快又到了"填表"一关,我死盯着"家庭出身""父母政治状况"两栏,认清了我的命运,我是真的没希望了!

老师心疼我是好学生,无力让我升学,但给我办了"因病留城"("择优"要听军宣队的),老师是怕我去插队"把好孩子毁了"。人人认识我是篮球队员,要"因病留城",只能找了个荒谬的病因:高度近视。为此老师还被军宣队叫去质询:"难道近视到连农活儿都不能干吗?"不知老师是如何应对的,反正我留下来了。待业一年多,分配到街道医院当护士,其他待业同学都分配到副食店、黑白铁修理铺去了。老师为我费了多少苦心，担了多少风险，才为我争取到这份在当时最好的工作。

我感谢老师，感谢这份好工作，我第一次领学徒工工资是二十三元，心里竟然很欢喜，那时我差两个月才十六岁，老成得没人能看出是童工。刷针管、刷厕所、搞卫生、学打针、放射科、病房……安安静静勤勤恳恳做我的工作。其间，初恋结束，开始另一段孽缘，恢复高考时，已把升学看得比"情"轻得多了，自愿为情放弃高考。后来生病，一病四年，躺在病床上是专家、医生、实习生的活标本，报了三次病危，没死又活过来了。我的野性全收了，梦没有了。除了自卑地活着，我一无所有。

为业更要为人

女人，职业人
选择飞飏的天空

女人，职业人

> 我自己倒没有太多的困惑，专心地做好经理，和男人们一样斗智斗勇，并没妨碍自然保持了女人味——那是做女人独有的骄傲。

平平常常从女孩儿到女人过了三十年，渐渐开始有人叫我"女强人"，后来简直成了我的外号。对这个外号我有三段论的反应，反映着我的心路历程。

第一次听见时吓了一跳，原来自己在别人眼里是"强"的。其实那时并没有做出什么，只是在外企做了几年，本地人又是女人的销售更少见。人家说"女强人"时都有个注脚："能在外国公司干好几年了，还是IBM，大公司，可是不简单！"那时，外企有点神秘，国人对外国公司的看法，通常是"内部竞争激烈、规矩严，老板无情，动辄会开除人，本地人能混下去不容易……"。单凭我能在IBM一"混"几年，已经"可是不简单"。我嘴上谦虚，心里还是很高兴，尽管很清楚有那些类比条件，"强"的内涵非常有限，但毕竟是社会对我存在的承认啊。

后来做了经理，参照周围优秀的人群走前了半步，自己也认为自己强了。这时别人再叫我女强人，我开始有逆反心理，经常会严肃地说："请不要这样称呼我！"有时甚至掩不住急赤白脸。强就强呗，干吗非加上个"女"字？男人强怎么不叫"男强人"，明摆着是不平等，好像男人强是应该的，女人本该弱的，偶尔有一个半个强的一定得注明性别。我喜欢"强"，但只愿意被承认是真正的强，不是因为性别"让分"！我不喜欢"女强人"，还因为这个词的大众心理形象不好，人们一提女强人，"经常联想到强悍跋扈，说话尖刻走路带风，蹭着衣角都会伤人，一点没女人味儿"，就是上个月一个朋友还这么对我说来着，这些是他的原话。我希望我的能力得到承认，但不愿意我的女人魅力被忽视。

分析这段心理，说到底还是不够自信，太在乎别人怎么看我，只有借别人的评论用别人的眼睛来反射出自己的形象，无论做女人还是做职业人，自己都还没有自信的定力。做女人的失败让我不平衡，我惯性地疯狂投入工作，想借强势的张力充填心里空虚的位置，很长时间找不到平衡，险些连职业的追求目标也迷失了。

离开广州之前的冥想思考，我想通了很多事。其中最重要的，是第一次完成了对自己的剖析，我问自己生命的意义，我选择了生命的意义——追求精彩的成功，在追求事业理想的过程中去实现精彩。这注定了追求的艰难，既然自己选择要追求，就要准备付出，不能期望从生活里得到每一样想要的东西。我已经有事业的成功，这赋予我特有的综合魅力，得到了大多数男人和女人的欣赏，我也应该懂得欣赏自己创造的魅力。女人的成败不是只有婚姻家庭一个标准，我选择做社会人、职业人，就应公平地用综合标准衡量自己，我不是失败的女人。

我对"女强人"的称号从此坦然，虽然还是更喜欢自己的本名——吴士宏，很男性化的名字，以前常有人误以为是先生；Juliet，无可混淆的女性名字，她的美丽在全世界流传。两个加起来，很好地代表了我：女人+职业人。

我特别喜欢"职业经理人"这个职业定位，它明白地宣示人群和实践的内涵，这正是我的选择。精彩只有在人群中才能被欣赏；经理人注定要与人群为伍，与人群共同实践创造精彩使我的生命得到扩张。我从1993年年初当上经理，到现在1999年，不到七年，从方式方法到认识有了好几个阶段的变化。

刚开始做经理时，我只会身体力行地示范，觉得谁做都不如自己放心，我的行为自然使手下人形成事必请示的习惯，我心里又怨这些人怎么学得这么慢事事都得示范。我当时只管四个人，已经疲于奔命累得不行。师傅式也有好处，小团队能兄弟似的紧密，比较好地贯彻经理的风格。但是师傅只能教会一两个手艺，示范教出来的徒弟很难超过师傅。一个人又能给多少人示范呢？

我到广州以后，管理人群的量级变了，从四十多人发展到二百四十多人；要经理全面业务，远远超过自己熟知的销售，单靠示范是不可能了。我必须学会听别人讲，学会问有意义的问题，学会系统地、抽象地分析和判断，学会信任人，并且学会给团队鼓励和信心，帮助他们思考问题，这需要从一个战士、一个超级销售人员的身份，转变为团队的组织者、协调人；参与市场竞争也转变为指挥官的角色，从接受单纯的销售指标到全盘市场规划，这个转变很难，但我适时地完成了这个关键的转变，跨过了从经理到职业经理人的分水岭。在我看来：经理是具体管过程（processes）、管人的；职业经理人是管+理，管理公司运营、带领团队，还要经营市场，必须从执行规矩的行动上升到主动的思想和理论。职业经理人的示范作用仍然不可忽视，但示范应是在更高的层次，包括身体力行示范做人的原则。

经理人应当有鲜明的风格，应该能够积极地、坚定有效地感染、影响团队。如果模棱两可你好我好大家都好，会使团队变得无所适从、无所谓，也可能使纪律失去应有的威慑。我初入微软时就曾有意柔顺模糊我本鲜明的风格，结果延误了掌握全局防患于未然的宝贵时机，还是雷厉风行做回我自己，才能反败为胜，也才能真正赢得团队。我特别同意杰克·韦尔奇说的："……好的领导者不但精力充沛，还能激励他们所领导的人……最重要的、好的领导者要能非常放得开。他们必须保持上下沟通去与人接触；他们不会拘泥礼仪，他们会与人们直率来往，让人感觉容易亲近。""身为一个领导者，你不能成为一个中庸的、保守的、思虑周密的政策发音器，你必须具有些许的狂人形象。"这个世界将属于那些热情而有魄力的领导者，而非只会循规守矩、亦步亦趋的经理，好的职业经理人，必须是好的领导者。

做到高层后，直接面对经理，将将大不同于将兵，要更着力于"理"（"理解"的"理"），"管""带"则应流于自然无形。要让精英将领充分感到信任，感到真正被托以重任，才会激发出责任感（如是女老板的托付，甚至可能激起英雄式的使命感和仗义），高层经理的职能必须转变到团队的支持者，同时必须是鞭策者。要敢于放权，我本是实践型的人，说到容易做到难，我终于学会了"放权"之后，才发现其乐无穷，由一个精英团队手里掌握不同权力而能和谐配合，能做出许多超乎我意料的精彩结果。但是，只有真正了解和驾驭全局的经理才有资格"放权"，不然就是玩忽职守甚至"自杀"，我会牢记"血"的教训。

我在微软最后几个月里，高密度地综合实践了职业经理人的几重角色：战地指挥官、团队领袖、协调、激励、鞭策、放权，还有——激发并综合团队的智慧。这最后一点，是我做经理人以来最得意的成功经验之一。也是在微软，我学到了"狠"，我不喜欢"狠"，这违背我的天性。但是我知道了，职业经理必须有当断则断的狠辣，不然，断臂疗毒的壮烈也可能医不好入髓的沉疴，自己"死"了不要紧，辜负了经理人的基本职业要求。职业的"狠"，不妨碍做好人的原则。我坚信好的职业经理人必须是好人，不是好人也可以有能力有魄力，甚至有时会技高一筹——因为没有顾忌可以不择手段，但只有好人才会有人格魅力，"真正卓越的人生，少不了正直的生活"。

我经常被问道：一个女人做经理有何特别感想？这与"女强人"之说出于同辙的中国文化根源——经理是男人的天经地义。其实，"经理"和"女人"一点不矛盾，能做经理不是因为是女人，是因为本事（大多数女经理一定同意）。多数做了经理的女人会更敬业，卢森堡说过，"当大街上只剩下最后一个革命者，这个革命者必定是女性"，活画出女人的虔信甚至偏执。有的女经理、女企业家会矫枉过正把自己做成"标准女强人"形象，不惜抹杀女人的天然魅力，只为证实女人可以全面地像男人。

我自己倒没有太多的困惑，专心地做好经理，和男人们一样斗智斗勇，并没妨碍自然保持了女人味——那是做女人独有的骄傲。

在南方时，我率一班人马筹建 IBM 深圳分公司，有细心的记者问："吴总经理为何带的竟全是女将？"在微软，又有记者问过："吴总经理只用男下属，纯属偶合吗？"只因为"吴总经理"是女的才会有如此妙问，被问之下，我才注意到团队的性别问题，答案是"因才施用，性别纯属偶然"。经理人就应该是"中性的"（别误会，不是说经理都得做手术），不管男女，做了经理人，都要遵守同一套职业准则。

经理人做到一碗水端平的公正非常重要，男经理要是没端平，可能是可以原谅的粗心；女经理要是把水洒出来，却可能演绎出很多故事。女人天生感情细腻敏感，比男人更容易爱也更容易恨，如果选择了做经理，就要像男人似的"糙"起来点儿，大度起来，最忌心胸狭隘感情偏颇（与"女人天性细腻"的美德是两回事）。我自认为在这方面做得不错，不信去问我以前的下属，他们的看法会比"现在时""将来时"的下属更真实可信。

经理人最忌偏听偏信、有疏有亲，耳根一软，立即就会蔓延打小报告的流感。我接手IBM中国渠道总经理时，是一个混合部队，在IBM内部声誉很低，听了两个星期都是互相埋怨。我于是对每个人分别说："何不把埋怨的话对你的队友直接说？或是去帮他/她干活？"又在大会上对全体说，"我听到个别人总是在抱怨别人，使我不由得疑惑为什么只有他/她抱怨？"从此基本断了这个风气，大家把劲儿用到干活上去了，七个月做到了全年的指标，赢得了亚太区最佳集体的荣誉。

培养人，修炼精英团队，是经理人独到的幸福。但经理人要先克服自己才能体味到这种幸福，不管自己有多强，都要甘心让别人做英雄，要能摆脱自我陶醉，而陶醉于集体的成功。这一关我很艰难地过了两年，先要努力做到不以他人之得视为自己之失，然后是能将他人之得视为自己之得。我以我曾拥有的微软精英团队无比骄傲，除了共同做出的优秀业绩，更因为集体的友爱和坦诚！我离不开人群，友谊友爱于我是生命的需要，维系人与人之间的情谊，不重在技巧，重在诚信。

女经理终究是女人，不管怎样刻意"中性"，很难彻底改了婆婆妈妈牵肠挂肚的天性，只要不误大事，倒也是一种美，会给集体增加一点家庭式的温暖。只是女人们自己太累了点。我自己有好多这样的经验。在广州时有一次，执行公司规定不得不解聘一个员工，过后我几宿睡不着觉，到底要帮人家另外介绍了工作才放心；离开广州时我放心不下全体，怕二百多个"孩子"交给了后娘活不好，哭得泪人儿似的生离死别，到现在还经常半夜接电话做"孩子们"的知心姐姐；离开微软时，我对我的精英将领们讲那个古老的"一根筷子和一把筷子的故事"，像那个临去世的老人一样，最担心的是我走后兄弟阋墙；离开了微软，还是经常给旧部支着，不是为微软（微软也不在乎），是想帮兄弟姐妹们成功。女人的细心会让我注意司机警卫的寒暖饥渴，注意哪个员工添丁谁家家长患病，给员工夫妻劝架……添了很多操心，女人天性使然，乐此不疲。

当女老板也有些"特权"，经常能得到大男人们的体贴照顾。在微软，我的团队甚至要"管"我的穿戴，新年晚会我本想穿晚礼服，硬是被一致投票否决，只好改穿了旗袍，他们理直气壮，"头儿"是属于团队的，头儿的形象当然要对团队负责。他们还私下里传看一篇名为"与女老板过招"的文章，再当着我的面调侃心得。对如此种种"放肆"我放任不管，自得其乐地体会那无间的友谊和对女人的关照。我的团队也会原谅我偶尔发作的"小"脾气，不过，我可是不吝道歉的。

小时候我不愿做女孩儿，经常对爸妈抱怨为什么不把我生成男的，原因是淘气时总要听指责："一个女孩子家家的，不可以……"还有个秘密原因，我坚信自己长得不好看，这对女孩儿很重要，对男孩儿就无所谓。只有我妈夸我好看，但谁家的妈会觉得自己孩子丑？小时候一定要充分地显摆聪明，也是要弥补自己"相貌的缺陷"。长大以后我一直自惭形秽没有女人的美丽，生病以后的形象更是无可置疑的丑陋，对居然能有人爱我心存感激。是女人没有不爱美的，自觉不美是我很沉重的自卑。

长大后第一次有人说我"好看"是在1986年，是一个美国女人，也是我在IBM的"老板"之一，她统管搬家工程，调遣搬家公司和我。人挺凶的，熟悉以后知道她心眼不坏，相处得很随和。有一次正说着话，她突然停下来，看了我一会儿说："Juliet, you're very pretty（你很好看）。"我愣住了，心想这人怎么这样残酷，哪壶不开提哪壶！我很不高兴，还是好好干活，躲着再不和她说多余的话。美国女人直性子，心里纳闷儿直接来问怎么得罪我了。追问之下，我终于红头涨脸告诉她原因，请她尊重我不要再无聊地说我"好看"。这回轮到她愣住了，简直闹不懂中国女人！她坚持要跟我好好谈谈，告诉我女人都是美丽的，女人有权利为自己的美丽自信、骄傲。她自说自话做我的美育教练，不由分说教我化妆，带我去秀水街选适合我的衣服。我开始接受自己，不再拿电影海报当镜子，渐渐地能欣赏自己了。我喜欢漂亮衣服，喜欢打扮自己，不管到什么年龄，我都会努力做个美丽的女人。女人不是生成的，而是造就的。

很多年来，我对生活有怨，怨得不到美满的爱情。我有过几段感情经历，都是轰轰烈烈，死去活来，无一善终。付出的是全部，总想得到全部，得不到时受伤害惨重，怨天尤人。这几年对感情之事也有些彻悟，爱情是需要理解和空间的，太热烈太包办的拥有会窒息爱情。男人女人本来不是一种动物，求全理解是不可能的。有一次我看电影《乱世佳人》，感动得哭了半天，和男朋友谈起竟被嗤之以鼻，说："真不懂你们女人为什么都会痴迷那个流氓白瑞德。"我说："你才不懂！谁为白瑞德哭啊，人家哭的是郝斯嘉，为了爱那么个不值得的男人，竟肯去伺候他老婆生孩子，受了多大的委屈！"我悟出一个道理：不要想改变别人，只能改变自己。别人如果有改变一定是出于自己的决定。做人，做经理人，都要尊重别人，尊重差异。

大多数男人本是野生动物，渴望在社会上厮杀竞争，得到胜利，需要比家庭更大的空间。大多数女人本质是家生动物，自然更多选择了经营家庭的事业，想把男人拴在家里也当成属于自己的事业来经营，结果经常是家庭悲剧。女人们，不要妄想改变男人的野性，万一家养成功，失去野性的男人也会失去很多原始的魅力。我呢，我选择做职业人，选择男人们的社会原野驰骋。我相信自有属于我的那片缘分的天空，当拥有我的家时，我会用生命去经营，不设藩篱，要一片美丽的绿茵。

我对人的看法也有了扩展，以前只有黑白两色：好人、坏人。按照我的"判决"决定对人的态度，表现毫无顾忌，根本不和"坏人"讲话。现在扩展到四类：好人，不是坏人，不是好人，坏人。至今我的"另册"（后两类）里只有稀少的名字，可以忽略不计，无碍我坚信人性本善的乐观大局。物竞天择的自然法则注定了人类社会的残酷性，幸有人性的真善美使人类社会保持美好的平衡。

以前，我内心很脆弱，常常问自己："凭什么只有我这么苦？我到底是为了什么？"每次自问都是因为受了委屈的刺激，就更是自怜自艾加上愤怒，直到无以复加。我觉得命运对我最不公平，总是要我搏上性命，比别人多付出许多才能得到些许，最想要的那些甚至连付出性命都得不到。内心的委屈伤害着自己，使我经常暴躁，好多次无端地尖刻伤害别人，伤害的总是我最亲近的朋友。

今天我已经有了生命的平衡力，它来自把握生命意义、自己选择追求，来自掌握命运的自由。平衡力给我大度与平和，使我变得更可爱，变成更好的人。我还会成长，还会发现很多的"昨是而今非"，但我再不会失去生命的平衡。

再回视过去，发现我已得到的太多：父母给我生命，养我爱我；死过几次又得再生，我比别人都多了几条命；朋友给我无私的友情，不论荣辱兴衰都会关怀我、支持我；爱人给过我爱情，死去活来伤痛过去，留下无尽美好，让我体会女人生命的丰满意义；我碰到过那么多好人，在我最需要的时候帮我、扶我，给我机会，他们是我生命中的"贵人"；还有那么多我永不会谋面的贵人，用他们的书或是被写在书里，教我思考，训练我的情商，为我指点迷津，树立榜样……我走过自卑、自尊、自信、自我实现，直到能有了理想的追求，直到能认识生命的意义，我不断自警知识的匮乏，幸而有些天赋，我会用后天训练的自虐式的自律学习把天赋和生命发挥到极致。

美国人的文化和哲学都很简单，我喜欢其中简单的几条：

——快乐是自己的决定，快乐是自己每一天的决定。

——Love like never been hurt , dance like nobody's watching.（忘掉伤害尽情热爱，旁若无人劲舞人生。）

我选择快乐、洒脱、丰满的成功人生。

我爱自己，爱人们。我再没什么抱怨，做女人，兼做职业人，感觉很好！我怎么能不感谢生命？由不得更想要激情生活！

选择飞飚的天空

我不想从个体经营小买卖做起,从零开始,我嫌飞不了太高。
我渴望有一个大的舞台,给我去实践真正的"企业家精神"。

做了十几年从晨做到夜的苦工,辞职微软后突然有了自由,我像乍富暴发,有一千个计划想如何挥霍时间的财富,首先要玩够逛够,把失去的享受都补回来!不幸被卢梭言中:"人生而自由,却无往不在枷锁之中。"看了几十部影碟,逛了几回商场,没过几天又想找"更有意义的"享受,给自己上了套:要写书!没料到,玩儿票的作者比做专业总经理要难得多!本来打算休息为主,写字为辅,特地找了有阳光、海水、沙滩的好地方,结果天性使然,一上手就赶着自己像赶着奴隶,一天写十七八个小时,守着南澳的私家海滩一个月,愣没敢沾海水,怕一发不可收拾懈怠了自己。又跟自己较上劲,认真想要写完这本书,还想写成一本能留下来点正经东西的书。打算着写完书再整理、思考下一步的生活和事业。

辞职时每个人都问我打算去哪里,我说还根本没想,我是为了离开微软而辞职,不是为了去别的地方而离开(1996年年底我请辞IBM华南总经理时老板问我为什么,我说决定要去上学,再问去哪里上学,我说辞职后再去申请。定了大方向就起跳,跳起来再去寻目标,这好像是我的习性)。至于能不能再找到合适的"好"工作,一点不知道愁!再说,也用不着急着为谋生工作,我是个很实际的理想主义者,没有生计之忧才敢"玩儿飘",尽可以自由地飘着,直到认准值得为理想而降落的舞台。

自从我辞职微软的消息传出，四星期内我收到十九个邀请，后来陆续又有七八个，都是委以担纲统帅的重任，精彩纷呈！其中起码九个让我心动，三个很动心。面对丰厚的选择，我陷入兴奋的迷惘，老子所谓"少则得，多则惑"实在有理。十几年来我一条路走到黑，难得有"无地彷徨"的时候，现在甚至体会自由是艰难的，而被管理会更轻松。尽管有理想指着大方向，但众多的路摆在面前，看上去条条可能通我理想中的罗马。还是只能选一条路走，得靠自己做出艰难的选择。

我不得不提前开始反思均衡。我试着用排除法，把"对象们"排在面前，选美似的排列各自最吸引我的优点。

首先排除了外企，虽然是位高权重，稳定高薪收入，又是"本地人从未做过的外企最高层经理"，可我已经都试过了，没去已经知道做事的套路，不能有新鲜的激动。十四年的实践，我认识到把优秀外企做成我理想中的"中国的"，必须经过一个历史时期，太长，我等不及。

1987年我在烟台骑过一次马，那是一次真正的骑马。是在一个岛上的国际赛马场，时值深秋不是赛季。马是刚刚退役的，都有国际比赛得奖的光荣历史。马背齐着我的头顶，英俊彪悍，眼角向下看人，非常骄傲睥睨。我诈称生来会骑马才被允许试骑。其实，那是我生平第一次骑马，心想我的先人确实会骑啊，我有他们的血，心里一点不怯。马儿们比赛出身，只会跑不会走，一起步就让风把我的长发拉得与天地平行，在风中我感受先人的大漠豪情。跑道一圈一公里，我一连狂奔十圈，换了十匹马，第十圈到了终点我忘了换马，只想着永远沙飞风吼狂奔地陶醉，再策马，马一低头，把我扔出去十几米！马童们急跑过来，我坐在地上没顾上检查关节胳膊腿，满嘴黄沙先问为什么马不想跑了，马童说"赛马都很骄傲，只肯跑一圈，不肯重复"。

我不想重复跑熟了的轨迹！我想有新的自由驰骋，而太过自由又觉得没根，总想做出来什么事业，是人人看得见的里程标记，回头能看见，指着说"那是我做出来的"。

其实，最自由不过是自己做，可我从开始就没想自己创业，从太小做起，做到想退休了，可能只赚下点"钱"给我自己，再做一辈子也难上世界前五千名首富榜，那能算什么里程！再说，我爸教我的"钱理论"重"花"不重"挣"，为自己挣钱肯定不是最拿手。还真有投资家找过我，专为告诉我，"甭管你想自己创什么业，我们都要优先投资"。有人主动要为我个人的事业投资，我愣是激动不起来，没想出来什么事业让人家把钱往里投。

我不想从个体经营小买卖做起，从零开始，我嫌飞不了太高。我渴望有一个大的舞台，给我去实践真正的"企业家精神"。

常常见到把企业家和经理混为一谈，其实是大不同的概念，有的人可以身兼两者，但多数不是。在英文里前者是 entrepreneur，后者是 manager。企业家，是要从无到有开创事业，敢于尝试从无中生有叫作企业家精神（entrepreneurship），优秀的企业家为企业策划出远景（vision），并能够领导企业以行动去创造实现远景，英语里有个说法——dream + action = vision，意思是"梦想＋行动＝远景"；经理，是要去管理一个现有的企业，经理们不需要远景，也无从梦想，现成的企业已经有现成的企业家早就制定好了远景。经理们往往受过 MBA 教育，有过名牌大学毕业的学历，我没有这些"往往"，在外企做职业经理时老是不太正统，还总忘不了做梦，想在现成的企业里做点出人家格的事，试来试去出不了圈儿，到底自己彻底跳到圈儿外来了。

我渴望创造，喜欢冒险，想要高起点、大舞台，又想继续发扬光大"职业经理人"的角色，两个"帝国"十四年的历练，是我独家金不换的经验……反思当中，有一个意向在众多选择当中渐渐凸显，这个企业有传统行业的优秀业绩，有历史和现在证明它的创造力、生命力和可靠的根基；要交给我担当的高科技产业，已被认作企业今天和未来的方向，"方向"，能得到政策和投资的强力支持；舞台已在搭建之中，起点立意很高，预示无限发挥的余地，要的就是从无到有从小到大的扩张和创造；企业框架未成，没画好格子，格子要靠我去画，又用得上我十几年职业经理人的功底；重要的是我与企业认同高科技无国界的扩张生命原力，理想就在此交叉：要把中国企业做到国际上去。这正好是一家优秀的国营企业，眼前的这个选择综合呈现我最想要的、最主要的机会元素，舍此其谁？

　　当时，我在深圳，正值十二级台风前夕，我要赶回南澳大鹏湾，那里正好是台风登陆地点。已经在回去的途中，疾驰中几吨重的轿车被狂风摇撼得不能自持平衡，只好折回深圳市里。我捶胸顿足痛失亲身感受遭遇台风的机缘，后来听南澳的朋友描述台风登陆前在海面突然扭转方向，凭空卷起滔天水柱，宛如两条恶龙纠缠搏斗……想象着天地雄风混沌壮烈必定如创世纪之原始洪荒，仍不由得惋惜神往。

　　我被困在深圳市内，幸好屋里的世界还困着美酒音乐和几个知己贴心的好朋友，大家喝酒聊天，主题是我的事业新选择。听说我想去国企，朋友们为我着急上火："别觉得你是土生土长，其实一点不懂中国国情！"还有好多好多……我知道朋友们是真心为我好，吓得就更厉害。

　　我加上许多精明小心，还专门请教了两位优秀的国企企业家，无论人品、经验都是我尊敬信赖的长辈。我听下去，听出许多对国企的拳拳热望，他们做了一辈子国企，尝尽个中酸甜苦辣，如今已年届退休，无欲无求，竟然又说"下辈子还要再做国企"，对于我的"国企"意图，他们唯有一个字："值！"我胆气大壮，本来我也想是值得嘛！

　　最后，我选择了这家优秀国企。这本来是双向的选择，人家企业敢把"方向性"事业交到我手里，肯定考察掂量过我，帮着仔细想过，如果用我，成败的机会将是如何？人家的风险分量重得多，人家都敢交给我，我怕什么？

　　我的选择免不了血液里的民族色彩，我的国我的家可能仍有贫穷落后的地方，我为之抱怨为之烦恼，终未能弃她去找异国他乡的繁华。我不是思想家不是政治家，我选择实践，既想实现自己，也想为我的国我的家在国门外的舞台上挣一点光彩。

　　我没在国企做过，无从准备陌生的挑战。

　　我可能失败，连拿破仑从莫斯科撤退前都感慨过："从伟大崇高到荒谬可笑仅仅一步之遥。"我更欣赏硬汉海明威的硬汉老人："人生来就不是为了被打败的，人能够被毁灭，但是不能够被打败。"选择了实践人生就意味着最多机会的挫折和失败，不自己认输就不算被打败。

我当然不想失败，这次担负的是更大的事业，是中国人自己的事业，我会有我新的精英团队，有可信可靠的人，有共同的事业理想，我们会一起努力，追求胜利，追求成功，追求精彩。弱水三千取一瓢饮，苦也罢，甜也罢，水深火热也罢，我准备一饮而尽——又想起那首：

一口干尽，
人间万丈红尘，
笑看天下英雄豪杰，
能过几盏春秋！

我酷爱读书，但不常读诗，偏偏这时诗兴大发，又碰见一首诗觉着特别吻合，是弗罗斯特（Robert Frost）的《未选择的路》（*The Road Not Taken*）——
Two roads diverged in a yellow wood,

And sorry I could not travel both

I took the one less traveled by,

And that has made all the difference.

不管会不会气死弗罗斯特，我只管按我的心情来译它：

前程歧路，皆指向梦想的林野，耀眼金黄，
我想要拾取全部的灿烂，却只能割舍，犹豫彷徨
我踏上那条未走过的路。
拗不过心的执着，要去追寻荆棘后面未知的辉煌。

在此深深地感谢所有识我信我的优秀企业家，我不能效力共同经营您的优

秀企业，但我们将在同一片天空叱咤风云，高高飞飏，希望我们成为好朋友！

得到今天的一切，我付出了很大的代价，大到我不建议美丽的女人们也去做同样的付出。人们应该先想清楚对生命意义的基本选择，然后定下追求的目标。人生有丰富的意义，不是只有事业、职业经理人，或者是"企业家"才是有意义的实现。事业不是我唯一的终极追求，我有很多很多个人的梦想，梦想里有马儿，有大狗小狗，有孩子，有绿茵，还有我的爱人……我坐在柜台后用美酒招待八方而来的朋友，门楣上闪着"Juliet's Bar"的霓虹……我有了新的业余爱好，做企业顾问，不，是企业教练……只要有梦想，就有希望；只要会梦想，就有可能成真，我会留出生命去追求梦想的实现，到时候可能又有不同的梦境……

我还会付出，还可能有很多失落，我不在乎，反正都失落在我的国我的家里。得之太易未必珍惜，付出后得到，才有用生命珍藏的价值。这本书，不是自传，我想写的比自传多得多！万一没写好被读成"传"了，顶多算前传，我还要紧赶着去实践好多新的人生经验。我感谢所有读它的人，感谢你们用了生命里的一小部分时间来读我的书，感谢你们帮我实现了一个梦想，是我二十几年前开始做的梦……

人们，我爱你们。生活，我感谢你。我要激情燃烧自己，燃出辉煌，为人们和生活增添精彩，为自己留住美丽。

《楚辞》有曰：何曾华之无实兮，从风雨而飞飏。

我云：实之华之兹乃兼求，逆风兮，顺风兮，无阻我飞飏！

第四篇

/飞向深渊/

自卑自尊自大，归于自识自省
问汝平生功绩，高峰低谷山丘

草长莺飞时节，又收到一份须股东签署的文件，我仍是立即签了，立即寄回。这次是注销公司的股东决议。此时，距我离开，大约六个月。我没有什么感觉，只是心里更空旷了。几年后，我在戈壁，见到了那种空旷，有声有形的只有风声和沙砾，更衬出上古洪荒般的无垠空旷。

第一次"退休"

《逆风飞飏》的任性"路演"
刻骨铭心的"退休"
家居生活
"文化复兴运动",居家读个"本科"
2003 年,种下了公益的"草"
"疯狂的"翻译

《逆风飞飏》的任性"路演"

一路经历各种离奇热闹，结识了些做书、爱书的文化人，有的成了言疏而心近、交浅而缘深的好朋友。

没白天没黑夜五十九天，《逆风飞飏》完稿；1999年10月，出版了。我宣称，要"路演"。出版界朋友瞪目望着我不知所以，我说："这都不知道，嘁，推广新产品都要发布会加路演呀！"于是，我拉着几位聚到我家一面墙大的中国地图前，迅速点了十个城市，都是我喜欢的。出版界朋友连叫这个城市没有卖书渠道啊，那个城市图书市场更好啊……我都不管，乐意去哪儿就去哪儿呀，随即扳起手指头布置路演方案，每个城市住两晚待两天，干四件事：大学演讲一场，书店签售一场，当地交通台、电视台各采访一场，第二天晚上接着去下一个城市。办自己的事就是爽利，连一个字的方案都不必写，不必等人批准。走起。

那一个月，旋风似的行程。依我的安排，一站接一站，中间回京休整两天，就可以了。不料同行人等中途集体造反，只好多加了一次回京休整。这才意识到，十几年在IBM和微软练出来的功夫真是非一般的强悍，只讲效率，不吝人力，实非常人所能承受。出版界朋友被我无情嘲笑："还指着当你保镖呢，白长了李逵的样貌。""李逵"也只能讪讪干笑几声。是这么个梗：是他先谆谆告诫我各种经验门道，并拍胸脯自荐要当保镖的，可十场大学演讲出了四五次"险情"。大学演讲的布置很简单：按舞台横楣尺寸备一条横幅"走一段人生路，写一本书——吴士宏《逆风飞飏》"，一般都是有位学生会的干部报个幕，我就上台讲上一个多小时，再自由问答一阵子，全脱稿。千人礼堂外面窗户旁，里面走道都挤满了人，散场时"保镖"被挤失散，有两次我被挤得双脚离地在人群中漂移……

在武汉大学，人太多，演讲安排在体育馆里了，我站在篮球筐下，仰着头，轮流朝向三面看台上黑压压的人群，一口气讲两小时，竟一点儿都不觉得费事，学生们的情绪热烈，令我更兴奋。在雷鸣般的掌声欢呼声中转圈挥手谢幕。不料，校领导刚开始致结束语，学生们呼啦啦站起往外走，木椅子翻起噼啪响成一片，太尴尬了。我啥也没想，立即抄起麦克风从场边的临时主席台跳到球场中央："同学们，同学们，请原地停住！"同学们还真停住了。我接着说："请大家听师长讲完，这是起码的礼貌和教养，也是对我的尊重。"很神奇，同学们原地听完了。当然，领导的讲话也很适当地缩短了。我偷偷想：若是领导这会儿再能有点幽默，就完美了。

在西安交大，朋友动用个人友情资源，豪华地配置了一位客串主持人，主持人刚刚上台报名，引发雷鸣般的掌声欢呼；待我上台，声浪明显不如，我当即大声问道："为什么呀？"当然，学生们就慷慨地再给了我一浪高分贝的欢呼；后来我才知道，给我主持的是西安人民家喻户晓、无比喜爱的电台主持人，金话筒奖得主。演讲开始不久，礼堂外突然喧哗起来，原来是外面的学生要冲进来，与门卫起了冲突。我俩迅速合议，先说服场内学生——都是在学生会排队好不容易拿到票的，起初大家是拒绝没票的人涌进来的；再维持秩序——大批学生入场后在过道或坐或立，迅速安静就位。之后，我和主持人都自然地全程留在台上，单口转双口，捧逗默契，简直堪比郭德纲和于谦。演讲的效果，一浪更比一浪高。

一路经历各种离奇热闹，结识了些做书、爱书的文化人，有的成了言疏而心近、交浅而缘深的好朋友；也接触了些十分陌生的生活状态，比如，诗书茶酒的魏晋做派，清新善感的文艺青年，虽说不上心有戚戚，确也能感受到些许另类美好。

11月底路演结束。回到家，我立即收拾行囊，已在向往着下一个战场——南方。

刻骨铭心的"退休"

> 独自坐在小后院,赤脚感受着果岭般柔滑的草坪,我就只想一件事:如果十几小时之前我死了,我的悼词会是什么呢?

那时的深圳,树多、花多、年轻人多,真是不分南北东西,包容海纳,生机勃勃。喜欢!

我乘着互联网的高潮应盛邀而去,调研、组队、做战略,意气风发。媒体追访:在顶级外企与国有控股的民营企业工作之区别。我答:前者像已给你租了曼哈顿城中的顶级公寓的顶层 loft;后者则像,一家子要从打地基做起,是要盖自家的楼。

2000 年 5 月初,全球财富论坛(Fortune Forum)在北京举行,我与另两位先生被安排在一起做专题论坛,那时还刚刚有这种几个人一起聊一个话题的形式,三个人在台上排排坐在一张桌子后面。论题是:新经济与传统经济。我当时已经是传统制造企业的一员了。论点是:能够借互联网转型升级的传统经济,将来也就没什么传统与新经济之分了,云云。刚开始不久,突然有人上台来对我右边的先生耳语,而那位先生竟然匆匆道个"对不起"就径自离去了!我心里嘀咕:莫非是家里着火了?半个小时都坚持不下来吗?我和左边的先生继续,这位是新经济的代表,逐渐我俩就有了些正反方辩手的意味,听众倒是听得颇有兴味。几年后,这位先生创立的阿里终于火起来了;而先离席的那位,是香港的"小超人",真是回去救火的:电信盈科崩盘,引起香港市民骚动。就这样,我眼睁睁地见证了互联网泡沫的破裂,破裂声噼啪入耳、扎心。

之后的日子,形势日益严峻。我初次感受到个人的初心和理想,在趋势面前，真如巨浪下的一粒沙，根本提不上啊。而我仍秉持撞了南墙也不回头的精神，用以卵击石般的决绝，带领团队寻找突破，希冀立足续命，等待实现理想的时机。终于，硬撑到两年半时，我病倒了。2002年5月31日，我送走开会的团队，看看表，已过半夜12点。这天格外累，上二楼需要扶着楼梯，还歇了好几次，我直接躺倒在床上，决定明早再洗澡吧。我的习惯是熄灯后给今天复个盘，再给明天提些醒，正默想间，就觉一阵嘈杂由远及近袭来，好像是马群杂沓，未及分辨，一阵锐痛从右腰直刺左肩，痛到无法呼吸。不知多久，稍微清醒：我这是病了！想拿床头的电话，已经完全不能动了。痛一阵阵传来，来时，意识就接近模糊，我当时完全不想其他，只一个念头：一定要醒着！尽量睁着眼睛，辨认黑暗中的物体轮廓："这是柜子，那是电视机……"南方的夜短，凌晨4点多窗棂已露微曦，看到光亮，听到鸟儿呢喃，我觉得，应该是熬过来了，我开始将意识调动到"这是右手，这是拇指……这是左手……"。那应该是我此生最无杂念、最最专注的几个小时。到早晨7点多，我终于能坐起来，先打电话给秘书，调整当天所有日程；再打给司机，去医院。

诊断是：冠状动脉大面积栓塞引起心梗。医生很惊异我居然能活过来。"难以解释，只能说是意志力强大吧？"他喃喃道。医生说因为栓塞面积太大，血管内壁好似布满荨麻疹，连支架都没法放。那住院有啥意义呢？我拿了药，回家了。

我自己明白病因：长期的熬夜、奔忙，加之越来越重的焦虑，这些无处安放的毒素，内攻啦。也算是另类的"反求诸己"。

独自坐在小后院，赤脚感受着果岭般柔滑的草坪，我就只想一件事：如果十几小时之前我死了，我的悼词会是什么呢？除了前半生贫病，后半生拼命，总还有点啥？我直想到太阳落山，愣是没想出来。我明白了：第一，我并非金刚不坏之身（自打十几年前那四年莫名其妙的血液病莫名其妙地好了，十几年来讳疾忌医，熬夜、喝酒，都过来了，我自己还真信了呢）。第二，即使拼到死，也未必能做成啥。这两点摆在面前，事情就简单了。

第二天，我找董事长谈话。董事长是有理想的企业家，为人也厚道，想了各种方案，希望既能让我留在企业又能兼顾我休养身体，我深深感谢，但我觉得那对企业是不公平的，企业在努力爬坡上进，容不得尸位素餐的高管，我也容不得自己占着位置而不尽全力。终究难有两全，于是，在三年合同期满时，我退休了。告别宴设在天悦酒店，当时有"惠州钓鱼台"之谐称，宴设顶层，西式布置，中式喝酒，喝高的人不少，其中一位推金山倒玉柱斜斜倾砸下来，我猝不及防，右肩头着地摔倒，闹了个粉碎性骨折，夜间急诊手术很不讲究，留了一道蜈蚣似的疤。三年，留下的印记是具体实在刻骨铭心的。

家居生活

> 这次,我终于感觉是真的拥有了自己的家,处处都是自己的灵感和心意。蜜蜂似的,见着喜欢的东西就搬回来,迅速填满了我的家。

我回京时还多了一个家眷——毛毛,一只四个月大的可卡犬。毛毛和我缘分匪浅,2002 年,我要接老母亲去深圳过春节,为了给她老人家解闷儿,决定去挑个小狗儿陪她玩,她以前是很喜欢小狗的。打算着,她若喜欢,就想法把小狗送回北京陪她,若不喜欢,再送人罢了。到了狗市,我嫌烦,就吩咐秘书和司机随便挑一个,就走出去等,听到旁边哐啷啷响,回头一看,一只小狗娃直立在笼子里摇晃笼门呢,一对上眼神,它停下来歪着脑袋看我,我接着往外走,它又摇晃笼子,我回头,它便不动,直直看着我,如是者三,就看清楚了那张小俊脸儿,眼神儿清亮亮的,毛茸茸的小脑袋歪来歪去像在给我递话儿,我不禁心生怜爱。老板娘见势便上来一通宣讲,还拿着它爹上封面的杂志给我看,说是名犬大赛的冠军,一帧一帧对比着看,长得还真像。一问价钱,我转身就走了,忒贵,再说,工作压力那么大,哪顾得上养狗啊。

春节没过完,老母亲就闹着回北京了,她患上阿尔茨海默病已经全然不能照顾自己,更不能照顾小狗了。"随便挑的"两只小白犬都病了,打针吃药抢救一大通,还是没保住。小司机曾看见我在毛毛处流连,就留了心,在送医照看的过程中,趁老板娘不在时与看摊儿的老板搭话聊天,把价格砍下来一半还多,我也就顺水推舟把毛毛接回家来了。稍微一算账:买那两只小狗以及治疗的费用早就超过老板娘的开价了,还搭上了两条小狗命,这毛毛可真是个金贵命硬的娃。

毛毛有几个特点：第一，不叫。在深圳几个月没叫过一声，我还以为它是小哑巴呢，直至回到北京到机场托运的货场去找它，我呼唤"毛毛，毛毛"，它还是不应，我循着咣啷啷摇晃笼子的声音找到它。待终于进了小区，"到家啦！"我告诉它，它才开嗓发了第一声。第二，淡定。那时我在深圳的家里常常来好多人开会，它只认我和小司机，其他人逗它都一概不理，有同事叫它不应，就拉住它后腿，它任由拉着，连头都不回，一松手，就径直走了，同事大叫"太伤自尊了"。第三，爱酒！除了高度白酒，啤、红、白、洋酒都喜欢，喝高了（大约一汤匙的匙底）就变成小机器狗似的，从四爪交替前行变为左两爪、右两爪的轮替，总像要向一侧翻倒，看着十分惊险。要想背着它偷喝酒，难，小狗鼻子闻着味儿就来扒着讨要。我犯心脏病时，它就独自乖乖地睡在楼下，也算是陪我共过生死了。

它爹是上过世界名犬杂志封面的冠军，传到毛毛这儿，身上的花纹白多黑少比较散漫随意，但那张小狗脸儿上全然继承了它爹的风采，毛色特别对称，眼上两抹金色的眼影，可卡犬一般都是后腿弯一点、溜背，而毛毛的后腿直，脊背平，就更显得神气俊朗！格格是后来我亲自给毛毛相的童养媳，黑多白少，周身乌亮，胸前颈下一个小而端正的纯白十字，原指着这俩能生出优秀后代，结果人家自幼耳鬓厮磨，相处成思无邪的亲兄妹了，我也只得兴叹作罢。添丁进口，倒也兴旺热闹。

回到北京，刚好是房子进入内装修阶段。记得，三年前，开工那天我匆匆加入，点了挂鞭炮，工程托付给邻居的总工，监理交给亲兄弟，就直奔机场向南飞去了，心够大的。敢情，工程拖这么久，是等着我哪！于是，我热情投入装修工程，把监理的亲兄弟折腾得找不着北，不问价钱，只要喜欢，随心所欲。那段日子，忙碌得很。为了找个合心意的吊灯，逛了北京十来个灯城，脚都磨出泡了，心一点儿不累。一言不合就自己画图纸设计，有些异形设计铁艺师傅看不懂，我就用硬纸板做出1∶1的模型来。后来我才有点惊诧：我怎么会制图的呢？莫非，这也是一个隐藏的天赋吗？话说，直到十几年后我遇到教练这个行业、了解了全脑优势（HBDI），才理解：人，都是有天赋的，只是太多人，忙碌一生，都没有机会发现自己的天赋。

这次，我终于感觉是真的拥有了自己的家，处处都是自己的灵感和心意。蜜蜂似的，见着喜欢的东西就搬回来，迅速填满了我的家。接着就是各种空间筹划腾挪，以便装下更多的东西，乐此不疲。以至于近年来一直闹着断舍离也很难看出明显成果。

接着，因为请朋友来家暖新居叫了外卖，被识破受了刺激，奋起学烹饪，左邻右舍都是多年的朋友，闻到香味就扒着墙头问："需不需要帮忙尝菜？"荤菜还真得人家帮忙尝。我素食十来年了，居然出手就做成了整只大肘子，有点得意，虽不能尝荤，但能用鼻子闻出"咸了"，莫非，也是个天赋？后来我还摆出大厨范儿（我没见过几位大厨，瞎猜的），很权威地道："大火菜，火候时间须得足。"坚持炖足四个多小时，鄙视高压锅。被朋友问："你做的啥菜系？"我咋知道？抖个机灵答道："我做席。"这还真不是吹牛：上桌的每一道菜，都必须是亲手做的！确切说，是我设计指挥，阿姨帮着具体实现的，那时我的右臂还在恢复中，拿不得刀铲，据不动炒勺。缺乏实习，味道口感未必都到位，起码色、形必须有追求。开席后，我盯着每双筷子，哪个菜剩得多些，就焦虑，焦虑到全程食不知味甚至食不下咽。在IBM熏染的追求精彩，在微软感受的追求精彩，如附骨之疽，从职场直接带回家里，没治了。

安居的第一年里，虽不是夜夜笙歌，但周周宴饮总是有的，酒酣耳热之际，我们甚至讨论过开个"宅门肘子"，每日限量限时供应，懒得做或忙时，就挂出"今日主厨休息"，乃至从院墙开个小门的可行性，好家伙，幸好没乘兴冲动砸了院墙！因为毕竟，还有更重要的事要做呢。当时，除了终于有了家而耽于享受种种色香味，心底还有两件事：第一，读书；第二，事业。

"文化复兴运动",居家读个"本科"

> 这一年多的恶补,我称之为我个人的"文化复兴运动",还是非常有益的,我终于补上一些读"无用"之书的基础能力。

退休毕竟不是心甘情愿的,但心血管闹罢工不是玩的,必须容它恢复,事业可以稍候;而读书,是一天都不能少的。这回,我可以任性地在家读一回大学!

于是,我收齐了大学中文系本科的书单,这次比较当初成人自考时可就豪放多了:把要读的书统统买来,开始读书。没上过大学,按自己的想象,我给自己定了个纪律:每本书,必须从第一页读到最后一页,不许囫囵。做到这一点,可真不容易,有些书啊,真难读,干脆点说是晦涩难懂。大学好像专挑难读、难看的必读必考书。无论如何,我做到了,本本精读,一页不落,连封面封底乃至出版信息的那些小字都不放过。我还想象着如果考试会考哪些,自己画重点、记笔记,时不时给自己小考一回;而且,自觉延伸阅读的书比必修书单还要多,虽然没有考试的机会,但一年多苦读之后,我给了自己一个"通过",也不知大学里是如何判卷给分的,反正就是"毕业"的意思了。

我很向往想象中的大学校园的系统学习,然而,没有学伴、师长,独自读书,仍是恶补的惯式形状。回看一下,这一年多的恶补,我称之为我个人的"文化复兴运动",还是非常有益的,我终于补上一些读"无用"之书的基础能力。自打认识几个字开始,我就囫囵吞书,只凭兴趣,不认识的字就猜,根本顾不上查字典,十岁前已经吞完四大名著,单只爱了《红楼梦》。入职场之后,需要恶补的技能太多了,总是要啃有用的书,一路被提拔,就几乎从未品尝过

"舒适圈"的滋味，唯一的奢侈是凌晨睡前翻几页小说，哪还有时间读历史、思想、哲学这些"无用"之书。这回好了，有书单管着，读吧！即使艰涩难懂，也是享受。

读书只在 2003 年 5、6 月中辍两个月，我去做义工了。

2003年，种下了公益的"草"

走，做义工去！

我曾动心于公益。为此，足足花了五六年时间研习。

触动的起点是，2003年，春天，"非典"疫情暴发。"非典"的正式名称是传染性非典型肺炎，英文缩写为SARS，是通过呼吸道传染的病毒性肺部感染，传染性强，病情发展迅速。

我当时刚"退休"不久，骨折待愈，吊着右臂，也做不了啥，正在家大搞我个人的"文化复兴运动"。

听着亲友劝告，我也囤积了些粮食（够大人和狗娃吃一年多没问题）、油、盐、罐头、消毒液啥的，准备老老实实地躲在上风上水的北京郊区家中避难了。很庆幸，家是安全的。

安全了没几天，心却不安稳了，眼瞅着电视里愈演愈烈，真待不住了！申请去做义工吧，毕竟，咱也是做过几年护士的人。可往哪儿申请呢？看见电视里临危受命的女领导，心中一热，收信人就写了她，信封上写了寄信人的实名和联系电话，贴了一堆邮票。几天后，我接到一个陌生人的电话，是卫生部打来的，原来是我的信转到了卫生部。他问，是否愿意去卫生部做义工？

"愿意愿意！"

虽未能如愿去传染病医院，能做成义工也是挺激动的。去之前，先与家人好友交代嘱咐好，万一我被隔离了，得立即把狗娃们转移到安全的地方。那时天天听见哪个单位或居民楼有一例"疑似"的，整层及整栋楼就都被隔离了，这病的传染性强，恐慌的传染性更强，万一哪天我被隔离了，真怕狗儿们就都被"处理"了。我又征求了仅有的两位员工阿姨和司机的意见，他俩表示支持，自愿在我当义工期间坚持工作，我真心感谢，再给他俩以及几位亲友都买好了新鲜出炉的"'非典'险"。

走，做义工去！

我是5月上旬去卫生部国际司报到的，正赶上中国—东盟领导人"非典"特别会议，之后，召开高规格国际SARS（"非典"）论坛的主办任务，就落在卫生部国际司。

我刚到司里时，颇给领导们添了些困扰，因是首长亲自批示转来的，不知如何安排我才合适。我再三诚恳表达：听从领导安排，只要能做义工，能有点儿贡献，啥工作都可以，不会的我会努力学。后来我被分配的具体工作，是做举办"SARS防治国际论坛"的"经办"，也就是说，跟进各使领馆，与其他部委协调、请示，各种行文起草，乃至如何在国际会议上排座次之类的具体事宜，都经我手办理。那段时间，从卫生部国际司发出的不少关于主办"SARS防治国际论坛"而致各驻华使领馆以及各部委的文件末尾都有我的签字呢——"经办：吴士宏"。

我心里念叨着处长、司长告诉我的"外事无小事"，兢兢业业，事事请示，像回到了刚进IBM打杂时的状态。这个整整两天的论坛确实级别够高，由中国国务院副总理主持，光各国部长就来了好几十位，驻华大使、领事基本上都到了，外国记者、观察员们来了一大票。而且这是新中国史上在境内举办的高规格国际会议上，港澳台地区代表首次同时出席。单就排座次这一件事，学问和规矩就大着呢。

我在微软中国总经理的位置上虽然才一年半，但亲手操持了比尔·盖茨和史蒂夫·鲍尔默几次访华活动。那些经验竟然都派上了用场。会议前一天我与同事们入驻场地，至半夜12点，按照极详细的任务清单逐项清点一些临时变动和需要通知的事项等。比如，港澳台地区代表的座次安排，是将近午夜才由外交部有关领导确定下来的，万万出不得差错，就都采用了三重保险：将通知从门缝塞到代表房间；清晨叫早通知时提醒；再加上签到入场时，十几位港澳台地区代表分包到人、逐一引导入座。诸如此类的临时状况不少，但都忙而不乱，一一安排妥当。

开幕当天，我清晨6点30分就与同事们到现场集合，虽然午夜时已仔细检查过了，但还是要再"踩"一遍场子，只穿着薄薄的软底鞋一步一步检查路线，从门外到台上台下的动线要反复走几次，踩到布线的不平整之处，就赶紧叫人立即平整了再用胶布贴好；掀开所有的桌围，用手电检看所有桌板下面，看过再用手指手掌细细摸索一遍；按照名单和座位图一一查对桌牌；再到外面的动线来回走几趟。时间差不多了，刚检查完，来了一位便装领导查问安全措施，恰巧司长处长都不在，我也不懂那"×检×查"的磕儿都是什么啊。我这位经办只能硬着头皮汇报，心里念叨着可别给领导找麻烦，还好，虽没见对方笑容，但不再追问，也没给什么指示，应该是顺利通过了。我赶紧换上高跟鞋，走到外场，将首长们引入贵宾室，再立即折回会场入口，等候首长入场，待首长已至门口，即领掌（领掌：带头鼓掌。这也是有讲究的，不能太重、太突兀）。会议顺利开始，我长出一口气。忽然有人用肘碰了一下我的左肋，纳闷谁会做这种动作，一回头，是检查安全的那位，笑着低声问我："干多久了？"我稍愣，哦，这是把我当作同行了，我忙低声答："不久不久，您多指教。"

不少外国专家和媒体人员要求参观收治SARS病人的传染病医院，我主动报名领队。地安门中医院是当时的"非典"隔离医院，所有人从头至脚全套隔离服装备整齐。6月初，已很热了，但"非典"期间不提倡用空调，尽量开窗让自然风流动。只参观了半小时左右，浑身湿透，套鞋里都是水，而医护人员们就全天如此装备着，隔离在医院里，冒着危险，没日没夜……这引发我心底的敬重、震撼，至今依然感受强烈。会场有很多媒体记者认出了我，眼睛亮亮地便要采访。那时我刚刚隐退几个月，大家还都认得。我诚恳拜托："我只是做了一点点临时义工的事，实在微不足道。拜托不要写我！恳请你们采访钟南山医生与那么多冒着生命危险战斗在一线的医护人员吧。"我没有出现在新闻报道中，特别感谢那些记者朋友的成全。

那些天，每天去卫生部上班往返的路上，都会有"穿越"般的不真实感：市中心道路中间的护栏爬满了怒放的蔷薇，红绿灯依序变换，人行道上无行人，而路上——没有车！（那可是上下班时间哦，想象一下，北京，市中心，工作日，大白天，没有车！）每当我从后视镜看见后面远远地来了一辆，就赶紧告诉司机"开慢点儿开慢点儿"，然后把车窗打开，等后车驶近，便伸出手臂热烈致意，彼此以那种短促而轻的鸣笛互相致意，温柔而亲热。在"空城"行驶，偶遇人同路，真是很兴奋的事情。

义工结束，回家继续读书，根据必读书单，我已经接近"毕业"了。

在传染病医院，看到整天被隔离衣沤着的医护人员，走起路来鞋子咕叽咕叽响，里面都是汗，隔一会儿就要脱鞋倒水，脚都泡到惨白。看到刚从重症病房转出来惊魂未定的患者……我有很多感触，生命脆弱，要多亲近美好的东西……心念起处，家里添了个三角钢琴，古雅含蓄，优雅大气。还没欣赏几分钟，我就开始焦虑：若学不会，可咋把它请出去呢？那可太没面子了。那就从五线谱学起吧！刚开始的几个月，我真哭过的，双手可以在键盘上盲打如飞，可在琴键上，手指头根根倔强独立，尤其小指和无名指，就是不听使唤啊，天生的第一指节翘弯，本来还觉得手型不难看的，弹琴就显得不对了，被老师用尺子敲着斥过"不许折指！"，挺疼的。不过，总算坚持下来了。确认，这个，可真不是天赋。虽然始终说不上精通，至少，美丽的钢琴可以安住家中了。

"疯狂的"翻译

> 翻译一本英文书，远非口语加上一些书面沟通能力就够用的，翻译是要信达雅的，更何况，是完全陌生的领域。得，又是一场死磕。

义工的短暂经历，引发我对于慈善公益的浓厚好奇，我开始关注相关的政策、信息，那时还处在 Web 1.0，信息远不如今日之通畅充沛，加之 NGO 之类的更属小众冷门，不得要领，我就找朋友请教。待通过朋友的朋友找到一位资深公益人士，她说："你不如翻译这本书，翻译之后，你就懂了，而且，对于众多草根公益组织也会有很大帮助。"这位女士人品可敬，脸冷心热，本来是有些不屑我辈商界俗人的，但见我诚心，就抛出这个建议，我还就真敢接了。

翻译一本英文书，远非口语加上一些书面沟通能力就够用的，翻译是要信达雅的，更何况，是完全陌生的领域。得，又是一场死磕。第一天，对着书的封面足足看了一整天，才译出个书名。

之后，每天的常态是：卡顿无数次，抓耳挠腮揪头发，嘟囔着骂英文、骂自己，苦不堪言。因为是第一次没经验，都不知道跟人家要电子版的原稿，只知道使蛮力，每天工作十几个小时。将近半年，把书翻散了，译稿完成。

这是一本案例书，包含世界各地的企业家的创业案例，他们的创业都经过测试模型、寻求资源、寻求可持续盈利能力等商业化的操作，只不过，这些人都有一个共同的标签：社会企业家（social entrepreneur）。他们都有一个无比清晰而坚定的战略选择：解决某类难而深刻的社会问题。为此，他们不满足于慈善化缘，而是要建立可持续的商业模式和盈利能力，他们就是企业家，要经营、要管理、要学习领导力、要研究商业模型、要精明地算计支出和盈利。他们只有一点与商业企业家不同：盈利不分红，而是持续投入公益事业。但是，起码能保证员工们有尊严的生活，而不是只能凭借着理想与化缘清寒苦行。我很钦佩，这才是公益事业应有的样子。

颇一番周折故事与事故之后，2006年4月，书出版了。如朋友所说，译完，我不仅了解了"慈善""公益""非营利组织""非政府组织"等这一堆名词，也确实看到，很多草根公益组织的实践者，对这本《如何改变世界——社会企业家与新思想的威力》（*How to Change the World – Social Entrepreneurs and the Power of New Ideas*）如获至宝，几个月的辛苦甚至懊悔，瞬间化为乌有。听多位公益领域的朋友说，这是在国内同类书籍的第一本，我没考证；又听说"社会企业家"这个名词，好像也是因这本译作而逐渐被知道乃至引用的。

书译完了，出版了，可以翻过这篇了，我心里却继续翻腾，书里这些在社会边缘的、以解决社会问题为使命的社会企业家，以及我见到的那些草根组织的公益实践者，引发我内心深深的敬意。于是，我继续投入研习，两三年里，参加了两次深度田野调查，以及各种公益组织的研讨。许多草根公益组织不辞辛苦任劳任怨，有些仅以几万元善款就能苦撑一年，哪怕挖几口井、资助几个小孩上学，也要坚持，我深受感动，但是，他们值得有更好的方法和资源。我心里萌生了一个想法：如果我能募集来资金，就能搭建一个资助草根公益组织的平台，不仅是资助资金，还能协同各种资源，帮助他们做成可持续的社会企业，对我个人而言，不也是成就更加伟大的一番事业吗？想着想着，我激动了。

说干就干，我以个人身份通过网络联系了好几个美国的老牌基金会，还有约翰·霍普金斯大学的公益领域的教授，等等。我去申请访美签证时，带了两本英文 *Fortune* 杂志，那上面有我连续两年被评为全球50位最具影响力商业女性，有照片的。签证官先是看到"私人身份"，没有工作单位，眉梢已经挑起，左手已经拿起一个章，准备盖下去，我忙道"稍等（Hold it please！）"，然后就塞给她我的简历、Fortune（早已翻至有照片的页码），同时择要说明我的访美目的。她先是明显有些困惑，眉梢挑起放下地很忙碌了一阵，然后换了一个章（确认，她是左撇子），通过。嗯，毕竟他们国家的杂志还是有点好使的。这时我已经退休三四年了，习惯了没有秘书一切自力更生，只咨询了前助理几次，竟然就安排好了一切行程，我对自己的行政工作能力颇为自得。以前去美国很多次都是出差，曾有过七十一小时打来回的纪录（从出家门到进家门哦）。时隔四五年，我以个人身份，没有追命的行程，甚至连目标都不清晰，施施然独自拉着行李登上越洋西去的航班。

"正事"基本都在美国东海岸，纽约、波士顿，会议都很顺利，都是老大出来面谈，我的履历（IBM、微软、Fortune 评价等）在美国人眼里还是挺有几分公信力的，几个老牌基金会都乐意授权出资，百万美元起步，够多少草根公益组织很久的开支啊！然而，这钱我不敢接，事也不能办——人家都有许多不合理要求和条件。非我初心，也非我所愿、所能。明摆着，我心里谋划的这番事业，不成立。我挺泄气的。

幸好接下来探亲访友的行程温馨美好。我先溜达到休斯敦，探访了 IBM 中国早期的总经理老包夫妇，老包退休好几年头发都雪白了，仍潇洒地活跃在社区里，夫妇二人腰间都别着传呼机，时刻准备着社区救火队呼唤，充满活力和意义感；又去 IBM 时期的另一好友家中住上几天，体验美国中产阶级的日常，跟朋友去教区的教堂看弥撒，领略一下另种庄严与虔诚。教区弥撒之后，有教友午餐，都是教友们从家里贡献的菜品，端菜上菜的都是腿脚不灵便的奶奶们，我顺便当了回义工，凸显了相对年轻的比优势——主动利索，健步如飞，被奶奶们慷慨赐予各种亲昵的称呼和大量亲吻。再继续西行至西雅图，那里有多年未见的亲戚，住在工薪阶层的小房子里，夜里如厕要下楼，还要经过守在楼梯中间的一条大黑背狼犬。大黑背狼犬两眼绿莹莹的，我这养惯狗的也真被吓了一跳。就日常饮食而言，美国中产和工薪阶层倒是都差不多，以中国的标准，都够简陋，起码是简单吧。

我终于去探访了我的莫师傅，见到了莫师母。莫师傅高大，莫师母娇小。

这二位是高中情侣,白手起家,厮守大半辈子,儿孙成群,虽不是同堂而居,但三辈人亲情融洽,真美好!莫师傅又换了一次双髋双膝的金属关节,又说起他的癌症治愈过程。我听得心惊肉跳,他轻松得就像说一场感冒似的。美国男人大多都以自己的动手能力为小小骄傲,差不多家家后院都有个工具房,莫师傅骄傲地给我展示他家院里DIY的桑拿房,其实就是一个竖起来的大桶,人站进去,头在外面,身子在桶中,可以蒸桑拿,也可以泡热水浴。然而,站着泡澡?呃,够给郭老师当段子使了。前两次莫师傅给我教练团队,是我在微软和民营企业时,都是在我和团队相当吃紧的时候。我与莫师傅击掌相约:等我需要时,再来给我教练。他说:随时准备着(Any time, at your call)。对于美国人而言,这可能就是顺嘴一说的客情儿,而我知道,这对莫师傅是相当郑重的承诺。他说:"你很快会再做事业的。"我回应:"是吗?我自己还不知道呢。"他笃定道:"我知道。"好吧,我此生遇到过两位"比我自己还了解我"的,莫师傅是其一。

二十多天的旅程,带着部分扫兴和部分快意,我回家了,顺便带回一本英文书。这回是我在纽约的书店自己找到的,回程十几个小时读完,我到家后就电子邮件联系了作者,得到热情的许可,就又翻译起来了。这次,三个月完稿,接着就是各种寻找和说服出版社:公益题材,给赤贫者的微额贷款。没人愿意出版啊,好不容易有一家同意出版了,也有我一点贡献:区区几千元翻译费,都买了书(送人),以及添补了一些出版之类的费用。照我这种干法,肯定是不能以译书为生的了。

话说,两本书译完,我的腰不行了,辗转求医半年,终于下决心动了手术,三节腰椎被磨平再固定上钛合金的金属条,筷子粗细,竖着一双,横着三对。术后,二姐陪侍病房,极尽温柔体贴,仍没忍住道一声:"你呀,就是做事没节制!"她其实只是部分见证了我译书的过程。每日十几个小时窝坐在茶几前,是对腰最暴力残忍的摧残,直至保护腰椎的弹性椎间盘被磨没了,医学用语是"无菌性坏死"。积水潭医院主刀的主任说:"我们每天做好多例腰椎手术,但像你这种'无菌性坏死'的病因可是太少见了。"我讪讪应道:"我不是不知道会有这后果吗。"是啊,当初差点把心血管全堵了,这才几年的事啊,真是禀性难移。术前例行检查,居然还查出严重的糖尿病,我被勒令出院,等血糖稳下来再手术。我很愤怒,吃素了这么多年还糖尿病?!自己也知道这愤怒完全没道理,糖尿病与饮食荤素并无最直接的因果关系,生活长期不健康不规律才是原因。都是自己作下的,只好自作自受呗。

我躺在硬板床上一百天,翻身都得人扶,一天到晚胡乱猜度着会不会影响今后的正常行走和各种机能,相当折磨。要知道,术前要签署的知情同意书,从瘫痪到失禁到跛足等各种可能性,是很吓人的。时间才不管人间冷暖,照常流逝。当时慢到数着分秒熬,过后又觉得其实挺快,这个伤疤也早好了,不疼了。只是从此,过安检必引起探测器报警,以及安检人员的直接探抚。也再不能耐受堵车,以致我基本避免进城了。

术后第一次出行,是因为第二本译书的作者得了诺贝尔和平奖,穆罕默德·尤努斯教授应邀来中国,他坚持要译者到场,我就勒着金属护腰到清华大学参加活动。诺贝尔奖得主在台上说:"……有一位疯狂的中国女士(crazy Chinese lady),居然给我一封 E-mail 之后,就把书翻译了……她就是 Juliet Wu。"随着他的手指之处,灯光追来,我只好托着破腰勉力颠顶站起给大家亮个相。他说的是。我以为既然作者 E-mail 同意了,就一口气翻译完了,完全不了解需要得到他的国际版权代理许可等一大堆必需的程序,然后又自己找出版社,以及各种繁难直至出版。这种莽撞对他而言简直不可思议。万幸,作者得奖了,出版社赶不及地一再加印,我这个译者虽再无一分钱收益,却与有荣焉。这本书的中文译名是《穷人的银行家》(*Banker to the Poor*)。

尤努斯教授邀请我加入他的事业,类似他的国际业务特别助理之类的角色,我认真思考后,还是婉谢了。我对教授很诚实:我对您的事业充满敬意,但我不够纯粹,恐怕不能坚持。他理解,给我祝福,和煦的微笑如深夜的满月——明亮,而不灼人。那个微笑,那种月光,留在我心里了。我曾期望活出那种境界,又嘲笑自己怎么可能!难料,如今,竟也有人赞我"和煦"甚至"温柔"了,那是十几年之后的后话了。

一转眼，时间来到2007年，退休生活不觉竟已过了近六年，好像也没怎么睡过懒觉，一直还挺忙的：搞装修，学做菜，学钢琴，读书，译三本书（后来居然有出版社找到我又翻译了一本《资本主义3.0》，看来，本人作为公益类译者，还有点小名气呢）。我各处溜达着做些研习，再修理腰椎……可是，好像啥成绩也提不上啊！没目标、没压力的悠闲是足够了，但没啥成绩，这个就难以接受了，这不就是混日子吗？我清晰记得，那是个春暖时节懒洋洋的下午，开着窗，惬意地望着院子里狗娃捕捉飞舞的杨花柳絮，突然之间，"混日子"三个字在耳边响起，立即炸飞了淡定从容，感觉头发都根根炸起了。自打退休之初，我读到了弘一法师，很感动，就给自己刻了一个石头："利关不破，得失惊之。名关不破，毁誉动之。"时常把玩，以为警醒。这六年，我还以为自己快要修成境界了呢，不料只三个字，就炸回原形。我冲到镜子前端详自己，嗯，样貌尚如三四十许，但毕竟，已届半百，再不努力，时不我待啊！

我本来就属于跟随直觉行动的人，这一激之下，就像休养太久的赛马，见到赛道就要本能地驰骋冲刺，而我被自己激醒之后见到的第一个赛道，就是创业。

第一次创业

注意力所在,能量所至
坐着八抬大轿去创业
亚马孙的蝶翅微振,已聚成头顶的乌云
亡羊补牢与最后一根稻草
梦醒时分,已在深渊
再回首,哪有高峰、深渊,不过是山丘而已

是否写这一篇，我是很犹豫的。读过《越过山丘》的朋友，从序言就可知道，我的创业是失败的、几乎是坠落深渊万劫难复的经历。我以为，那段经历已经过去，伤痕已经痊愈，但当面对"写，还是不写？"这个问题，从骨头里发出的钝痛立即清晰地传来，是牙根发酸、举手投足、行走坐卧皆不自在的那种钝痛，不容易定位究竟是哪里痛，又似无处不痛。这才知道，愈合哪有那么容易！那么，写，还是不写？这真是个难题。

　　难题之解，归于命题——这本书是《逆风飞飏》增订版。二十四年前那本《逆风飞飏》的读者们，有很多都因那本书受到了些正面的激励，如今他们中大多已届中年，也许，有些人的儿女们也已到了择业、创业的年龄，我想对他们有个真诚的交代：人生，不只是飞飏一条路，也会折戟沉沙，而重要的是，无论跌到多惨，都是有可能再活回来，活出生命应有的样子。前提是，你要反省，认清自己曾犯的谬误，才有可能不再重犯。于是，我决定，写。

　　既然写，就索性把我踩过的坑，都尽量标识出来，万一对读者有一点点帮助，也是好的。所以，这部分会用到"事后诸葛亮"的方式，以我今日之识，来评说我当日之失。也仅能限于我今日之识，尽力而已。当年与今日之读者诸君，请自行品味、调制自己的人生。

注意力所在，能量所至

> 当起心动念，想要创业了，各种奇怪的机缘就又都涌现出来了。

有那么句话，注意力所在，能量所至。我是挺信的。拿我自己的经历举几例：

当年大病初愈，强烈地想要改变命运，就看到了自学高考的路，就看到了FESCO（北京外企人力资源服务有限公司）的招聘广告，就进了IBM。

当年想去抗疫前线做义工，不知从哪里入门，索性给总指挥写封信，居然就直入中枢了。

当对公益产生强烈兴趣，就能找到朋友的朋友的朋友，链接上从来未知的各种资源，其中居然还认识了后来的诺贝尔奖获得者，都是想不到、编不出的事情，还顺带翻译了三本书。

当起心动念，想要创业了，各种奇怪的机缘就又都涌现出来了。毕竟是十几年前的事了，且一直是潜意识中想要淡忘乃至安葬的，须得努力、吃力地理一理，大致的脉络好像是——

见到了尤努斯教授，温暖而幸福，但诚实地婉拒了他的邀请……同个场合中认识了些各界人士，皆属名片之交，其中有一位是从商场转入公益的，聚餐时恰好邻座，不免多几句交谈，闲闲地听他谈些姻缘与修行的奇妙，然后就被邀请去美国看看。"必有大际遇"，他指的应该是能认识些大修行者之类的，而我本来对各种宗教敬而远之（至今如此），与这位也不熟，居然莫名其妙地在接下来的美国之行就在洛杉矶接上头了，确实结识了几位宗教界人士以及外围人士。这不是重点，重点是，被他们拉着去"看看热闹"，是几位界内界外朋友拟投资的项目，真就去了旧金山，还真看到热闹了，Demo（演示）够漂亮，创意够野，立意够狂——想改变世界级别之狂；人也够怪——科学怪人之咖位。当他们进入商务洽谈（已经谈过N轮了）时，不知怎么，我就帮忙做了会儿翻译，又不知怎么，在他们洽谈的结尾，这位"怪咖"加了一个条件：必须由Juliet Wu主持，他才会同意在中国落地这个合资项目。我这个看热闹的自然知道分寸，见朋友们给我递眼色，我便不多言，眼睁睁见他们击掌、开香槟，心里暗笑，看你们怎么收场。

一路从"怪咖"在半山腰的住所盘旋而下，天色已晚，腹中饥鸣，终于落座晚餐。我这个看热闹的，忙着吃喝，并随和地加入聊天，我对这个项目的观感，他们跟踪这个项目的种种曲折，对这个项目的期待以及准备的投资……竟然演变到了群体说服我来主持这个项目。我不留神喷了一口红酒，造成一小片狼藉，慌乱收拾一顿，再抬头，各位目光炯炯充满期待，心想："不会吧？我们很熟吗？"

接下来的三天，我成为被说服（被围攻）的焦点，说服者各持妙见，槛外人的论点是商业的巨大成功与回报，槛内人（修行者）的论点是成就大事业，之后能行大善业……我不是容易被忽悠的人，但在飞回国内之前，我竟然已经与他们击掌定约了。

于是，我的创业，就如此轻率地、戏剧化地开始了。

越过山丘后我之评说

哪里是他们说服了你，是你自己愿意被说服。你心中先有了以创业而再立功而再"伟大"之种子，才会遇水土即生发。不是这片水土，也还会遇到（或直说就是"找到"）另一片、另很多片水土啦。

教练说

遇到这样的创业者，我会追问初心，初心决定你能走多远。而这位创业者的初心，往大了说，是成就自己；往小了说，根本不成形、不清晰。于是，才有如此的"轻率而戏剧化的开始"。初心是可以成长的，但必须有，必须正，即所谓"使命感"，还必须经常审视、追问。否则，做做生意也许还可以，很难支撑艰难的创业历程。

坐着八抬大轿去创业

> 我从未追问过自己："人们"，究竟是谁？更没有想过："人们"需要什么样的自由？需要自由还是秩序？

2007年年末，我做了些调查，启程去上海创业。所谓调查，也就是听几位朋友说，上海有什么人脉资源、软件行业有什么政策之类。我觉得自己的决断力很强，说定就定了，雷厉风行。本来嘛，按我们的约定：他们投资，我来做董事长兼CEO，我占一定股份，经营决策全凭我做主。按他们的话说：只需要你在那里看着点儿，活儿都由别人来干就行。基本可以理解为，坐着八抬大轿去创业。但最初还根本没人呢，万事总有个开头，还是得自己动手干活儿。不过，开个公司，小事情，我早在1996年在IBM华南时就干过这活儿了。

我自认为还挺有创业者的样子的，只身去了上海，居栖在小而简朴的假日快捷酒店，边办理各种手续，边找人，第一个员工是我的助理。约定的面试就在小酒店的咖啡厅，我俩一打眼，都微微愣了一下，后来熟悉了，她告诉我，我长发盘髻，头上一圈光环（那是正好坐在窗边的阳光里）；而我是惊异她的美丽（二姐说：章子怡的类型，但更好看），十分苗条精致，谈吐举止优雅大方，专业风范，我很喜欢，只是略有担心会不会娇气呢？不料，女孩儿干起活儿来却像条汉子，很努力上进又忠诚正直，我的运气可真好。我和助理天天在小酒店的咖啡厅碰头，然后分别办事，逐渐办理了各种公章，办事时就带着，晚上清点一下，存到酒店前台的保险柜里（房间配置极简，没有保险柜）。

找到了办公室，办公室不太方正，因其不太方正而比较便宜，而且，还赠送一个很大的阳台，够好几十人一起做工间操的，搞个活动开个会，场地都很现成。我可比自家装修时要精明算计多了。按我的意思，裸顶不吊顶棚，全部开放式，大长条的工作台没有隔断，按照不规则的办公室的各个边长，摆开三条工作台，每条都二三十米长，台很宽，中间两排电脑，两面坐人；中间自然留出大约三角形的空间，摆几个桌子就是自然而然的讨论区、会议区；只留三个办公室，财务、人力资源各一个，我和合伙人共用一个，再加个会议室，以备来访者，其他统统敞开。

我也在办公室附近租了个未装修的房子，图的是租金比较便宜，小区环境很好，门后有溪水，院里有一大棵金桂树。然后，请设计师朋友帮忙做个最简装修的方案，白墙，"自流平"的水泥地，餐台是灌注的加长水泥台，方便十几个人开会，日后的使用率很高；吊灯是六支荧光灯管，经设计师的巧手拼接组合一下，竟很有先锋设计感。后来只好又在客厅的墙上加挂些物件，不然回声太大，嗡嗡的，听不清说话。

四个多月后，办公室收拾妥当了，此前一直在招聘软件工程师，面试都在小酒店的咖啡厅进行，终于有地方上班了。合伙人也在上海安顿下来。公司开张啦！

简单说，这次创业，是基于天才怪咖合伙人十来年设计开发的一个软件模型，一个可以运行在任何主流操作系统之上的应用平台，没有边界，没有规矩，甚至没有菜单，开机后一个黑色的屏，你随便从哪里点开，你爱怎么玩就怎么玩。创意很疯狂、设想很天才，不过，它仍然只是个模型，离产品还远得很。那好吧，我们就先在模型的基础上，做软件功能完善、模块化架构、测试、文档，从基础做起来吧。

模型的名字沿用合伙人起的"Blackspace"（黑空间），公司注册须用中文名字，我就意译为"无戒空间"了，一笔写下繁体"無戒"两个字，就是LOGO了，有美感，很独特，挺得意，但不利于理解与传播，后来经常被误会是与宗教或慈善相关，得解释一大堆。怎么解释呢？"我们做的是软件，将能使人们彻底摆脱任何操作系统的束缚，按照自己的习惯和喜好，自由地使用计算机与网络。"基本上，听者都是一脸懵懂，而我，初时还挺着急的，逐渐就习惯了这种懵懂，会加上一句："等我们的产品出来时，您一看就明白了。"我自己也逐渐相信了：我们的产品将改变世界，将给人们带来福祉和自由。

我从未追问过自己："人们"，究竟是谁？更没有想过："人们"需要什么样的自由？需要自由还是秩序？直至莫师傅说："Juliet，我一直问，你的用户是谁？而你从未能说清楚。"不过，那是一年多以后的事了。在那之前，公司每天都有新人加入，工作开展得如火如荼，一派欣欣向荣的景象。

我每天都很忙，主要工作是：招聘、团队文化建设，嗯，我的公司，要从一开始就建立好的文化，还要亲自学习软件工程相关知识，督促项目进度……马放南山了六七年，一旦需要，所有的管理经验立即苏醒，精神抖擞，得心应手，忙，累，却乐在其中。自己创业，自己说了算，很爽。其实从开头就没真坐过一天八抬大轿，那是投资人的说法，是不能当真的。

唯一头疼的工作，是与合伙人的日常沟通。这位，是天才，脑回路清奇，一会儿一个主意，如果依了他，再有十年，模型仍将是模型。刚讨论商定了开发测试计划，刚散会，他就要求再增加个七八个 new ideas（新主意）。而这种讨论是要每天、每周进行的。天才还很多疑，每当见到他警惕的眼神，我就会联想起在他家阳台上那只松鼠。他家与工作室建在旧金山郊区的半山上，站在阳台上，满目葱茏，草木清香，可千万别往下看，原来房子是靠着悬崖造的，突出的阳台被几根几十米的杉木支着，望下去眼晕腿软！阳台上放着些干果，是给小松鼠预备的，松鼠怕人，我们这些生人在屋内隔着玻璃屏息偷窥，松鼠来了，只见松鼠抱着腰果吃，任由天才抚摸并喃喃说道着，真是不可思议。也难怪，来到一个陌生的国度，语言不通，只有动辄来问合伙人 CEO 了，可以理解；而我，作为那个当事人，可就苦不堪言了，面对每周两三次，每次两三个小时，车轱辘话来回说，只为抚慰天才那颗敏感的心，真是苦修啊。我的英文倒是又进步了，连法律用语都能操练了，是的，天才经常拿着合资协议来与我论说法律条文的含义，而他，总能提出疑义和异议。

2008 年，发生了很多事情：南方雪灾、汶川地震、北京奥运、神舟七号载人飞船成功发射，大喜大悲之间，我与团队在这个项目上都投入了充分的情感与行动。记得奥运开幕那晚，我独自在上海寓所，守着电视，跟着倒数、惊叹、欢呼、流泪，一个人把空空的房子吵嚷出一大片回声，当时，我油然生出作为中国人、作为创业者的骄傲，那种感觉充溢身心，甚至要爆棚而出。我度过了忙碌而充满意义感的创业第一年，我对未来的巨大成功充满信心。

这一年，还发生了一件事，美国的次贷危机，此时，互联网已至2.0，手机也进入了智能时代，各路信息每天汹涌奔流直冲眼帘，更何况这是个世界级的金融危机。尽管，仅在八年前，我曾亲历过互联网泡沫破裂的危机，亲历过身在其中的种种被裹挟被撕扯的无力无助；而眼前的这场危机，我基本无感：我做的是软件啊，与金融何干呢？

越过山丘后我之评说

你仍陶醉于自己的那些"优点"：自律，工作努力自觉，监理工程亲力亲为，建立团队文化，督促工作……这些都是职业经理人的优长，或说是本分，但没见到什么"创业者"的其他特征，比如商业机会？战略？……这次，作为"老板"，再没有规定好的"岗位能力"，你自己也就没有主动学习了，本来就不具备创业者的思维和能力，再没有主动学习，如何能成为合格的创业者呢？

教练说

创业者最重要的是初心、市场定位/客户价值、商业模式，这些都属于基本的商业逻辑范畴，以及对外界大趋势大环境的敏感洞察——任何战略方法论的起手式都要从市场洞察开始。而这位创业者，创业一年多了，对以上几点均无感，而仍沉醉于自信中。究其自信之源，基本都是来自"管理"，而非创业所必须具备的"经营"。

亚马孙的蝶翅微振，已聚成头顶的乌云

> 此时，起于美国的金融风暴，竟对我产生了实在的影响：原来说的铁板钉钉的投资人，没钱了。

2009 年年初，乔布斯发布了 iPad 1，9 月在中国上市，我第一时间买了两个，让工程师们研究，我初次有了隐约的危机感：第一，软件是要有硬件附体的，这样的产品，我们做不出来！第二，使用者需要的可能不是无边无际的"自由"，需要的是使用的便利感与丰富的应用。我和团队与合伙人进入旷日持久的研讨，我们的产品的用途究竟如何定位？那真是漫长而痛苦的过程。合伙人尽全力捍卫他的创意初衷，我则强调，用户起码要有个使用指引，那实际上就是菜单啊（合伙人坚持不要菜单，他一听 menu 这个词，就立即脸红脖子粗），他说 iPad 就是 Windows 的另一变种，只是换另一种框架把人们束缚起来，他早年就痛恨 DOS 操作系统，后来无缝过渡到痛恨 Windows，痛恨如此之切，以至于他竟从一个使用者转变到开发者……我们的争论在相当长一段时间都是围绕着我们的产品应该长成什么样子来进行的，仍没有太多提到"用户"将是谁。

将近年末，我又把莫师傅请来了，三天时间，他用他的独门方法 IDA（inside, decision, action——洞察、决策、行动）带我们梳理战略，我也请了两位投资人参加。莫师傅还按我的托付花了很多时间与我的合伙人单聊，每天都工作十几个小时，把莫师傅累得够呛。临别前的晚上，我与莫师傅对酌，我非常希望从他那里得到支持、智慧甚至锦囊。他对我从来都是直接而坦诚的，这次，他尽量婉转，而意思非常清晰：第一，他不认为这个产品能够成功，"也

许确如你认为，创意很天才，但不知谁会用，不知用作什么，也许卡梅隆会喜欢"（卡梅隆是好莱坞大导演，《阿凡达》就是他的作品）。第二，没有用户与市场定位，也就谈不上商业模式，"我问了你们三天，也没有清晰听到你的用户是谁"。我如鲠在喉，不知如何作答。这次分别，我和莫师傅都心情黯然。

IDA的"A"——行动，没有太多具体的行动方案，而是："确定市场定位、用户真实需求，建立商业模式。"我深刻体验过莫师傅的方法可以多么"laser focused"（如激光般聚焦），而这次，如此大而化之、如此概念而不具体，都是因为这些创业的基础工作都没有成形，更不要说完成。我告诉自己不要慌，沉住气，抓紧补上就是了！我的思路是，先测试软件适合什么硬件产品平台，之后再看适合什么客户；于是，以智能手机与Pad为主，兼顾电脑，分组封闭开发测试，继续如火如荼。

此时公司已经有了一百来人的队伍，以开发人员为主，软、硬件工程师都有。架构师、运营等负责人都很强，有好几位曾在IBM、微软供过职，配置堪称豪华。其实，尽管我们几位高层争论不休，公司团队文化一直是积极向上的，每当我感觉情绪不好时，就跑到大办公室转一圈，听听各组的热烈讨论，仿佛吸收了些青春能量，心情会好一些。而独处时，就不由得会因这个生机勃勃的年轻团队而更加忧心，我很早就安排落实了期权计划，核心团队与业务骨干都有，我得努力快点带他们成功啊！

白天忙碌着还好过，夜晚可就因失眠而漫长难挨了，连续失眠两个多月，更容易情绪失控。一位修行深厚的长者教我，你睡不着时就背诵《心经》吧。我说我不信佛教，又不懂说的都是啥。长者说，你不用懂，就像小孩子开蒙时，天地玄黄地跟着背起来，都是从一个字不懂开始的，你自管背诵就是了，《心经》字字殊胜，总比数绵羊强吧。我也是失眠得实在苦恼，就背诵起来，还真是管些用的，尽管仍是一夜醒好几次，但醒来就背，逐渐地，背个两三遍就又能睡着了。有一次团建，我也加入了集体跳舞，其实早就跳不动了，也就是原地跟着节奏晃动，凑凑趣而已。听到一个小伙子招呼另一位："快来跳吧，你看老人家那么大岁数都在跳呢。"啊！我已经是老人家了吗？我仔细地观察镜子里的脸，倒是并未凸显老相，但是毕竟年过半百，经不住连轴的疲劳了，尤其是心累，心里没底还必须强撑着，我是公司的主心骨啊，必须撑住。太消耗了。每天早晨起来，都要对着镜子给自己鼓劲加油，甚至要用力地拍打两颊，使苍白的脸红润一些，也把自己打得更在状态一些。

此时，起于美国的金融风暴，竟对我产生了实在的影响：原来说的铁板钉钉的投资人，没钱了。说好的八抬大轿，还没来得及坐，底板就给撤了！幸好另两位后来股东的投资倒先进了账，还不至于立刻有现金流的拮据，但也必须更精细地算账了。我早就主动说了不拿工资，只报销房租，与每月几千元的补贴，但合伙人、高管，以及一百多人团队的支出是必须保障的，这账一算，后背出汗！哦，必须开始融资，又是一个全然陌生的领域。没关系，那么多创业者都能融到资，咱的江湖名声毕竟还在，上吧。很快，我就领会到：资本需要看到清晰的市场定位/客户价值、商业模式，要看到怎么挣钱，而我这个创业三年多的CEO，竟一样都说不清楚。更何况，金融危机，投资人最先知冷暖，早已审慎有加，如入冬之熊了。

原以为，已经亲历过一次互联网泡沫破裂，总不会运气这么差都让我赶上吧？然而，以为起于万里之外毫不相干的美国次贷危机，如远在亚马孙的蝶翅扇动之微，竟已然形成乌云，齐齐聚集在我的天灵盖上方。

越过山丘后我之评说

你开始意识到危机,你没有放松努力,但是,并没有能弥补你本来不具备却是创业者必须具有的能力;即使在莫师傅的坦诚指点之后,你仍没能抓到要点:你的产品究竟要服务于谁?谁是你的用户?哪里是你的市场?而你,仍选择以自己为中心,先试自家产品,再找用户和市场。看着你在错误的方向勤奋努力,真是以战术的勤奋掩盖战略的无能。击节扼腕,唯有长叹。

教练说

市场定位/客户价值、商业模式,以及对外界大趋势大环境的敏感洞察,这些关键能力,这位创业者都缺失。最致命的,是她仍有着基于过往职场经验的自信:只要努力,只要坚持,就能……就能成功吗?她并没有从曾经亲历的互联网泡沫破裂的窘境中学到最重要的东西,当时,她确实也是在创业,缺失的也是几乎同样的能力,但她把失败大部分归结给外界环境了,并未深刻自省。此时,亡羊补牢也许还有一丝机会,她特别需要一个教练,可惜莫师傅不能陪伴,而在中国,教练行业尚未兴起……唉,唯有长叹。

亡羊补牢与最后一根稻草

> 我极为冷静地崩溃了，说："好的，那我辞去一切职务吧。"
> 话出口，我感到巨大的解脱。仿佛，终于等到这最后一根稻草。

进入2011年，越来越感受到巨大压力，我必须决断了，此前我们的讨论够多、够久了。我强行决定：先只做教育行业应用的Pad，其他产品形态的探索都先放下。我们必须尽快做出产品，必须自行造血。我们被迫避开类似iPad的通用产品，那是不可能的战争。这比起合伙人的设计初衷可是十万八千里的差别，可想而知，合伙人的反应激烈。我和尚念经似的一遍遍分析给他听，公司的财务、中国的市场，再加上些我们先要生存，未来还有机会之类的虚弱的愿景……而他则一遍遍激动地重复他的失望，重复我们合作之初的愿景。我能理解他，但我只能像块石头般坚定——已经是我能强迫自己做到的最好状态了，总是游走在差一寸就要崩溃的边缘。那些日子，我每天从中午就不再喝水了，开始喝酒。有时挺烦自己的酒量，求醉而不得，我真需要break，哪怕能喝醉断一会片儿，也是好的。眼睛常含血丝，眼周面颊肉眼可见的皱纹、松弛，须更经常地遮染越来越多的白发，须化更浓的妆遮掩疲惫，其他就顾不得了，既是自作的，就只有自受呗。

公司必需的支出预算都很严格了，账务是要经得起股东的查验的；但同时还要粉饰精神，不要影响了团队的士气；那些不是必需的支出，比如团建气氛、招待、一些个人差旅，就用我自己的钱喽。我见创业仍需时日，就把荣丽、毛毛和格格都接来上海了，一家子在一起，少些牵挂。连同家里存的一百多箱红酒也一并运来了，都来我家开会吧，吃我的饭喝我的酒，不必公司另开支。

同时，我还一直在帮忙照应着朋友的企业，朋友也是因金融危机没钱了，托我"暂时"帮忙支持，我觉得那是应承了的事情，每个月两百来万，还行，就一直"暂时"着。某次"转账余额不足"，就再换一个账户，再直至都"余额不足"了，才觉知没钱了吗？我告诉人家，"暂时"支持只能到此为止了，心里还有点歉疚似的不得劲。这应该也属于病态心理吧？病根大约是：我从第一次退休时，就已建立了谜之自信：我此生大约不会为生计发愁了，缺钱了也能挣，也从不理财。对钱没个数，是我的传统，当初要买期房，与同事们一起争取到了IBM担保贷款，才发现自己账户上只有四位数存款，才开始张罗首付的钱；离开IBM时，去银行要办理买房贷款的担保转移手续，办到一半想起来问问，才知道，哦，钱够啊，那还贷什么款，就一次都付清了吧，弄得后来在深圳安顿急需要钱时挺狼狈；这次想着要创业了，需要搭建人脉，就参加了个商学院的CEO游学项目，一年游学六次，六十多万元，眼都不眨就交了，在这个班里都是各行业的顶级人物，比起同学们的企业与个人财产，我就算个赤贫，很受刺激。按常理，这下总该给自己精打细算了吧，我没有，居然还大手借贷，对呀，我相信很快能挣到钱还上的，我的创业必须成功啊。

我又重操各工种，冲上前线，开发各种行业伙伴资源；同时，继续找融资，让自己忙，忙到无暇忧虑。但时不时地心里会冒出个念头：若真累死了，倒也是解脱吧？在职场时，你有辞职的选择，而在商场创业，没有这个选项，有的只是另外两个：成或败。

其实，无论我如何粉饰，团队也逐渐能感受到些异样了。继续，撑住！只要我们打开学校的疆域，只要我们能够推出成功的产品，只要……至少，我们确定了方向，我们能够成功，必须成功！这也是我每天给自己喊无数遍的口号。

有一天，合伙人又要求研讨产品方向，这已是例牌，他又提出要做通用的Pad。我问：目标用户是谁？他说："Everyone。"在他的心中，只要blackspace横空出世，必是人见人爱，受到everyone的追捧。他认为无论用户是成人还是孩子，都可以按照各自的意愿用 blackspace 做笔记本、工作簿或涂鸦板，不必有任何应用的 app，所有的内容与应用，都任由使用者自由地生成。这已经是讨论过上百次的话题。因两位投资人也在座，我一边讨论一边翻译，口焦舌燥，当车轱辘话转了 N 轮后，我不愿再重复，只说："这个问题已有定论，不必再重复了。"便不再作声。生冷硬艮，合伙人难以下咽，坐在那里一个劲地抻脖子干咽吐沫，半响，悻悻离去。我无声地叹口气，准备回去工作。被一位投资人叫住，严厉地批评了我对于合伙人的不礼貌、对于天才的不尊重。这位投资人是我十多年的老朋友，也是前辈大哥，富有江湖地位与经验，本来我们之间一直是相互欣赏、无话不谈的，但此刻，当着另一位投资人的面，在早已精疲力竭之时，我极为冷静地崩溃了，说："好的，那我辞去一切职务吧。"话出口，我感到巨大的解脱。仿佛，终于等到这最后一根稻草。

面对接下来的各种劝说，我很冷静，没有任何情绪化的表达，但极坚定，无可挽回。前辈大哥也诚恳挽留，我诚恳地说："我做不动了，您来吧。"终于，我们几位股东开会，通过决议，我签署相关文件，放弃董事长兼 CEO 的职位，自动出让一部分股权给继任的董事长兼 / 与 CEO，从此，只做一个配合与缄默的股东。

此时，已届 2012 年岁末，我一家五口，我，荣丽，毛毛，格格，还有春天刚添的那只小妞妞（妞妞也是黑白花的可卡犬，皆因为毛毛、格格到十岁就突然同时不再活泼了，就随便买个小的来陪它俩玩）。分空、陆两路，回京。带的东西并不多，主要是衣服用物，那一百多箱酒早就喝完了，本来也没添什么家具，连自己用的电脑也与公司结算了费用。心情是放松的，骤然放下那些踌躇满志、责任、重负，心里很空旷。我的自动保护机制又一次启动：都不想了。

越过山丘后我之评说

如果说之前的种种都是由于缺乏对创业的认识和能力，对个人财务的儿戏，简直就是缺乏常识，究其根源，都是自大，自大到以为无所不能，乃至到了愚蠢的地步。有个说法：No Zuo No Die（不作不死），而你的做法，简直就是寻死。早年凭着那种"desperate passion"在职场成功，那是都有企业平台兜着，企业既看业绩，也看个人努力，只要不触犯商业操守的红线底线，出不了大圈、惹不了大祸。你以为在职场练就的十八般武艺，其实都是高级的队列式，是各个企业平台的方阵队列式而已。在创业的商场江湖，不看招式，只以成败论英雄。

教练说

在持续的压力之下，这位创业者与几位重要的利益相关者的关系都没处好，与她自己的关系也处得很糟。就事论事，她放下权力，对她、对公司也许都是好事，但在这种情况下、这种方式下（"借着最后一根稻草"）放弃，既不专业，也不负责。她可能将会长久地与自己过不去。

梦醒时分，已在深渊

> 于是，我重度抑郁了。想着：如果真的死了，房子可抵债，倒也是个解决方案。有了这个"保底的方案"，于是，我开始安心地流连于对死亡的想象之中，当时，那甚至是一种享受。

无论如何，回家了。

阔别五年，计划外地突然回来，提前只仓促地请人收拾一下卫生，带回来的纸箱子暂时堆放在车库、大厅，等着慢慢收拾吧。之前倒是趁着家里没人，托老司机看着，做了些改建，把荣丽房间扩建了，自带独立卫浴；毛毛们也有了单独的房间，打雷下雨的天气再也不用害怕了。

难得又回家过春节了，亲友聚在一起吃年夜饭，用心做菜，当然少不了肘子，吃喝后都不让走，聚着看春晚。我买了好多炮仗烟花，必须一起放炮送旧迎新啊。主持人们开始念来自祖国各地的祝词了，开始倒数了，大家就招呼着赶紧往外走，我不留神绊到一个花盆上（厅里还堆着好些箱子、花盆什么的都移位了），竟一个鱼跃扑跌出去，一片惊呼。起来一查看，右脚大拇指的趾甲翘起来了，血先是缓缓地一珠一珠地冒出来，仿佛是很浓稠流不动，然后才慢慢加速，直至汹涌。还得说，咱有过护士的功底，立刻用纸巾按住，指挥着拿来纱布、棉球、酒精等，手很稳定丝毫不颤，酒精先浇上去消毒几遍。很奇怪，竟不觉得很痛，直至利索地自己处理包扎完毕，那个痛啊，才从脚心慢慢升起，直至整个人痛得僵住，像丢上岸的鱼似的，张着嘴却喘不过气来，非常担心引发心脏造反，还好，只掀了一片趾甲，没有骨折，没摔断腰间的钛金属条，也没犯心脏病，万幸！心里还瞎念叨：没放成炮仗，见了血也可以驱驱晦气啦。

心里空旷，就读书吧。我对公司的事情一概不问，有同事电话来要"汇报"，我一概不听，请他们好好配合现任 CEO 工作，以免困惑。有需要股东签字的文件我就立即签了寄回。

伤脚根本不敢任何挨碰，哪怕想盖上轻如羽毛的纱巾也会引起钻心疼痛。放毛毛们进屋见面之前，先要把右脚妥善安置在沙发里面，狗儿鼻子灵敏，偏要追着药味探询。我和荣丽每次都要如临大敌地全面防守，狗娃们以为是游戏，更是闹得欢，几分钟就闹一身汗，只有右脚仍是冰凉。尽管屋里有暖气，大冬天的光着脚，真冷，也只好如此，直至整片趾甲慢慢脱落，再慢慢长出薄薄的月牙、形成新甲。光脚也渐渐习惯了，不冷了。哦，是春天来了。终于扔掉拐杖了。新甲有些长歪了，从此只能穿平底布鞋。

草长莺飞时节，又收到一份须股东签署的文件，我仍是立即签了，立即寄回。这次是注销公司的股东决议。此时，距我离开，大约六个月。我没有什么感觉，只是心里更空旷了。几年后，我在戈壁，见到了那种空旷，有声有形的只有风声和沙砾，更衬出上古洪荒般的无垠空旷。

我就在这空旷里待着，不想，不回忆，仿佛是要努力抹去这段五年的记忆，我不想要这段记忆！

还是有一些东西顽强地反复浮现，按下去又浮起。大约是两件事：第一，对投资股东的愧疚。买卖不成仁义在，那可能说的是小买卖吧？人家很大程度上是看着我才来投资的，就这么打水漂了，谁的钱都不是大风吹来的，就在我手里，没了……什么话都是苍白的，留下的只有深深的愧疚，我想告诉自己，我尽力了，但是，我真尽力了吗？我真的有这份能力吗？这愧疚像个黑洞，吞噬着苍白的生命。第二，要清点账务，不，是债务。

债务早就明明白白地摆在那里，终是要面对的。我先清理了自己的银行账号，已经很干净了；再清理积年的"细软"，在巨债面前，也不顶啥；再想努力清理别人欠我的钱，结果是，一个子儿都收不回。终于还是要去见债主，必须有个交代，幸好，我只有一位个人债主，而这位债主是亲如兄弟的好朋友。

当初，我只说是自己有急用，人家二话没说就借给我了一笔巨款。如今无论如何还不上了，硬着头皮红着脸，也要面对面地给个交代。朋友听我交代了实情，只淡淡说了一句："当初若知道你借钱要投入创业，我是不会借给你的，也免得你损失。"我一身两手都是汗，只能诺诺道歉。我坦诚相告："欠债一定要还，但不知何时能还上。商量的结果，是将我的房子过户抵押，待还清后，再过户回来。"

兄弟真够朋友，直到九年后我终于还清巨债，九年！从未有一个字的催促、从未假以最微弱的颜色，我算好利息，但人家坚持一个子儿利息都不要，否则，我得再玩命儿奋斗两三年才行啊。话说当时，我绝对看不到还债的任何可能性，但毕竟，房子过户了，对朋友的利益也是个保障。于是，我回到赤贫，哦不，是身负巨债，跌落到抬头望不到一线天光的深渊。

于是，我重度抑郁了。想着：如果真的死了，房子可抵债，倒也是个解决方案。有了这个"保底的方案"，于是，我开始安心地流连于对死亡的想象之中，当时，那甚至是一种享受。

越过山丘后我之评说

此处，不禁再度惊异，你居然能越过山丘，真是奇迹！

教练说

此时，她深陷抑郁，又讳疾忌医，真是已处绝境。

再回首,哪有高峰、深渊,不过是山丘而已

"越过山丘,虽然已白了头……"在苍凉的歌声中,我心清明,喜悦,无障。

此处,借用我在 2022 年出版的《越过山丘》的自序,简要交代一下之后的过程:

20 世纪末,在互联网大潮方兴未艾之际,遍地创业英雄尚在孕育之时,成名的标志基本是在报纸杂志版面上出现的频率,按这个标准,我成名算早,以至于也早已归于寂寂。当时的标签包括自学成才、打工女皇啥的。说来可笑,既是打工,又何可称"皇"?

那二十来年的道路真也艰辛,但基本是上行的方向。我倒从不相信成功可以复制,但不知从何时起,竟开始自信:我做什么都可以成功,即使一时一事没能成功,凭着努力与撞了南墙也不回头的执拗,也终能成功。于是,我在事业的单行道上踩足油门勇往直前,除了事业,罔顾其他。所谓事业成功,是我生命中唯一的多巴胺,瘾,已深入血液骨髓。那些年,我被自大自信障目而浑然不自知,陶醉在逆风飞飏之中。

十年前,应知天命之际,我终于跌入了自己挖的深坑:莽撞创业,欠下巨债。就像小时饥饿时要翻抖粮食口袋似的,我逐一翻捡所有的银行户口,当再三确认,所有户口都已告竭。四顾,眼前只有谷底深不可攀的岩壁,我第一次认真地思考生存的问题,然而,完全看不到任何希望,鬓已白、人已老,互联网时代遍地少年英雄崛起,竟已无容我再度打工还债之地。于是我,抑郁了。

在病态之间，更认定，只有"死"，才是一了百了的解决方案。那时，我困囿于自己设定的障垒之中：不出屋门、不见人、不说话、不看医生、不吃药，只沉浸在对各种死法的想象之中，脚踏在阴阳界上，等待时刻到来。

我不信鬼神，但有些信命，也许就是命不该绝吧，一次偶然，误入了教练的课堂。

教练，是一个专业程度很高的职业，发祥于欧美、成熟于20世纪70年代，与注册会计师、心理咨询师等专业一样，有其专业标准以及从业资格的培训与认证体系。简言之，教练，与客户是一对一的伙伴关系，旨在激发客户本自具有的潜能。因其从业的天条守则中有一条是为客户保密，所以，尽管这个专业成长很快，却一直寂寂无闻。

其实，自20世纪，世界财富五百强的CEO们，大多数早都有过N个教练，CEO们是最忙的人，之所以会请教练，是因为真的有帮助。伟大的CEO杰克·韦尔奇（通用电气前CEO）就曾多次说过："我只想做一名企业教练……最好的领导人其实就是教练。"

那么，教练只是为CEO服务的吗？当然不是！教练是为"人"服务的，而"CEO"或其他什么标签，都只是每个完整的、活生生的人的一个维度而已。教练的哲学是："每个人都是全面完整、资源丰富、富有创造力的天才。"信吗？反正，经过十年的研习，我是信了。十年之间，我辅导过两千八百多人次，那两百多位客户／教练伙伴都是活生生的"全人（whole person）"，是CEO、创始人、高管、上司、下属、父亲、母亲、儿子、女儿……每个人都有自己的小宇宙，各具鲜明的特性、各有各的独特挑战。在教练眼里、心中，客户首先是"全人"，教练的使命，是陪伴他们打破人生与事业途中一个又一个的障，越过一个又一个山丘。而破障，需要自内而外，靠教练伙伴自己的觉察、觉醒，拿一枚鸡蛋举例：由内而外破壳而出的是新生命，从外敲击得到的，只是食物。教练，则负责陪伴与激发，激发每位教练伙伴本自具有的潜能。

万幸，我误入的是教练课堂，而不是另一个世界。之后，发生了各种不可思议：我逐渐治愈了自己的重度抑郁，成为专业认证的教练，我不仅成为两百多位客户／教练伙伴的思维伴侣，自己也拥有了一个可伴余生的心灵伙伴——我作为专业教练，也时时教练自己。持续地觉察，破障。真格是：时时勤拂拭，勿使惹尘埃。我不敢贪念顿悟成佛，能在此境界逗留，已是无上福分啊。

我喜近水，山则只能远观而不敢近攀。生命中的山丘，于我，更有不可承受之重。然而，谁的一生不需要翻过一个又一个山丘呢？当艰难地越过山丘，扶腰、喘息，眺望着另一番开阔景象——有的是不期而遇的惊喜，有的是无穷变换的四季风景。"越过山丘，才发现无人等候"，又有何妨？

我未曾达到四十不惑、五十而知天命的境界，但心中已笃定：能过好余生。

走入生命的夕阳，终于找到生命之北，愉悦地期待着剩余的每一天，期待着每一天的惊喜，这感觉，真好。我想与更多人分享这份美好，于是，历经近九百天、四稿，有了这本书。

如果您翻阅到了这一页，谢谢！请接着读下去吧，我相信您多半能发现些美好且有用的东西。这些美好和有用，多与"教练"有关，能帮助您破除些障碍，能帮助您的生活与事业都更好一些。

教练，人人皆应拥有，人人皆可拥有。

"越过山丘，虽然已白了头……"在苍凉的歌声中，我心清明，喜悦，无障。

以为从此可以过上喜悦、无障的日子。

为《逆风飞飏》又有再版的机会，我需要增写自1999年之后我个人的经历，其中绕不过去的，是创业失败。因为，也许这一部分，对读者是有价值的。

我以为，那经历早过去了，写时才知，只是结了伤疤而已，写着，就一点一点地撕开了，经常感觉是在经历处刑，心痛到需要喘息，吃药。

我终于写完了，索性再提炼一下我个人的教训，也给我自己的刮骨疗毒收个尾。

作为创业者，我犯了很多错误，其中对于所有创业者应都具有广泛意义的，有以下五条：

◎初心。

创业初心，决定创业者能走多远。而我的初心，只是我个人的成功，以及随之而来的财富，这也没什么错，但当面对艰难挑战时，不足以支撑。

◎坚韧。

创业像取经，注定一路千辛万苦，没有足够的韧性，时刻可以倒下或逃避。而我，起于轻佻，终于逃避，留下的是永远的愧疚。

◎兼容团队。

创业者几乎不可能具备创业所需要的全部能力，必须能够兼容各种优长而性格各异的团队。而我，始于盲目乐观而"兼听"不决，终于面临危机而独断专行。

◎用户价值！

这是创业者的根本，你究竟能给用户带来什么价值？谁是你的用户？而我从始至终没能回答清楚这个问题，因为我一直是以"我、我们"为中心，因为我的初心里，就没有这个价值。没有这个根本，商业模式也就无从谈起。

◎现金流！

而我在财务数字方面，基本属于先天残疾。很多创业者都并不懂财务，但必须有得力的伙伴看好财务，看好现金流。而且，在已经知道资金后继不保时，仍不能下决心收缩规模，担心的却是不能影响士气，实属本末倒置。

就我而言，犯下所有以上致命的错误，皆因一个深层的个人的病根：自大。我把在职场上升飞飚的经历，在内心逐渐放大为都是我个人的能力，相信我无所不能。这也就注定了之后的种种错误，直至失败。

其实，任何个人的成功，都离不开时代；任何职业人的成功，也都离不开企业平台。在一个企业练就的管理十八般武艺，换个企业都会水土不服，就像各国阅兵式各有各的踢法；而创业最重要的是经营能力，是对市场机会的敏锐。往往在职场磨炼越久，越容易被各种内种操练磨钝这种敏锐。创业者与职业经理人的能力素质往往是相向而行的。这是我个人的痛彻骨髓的领悟，我相信也有些普遍意义，所以写在这里。

幸好，我终于在东岳先生学习坊中有了顿悟，顿悟虽也迟，终不会再重犯自大的顽疾了。

我将这些再血淋淋地解剖出来，像将肿瘤标本泡在福尔马林罐子里，摆在面前。帮我清理过去，也帮助我在做教练时，能时时保持警醒与敬畏，尽量帮助我的那些创业者客户，避开那些坑，免于重蹈我的覆辙。

如果能对那些创业者，或者即将创业的人，起到些许借鉴与警惕的作用，也能稍慰我此番自受水刑之苦。

恺撒攻占捷拉城后向罗马发回战报：veni, vidi, vici（我来了，我看到，我征服）。

而我对自己的清算是：veni, vidi, perdidi，（我来，我见，我败了）。

Perdidi 是拉丁语"我败了"，是我在网上付费查来的，也不知是否正确。

无论是曾以为的高高飞飏，还是曾以为的万劫不复，我终于又回到平地，还活着，再回首，都只是山丘而已。

终于写完这段过去的不堪，我已等不及要回到当下，我期待着余生中的每一天。好好活着，就是人生最基本的意义所在吧？

另一位"比我还更懂我"的朋友，在《逆风飞飏》原版的跋中说："Juliet 最让我震惊的，还是她不设防的诚实。"随着年齿增长，鬓白貌衰，也竟然有人用"温柔""和煦"来形容我了；然而，真诚，是我不想改的，也改不了的。毕竟，若失了真诚，对不起读者，也对不起我自己。

朋友还说《逆风飞飏》"是一个女人未完的传奇"，这不，增订再版又接上了嘛。只是，人生的剧本太出乎意料，我万分庆幸，竟然走过来了。

我喜欢的一位作家在读了《越过山丘》后给我写了两句话，我很喜欢：

顿开金绳与玉锁，日日皆是好个我。

《越过山丘》，写的就是我如何挣脱名啊利啊这些绳、锁，终于爬出深渊，越过山丘的。祝大家都能与自己和谐相处，日日皆是好个我。

代跋

编一本书，读一个女人

Juliet 说："最后有一个要求，很小，但对我很重要——我想要印出来的第一本书，给我爸。"Juliet 的父亲是两年前去世的。每谈起他，她都当他活着，和寻常做女儿的一样，念叨着小时候被父亲溺爱的种种，末了会说："还好，我让他花上了我赚的钱。"

《世说新语》里说："圣人忘情，最下不及情。"这两样她都不是。她是"情之所钟"的那一辈。要说有什么特殊之处，那就是她一定要把一个"情"字落实下来，让它可触可感，方才认定那是真的。她对玄学意义上的"真"不感兴趣，她还要"实"。因此，她绝不肯有一丝自欺——如果她父亲花不上她赚的钱，她一定追悔终身；就像如果她没卖出过数十亿美元的产品，她一定不会像今天这样自信和快乐。

封笔的那一天，我们庆祝。她端起酒杯，忽然沉吟了一下，说："我怎么发现自己写完了书又狂妄了许多？"看来还没喝糊涂，我笑。我知道她的酒量，或者说我从没知道过她的酒量，因此并不担心她醉。于是，我助纣为虐地说："有恃可以无恐，恃才可以傲物，今天你可以放开了狂妄，来吧，喝！"

我是真心地为她骄傲，因为我知道，这本书是怎样怀胎分娩的：两个月的时间里，要追忆过去十四年乃至平生的云谲波诡，好比用一个时辰过完春秋四季。其间多少揪心时刻，纵有欢乐，也必有不堪。最要命的还得以每天十六七小时牛一样的笔耕，记录下来。

她居然写成了，每一个字。

6月里的一天，也是喝酒，算是庆祝她十四年来第一次踏踏实实的休息。这也是我们第一次有时间细谈她的过去。我问，她答。我越来越贪心地追，她的回忆则像一架战车被迫狂奔起来……我听到的是一部半成品的传奇！

时间到了，我"很职业很权威"地告诉她：知道吗？你有叙事天才。你应该写成一本书。她告诉我：其实我从小就想写书。那么是现在吗？我说：当然现在。现在你有时间，现在有人愿意读。会写传奇的人不少，本身就是传奇的人却不多，本身是传奇又会写且想写的人则更寥寥。发现了（其实真理是自明的）这样一个写作嫌疑人，做编辑的岂容放过？

那天她很美。紫花中式丝衣，紫色眼晕含着泰式黑眼睛，淡紫唇膏，肌肤润泽——想到她"在位"时仿佛从没这么迷人过，不禁心生恻隐。

我的同事曾用"格外的女人、格内的经理人"描述她。不错，作为经理人她固然成功，可作为女人，她确实太突兀了，居然在IT业这个男人的主战场生生杀出一条血路。可是了解多一些后，我发觉事情正好相反——她其实是个"格内的女人"和"格外的经理人"。

据说有记者采访以色列总理梅厄夫人时问：作为女总理你觉得有什么不同吗？梅厄夫人答：不知道，因为我没做过男总理。

Juliet显然是那种没做过男总经理的女人。她做事似乎常凭直觉，不深思虑。决定写书，就写了，可能遇到的麻烦全不绸缪，然后开了笔再嚷："写书怎么这么苦啊，比当总经理难多了！""告诉我是作家都这样还是因为我是业余的？"……一派上了贼船恍然大悟的模样。这当然不是假的。但我同时知道，女人的直觉是靠细碎的经验和天生的敏悟煨出来的，看似贸然的决定后面可能是兵来将挡水来土掩的自信。因此，对付她只需软硬兼施的老套："写作都是很苦的，基本是炼狱生活，可谁让你是传奇呢，活该呀亲爱的。"好比一杯速溶咖啡，提提神。明知人家真实的积蓄在体内，心思早就笃笃定定的。

后来我说她属于那种跳起来再找落脚点的人，指的也是她的直觉和自信。

女人又是讲求常识的。任性也罢，狂妄也罢，回到家里坐实了，脑子里转的却是"这事好像还得感觉感觉"。因为是女人，台阶倒也容易下。男人们常说的女人反复无常，放在某些女人身上正好是防范刚愎自用的小装置。一眼望去，Juliet性情浓烈、果断洒脱、勇猛跋扈不弱枭雄，但看不到她的灵巧和阴柔则一定是被蒙蔽了。工作过程中我越来越发现有一条细细的叫作常识的线勾着她，使她喜怒哀乐之外能冷却下来检视自己的写作和写作的自己。我虽无缘得见她职业生涯中"壮士断腕"的豪举，在写书过程中却深有领教——她可以砍去她自己最心爱和心疼的篇章和线索，只为读者阅读的方便。这在我的编辑经验中是少见的。也许男人的大取舍多来自理性的判断，女人的则往往来自常识感。

在慷慨和精明的两端上，都有典型的女人。Juliet是这两端的混合。

在书写完的一封E-mail里，她说："你发现了一本书的灵魂，我们俩一起赋予它生命。我对你说过几次谢谢，因为你的出现对我是那么重要，帮我完成了一次生命的重要升华。"

我做编辑若许年，从没听过这么重的话。出版史上，作家和编辑的关系一向复杂微妙。像她这样不微妙的作者实属少见。

我告诉她：一我承情，因为她的慷慨；二我当然不敢领受，因为不是事实。早期西方哲学中有两种对人的认识——白板说和大理石说。我相信后者，就是说大理石的花纹是天然生成的，后天的一切都是为了擦亮它或者使它更模糊。她只是会利用任何契机去擦亮她自己，比如被我编辑一本书。

最后我告诉她：她的慷慨也是她的精明——人生的现实往往是越慷慨者越精明，要紧的只是对象选择不失误。

她如此"冒失"地慷慨，而能在事业上走到今天，必有过人的精明。看一个慷慨的女人精明和看一个精明的女人慷慨，都是人间美景。所以，我格外喜欢看到女人做大生意。

Juliet 最让我震惊的，还是她不设防的诚实。

记得写到北约轰炸中国驻南联盟大使馆期间她在微软的表现和态度时，我曾告诉她，尽管我相信她的十四年修炼是为"我的国我的家我自己"，但这样"民族"的东西发表出来却可能产生两种负面影响：一是可能被认为"做姿态"，二是可能被认为"头脑简单"。我只把问题提出来，是否斟酌由她自己。

她想了想，说："可是，我就是这样的，如果不这样就不是真的我了。"

她近乎偏执地要把那个"真的我"给读者，我这个做编辑的当然乐得，这也是我喜欢做非虚构类书（nonfiction）的原因。人心是相通的，只有以真换真。

好像是柏拉图说过，真诚和公正是灵魂的优点，也是获得幸福的手段。

我祝愿这个女人幸福。

一本书写完了，一段传奇固化了。但如果你管这本书叫"吴士宏传奇"的话，她肯定跟你急，因为她生命的传奇还在写着。

只能说，这是一个女人的一部未完的传奇。

书面世了。

书面世的时候，"吴士宏"三个字已成为网上的热门关键字，和"小说""足球""手机"什么的排列在一起用于快速搜索，不用说报纸媒体和电视广播的热度。许多人怀着不同的心思期待着看到书的样貌。十万册转瞬一空。说她是"格外的经理人"时，尚指她性喜冒险和刺激的企业家精神，如今，又"格外"多了一层：她成了公众人物——那种可供盲目崇拜或无端挑剔的对象。

"今天有记者问我是不是认为自己'张扬'。你说我张扬吗？"她问。

"挺张扬的，为什么不？顺风兮逆风兮无阻我飞飏，不是你自己说的吗……你怎么回答人家的？"

"我说，喜欢我的人和不喜欢我的人都因为我的个性，中国这样的人本来就不多，留一个不好吗？"

她的快速反应从不令人失望。可是，在我们的文化中，为什么"张扬"这个词听上去总不像个好词儿，而每当说起西方文化如何张扬个性、崇尚自我时，却又人人带着羡慕和赞赏？

我们这个成熟的文化啊，这个熟透了的文化。

一个朋友说，他想象吴士宏的故事如果发生在美国，就是令美国人狂热的"非凡的埃玛"——一个出身卑微的女人历尽千辛万苦成为商业巨子的传奇。《一个真正的女人——非凡的埃玛》仅平装本首印数就达140万册。

我说，不同的是，《一个真正的女人——非凡的埃玛》是畅销书女作家巴巴拉·泰勒·布雷德福写的，而《逆风飞飏》是吴士宏自己写的。

吴士宏自己写的，这个事实令许多人不解，这些不解又反证出书写得果然精彩。为此，我得不断回复朋友们的询问。

有客气点的："润笔的人很棒嘛！"

我答："没用润笔，都是电脑直接打的。"

有单刀直入的："甘琦是你捉刀的吧？"

"我倒希望是，可惜，您看像我的刀法吗？"

还有开放式问题："你们这本书到底是怎么策划出来的？"

"真想知道？我正要写篇文章，题目是'天赋才情是策划不出来的'。"

写文章的事莫须有，话却是肺腑之言：天赋、才情，还有不掺假的真诚——如此珍稀的东西岂是策划得出来的？

其实，一本书的生命就像一个孩子的生命，任你多么了解他，他成长的过程还是会不断地出人意料。连我也开过吴士宏的玩笑："你这么会写，干吗去当什么劳什子总经理呀？"

她答："以前咱不是不知道吗？"

收获后的小憩可以是快乐、顽皮乃至轻佻的，可"资格"却来自耕作时那份"生命中不能承受之重"。如果说天赋是支票，作品是现金的话，兑现的过程仿佛只有一个"苦"字。翻检那两个多月间往还的200余封E-mail，真替她

有不堪回首的感觉:

"这回写书好像特别需要从头建立信心……"

"昨天一天都在挫折、反省和思考中,在自我宣泄的自由和为民族 IT 业贡献点经验之间徘徊了一天,开始愁的是怕写不好,后来担心不情愿……最后想明白了——读者不是要为你的命运感慨,而是想改变自己的命运。"

"才又写了 1500 字,实在累了要先睡了。我想把指标从每天写 5000 字改成每天最少写 17 个小时成不成?我毕竟是业余的啊!"

"完成指标了,天还没亮呢。还算 0 点前的作业。"

"这次鼓励是最到位的,起码能管今天一整天了!"

"如果再听不到编辑的指导,不要怪我可能在错误的道路上越走越远——失去了鼓励,仍然坚持写了 6200 字(其实是 6230 字,不好意思再四舍五入'入'上去)!"

"生而自卑,写得太辛苦了,又哭了好几次,不知怎么从那种万劫不复中活过来的……"

"别逼我了,说什么也没用,反正我就这样了,不加了……不过,已经证明过编辑总是有理,我就加两处,成了吧,不算讨价还价噢!"

"今天要写完最后一章'掌握命运的自由'。想着初稿即将完成,心里很高兴,又有点舍不得那份折磨,是不是贱骨头?"

……

想蒙我?哼!多半是她发现兑出的现金超出了支票限额。

印象里总存着她写作时的模样:"发烧、牙疼、眼睛红红的……居然胳膊肘也疼,得在桌上垫个枕头,很滑稽的样子。"她自嘲说:"人家作家们肯定不像我这么使蛮力。"

她这副样子总是引我发笑,并让我联想到天真和勇敢这两个孩子气的词儿。这时候的她显得一点不精明。

记得她说过:如果我处处精明根本走不到今天。

当然，也根本不会肯把生命的一部分交到书里，给认识的和不认识的、喜欢她和不喜欢她的人们分享。

甘琦

1999年10月11日初稿

1999年11月5日再版补

二十四年前，我写了一本《逆风飞飏》。这本书影响、陪伴并且激励了许多人。如今，他们大多已届中年，他们现在在哪里？都还好吗？在做什么？偶尔，这些念头会在我心中闪过。

从去年起，在谈《越过山丘》的各个直播间里，竟回响起那么多关于《逆风飞飏》的鲜活声音。我深受感动与震动的同时，也绵绵牵起了许多真实的牵挂与想象。于是，我征集了一些老读者的故事，隔着二十四年的时光之河，请他们写写与《逆风飞飏》的故事，于是，就有了这样一册承载着岁月痕迹的——我与《逆风飞飏》的故事。

——吴士宏

我与《逆风飞飏》

首先,非常感谢吴士宏老师的《逆风飞飏》一书,这本书影响了我一生的求学之路。

遇见

时光倒转到二十三年以前,我第一次读到吴士宏老师的《逆风飞飏》是2000年的春节。2000年,我23岁,中师毕业后,参加工作已经有四年了。

那年春节,我的姐夫从深圳回来,郑重其事地把这本书递给我,说:"这本书,你值得好好读读。"在这里,我先介绍一下我的姐夫。我的姐夫出生于1963年,大学毕业的他,当时是一个有理想、爱奋斗的热血青年。他原本在一个三四线小城市的国企工作。20世纪90年代，掀起了一阵"深圳淘金热"，于是，他辞去了稳定的国企工作去深圳闯荡。而我，初中毕业那年，我不仅考上了中等师范学院，还考上了市级的重点高中，也是由于家庭和身体（我的视力非常不好，从初中开始就戴1000度左右的近视眼镜）的种种原因没有读高中、上大学。但我的心中还是有梦想，想去看看更广阔的世界。

趁着春节，姐夫在家里过年，我有幸把吴士宏老师的《逆风飞飏》仔仔细细地读了一遍。我从书中知道，吴老师也是从一个初中毕业的小护士，通过自己的努力和奋斗，成为IBM中国销售渠道总经理、微软（中国）公司总经理、TCL集团副总裁。于是，吴士宏老师就成为我学习的榜样，我下定决心一定要为自己的理想而奋斗。

激励

我是一个非常爱学习的人，而且从不认输。虽然自己没有选择读高中、考大学，但我从没放弃过学习。读中师时，我白天上中师的课程，晚上再去夜校补习高中的课程。三年后，我以优异的成绩从中师毕业，同时我也在夜校完成了高中课程，并考取了函授大专（三年），从此我一边工作一边读书。2000年6月份，我又考取了函授本科（三年）。2003年，我函授本科毕业，并自豪地对自己说："我也是一名大学生了。"虽然，我未能通过高考改变命运，但我为自己每一分每一秒的努力而感到自豪和骄傲，也为今后的学习打下了扎实的基础。

2002年一个偶然的机会，我从一个三四线城市来到北京应聘。由于我各方面表现优秀，获得了很多教学证书，而且有大学本科的学历，我在北京的应聘非常顺利。我应聘到北京市海淀区一所非常知名的公立学校工作。北京人才济济，北京师范大学和首都师范大学的硕士毕业生都在这里做小学老师。这两所大学的教授也经常来学校开讲座，成立研究小组。那时，我深深地感受到自己知识上的不足，我需要继续学习。

我最艰难的学习过程是2011年至2013年准备考研究生这三年。从函授本科毕业到准备考研究生，已经经历了快十年的时间。虽然我没有放弃过学习，但我原本的知识储备是远远不够的。吴士宏老师的《逆风飞飏》这本书，我已经淡忘了，但吴士宏老师的求学精神依然深深影响着我，并给我了奋斗的勇气和信心。我知道，只要努力学习，我就一定能达到自己的目标。备考这三年，我是在不断否定自己再不断重塑信心的过程中度过的。我依然一边工作、一边学习。寒暑假，老师们放假、休息、旅游，而我坐在新东方的教室里补习英语，冲刺研究生的英语考试。

由于我做了多年老师，有非常丰富的教育教学经验，这对我学习教育学的专业课有很大的帮助。我不仅能理解教育学的专业知识，而且能把自己工作中遇到的教育问题和教育理论对应起来，并用教育理论去解决工作中的教育问题。我用所学的理论知识指导我的工作，经常在一些国际教育大会、国内教育研讨会等重要会议上发言。对待工作，我认真负责，学生和家长们都很喜欢我，也非常认可我的教学工作和管理班级的理念。

但对我来说，没有时间读书和学习是我最大的困难。每当我遇到困难，我就会想到吴士宏老师，虽然我不太记得吴士宏老师的《逆风飞飏》中具体写了什么内容，但我记得吴士宏老师勤奋刻苦的精神，她的学习方法也影响着我。我会协调自己的工作时间和生活时间，充分利用生活中的点滴时间来学习。我在坐公交车、上下班的路上背英语单词，在校园里集中精力阅读教育学书籍……终于，我在2013年以优异的成绩考上研究生，并在研究生期间去台湾地区学习半年，在学习的路上又向前迈了一大步。

再次遇见

2023年春节，我通过微信平台关注了吴老师的视频号"吴士宏越过山丘"，这让我倍感亲切。经过二十三年的岁月沉淀，我对学习、工作和生活都有了更多的理解和感悟。短视频里的吴士宏老师不再是遥不可及的"打工女皇"，而更像是引领着我的家人和朋友。今年寒假期间我正在准备博士考试，每当我累了，不愿意读书和思考问题时，我还会想起《逆风飞飏》中吴士宏老师练习英语、练习打字的片段，她的精神仍指引着我继续向前。

就像吴士宏老师所说："我们要有自己的目标，并为了目标不断地努力。"虽然今年我已经40多岁了，但我仍然有自己的目标，我想考博士、去美国做访问学者……可能我不一定能实现自己的目标，但我一直在追寻梦想的路上。

再次感谢吴士宏老师的《逆风飞飏》，这本书让我一生受益匪浅。

于昕

北京市某双语学校教师

2023年1月30日

孤勇者不孤独

手头的《逆风飞飏》这本书,版权页上写着"1999年10月第一版第二次印刷",印量已近十万册,这加印的速度和印量应该是当年现象级的畅销书了。当年我初涉职场,在一家省级党报的广告部做美术编辑,后被提拔到办公室做行政管理。看完这本书的半年后,我分析了自己的优势、劣势和兴趣方向,理清了自己的职业规划,主动提出驻外做广东办事处负责人,开拓华南五省的广告业务,开启了自己长达二十年的媒体广告资源的销售行伍生涯。现在回过头来看,《逆风飞飏》多少给了我一些自信和勇气。

再次读到吴老师作品——《越过山丘》已经是二十三年后。之后,我又再次阅读了《逆风飞飏》。彼时,我已在深圳特区一家传媒公司做了十年的副总经理,分管新业务开拓、员工培训、工青妇管理等工作，年龄上我也接近了职业生涯的末期。第二次阅读《逆风飞飏》和二十三年前第一次阅读的感受有很大不同，书中有很多让我感同身受的地方：比如职场转换赛道、父亲的去世、职业的瓶颈期、人生的高光时刻……

  无论是第一次阅读《越过山丘》，还是第二次阅读《逆风飞飏》，吴老师给我最深的印象，是她终身学习和忠于自己的精神。吴老师的文笔非常流畅，说故事的能力让人身临其境。在《越过山丘》中对"老庄"等中华传统文化运用自如，文笔恢宏磅礴。

  吴老师是金牛座，这是一个在哲思方面很有天分的一个星座，我也是金牛座，会向内求，思考很多宏大的问题。

  吴老师最难能可贵的是非常真实和真诚，愿意把自己血淋淋的伤疤揭开来给读者看，这一点在成功人士的自传中非常难看到，没有"立人设"，没有把读者当外人。

丹丹

深圳报业地铁传媒副总经理

2023年1月30日

促我『逆风飞飏』

我是一名钢琴调律师，因工作与士宏老师结缘，在得知老师的身份和事迹后，迫不及待地想拜读《逆风飞飏》，于是四处求购，终于在2022年8月份淘到了一本"全新的旧书"，我被这本书深深地吸引了！这本书讲述了士宏老师从身患疾病、一无所有，到大病康复、四处谋生，终于意气风发地开创职场辉煌，在商界打造出传奇经历的真实故事。士宏老师在写自己，也在写各种追逐梦想的影子，因为我也是经历了很艰难的奋斗才到了北京，是滚黄土喝雨水长大的青年。所以这本书读起来那么让我感动，让我热血澎湃！脸上发烫的我坚信，如果好好努力我也有可能实现士宏老师这样的人生价值！

《逆风飞飏》出版时我才五岁，现在我将近三十岁了才读到这本书，与这本书的结缘太晚！但也刚刚好，2022年全球经济形势严峻，也正是我谋求创业、寻求突破的瓶颈期，这本书的到来给了我很大的信心——还真的是要促我逆风飞飏了！文字的力量是巨大的，《逆风飞飏》给我开拓新生活的勇气，士宏老师写得很洒脱、很有个性，也很有启示意义，借用其中的一段话作为结尾："宇宙的机会是无限的，有限的只是人们自己的思维，惯性地参照过去就是人们给自己最大的限制之一！"

康耀华

钢琴调律师

2023 年 1 月 30 日

我与Juliet三十年的故事

我与Juliet的故事,始于《逆风飞飏》之前,并一直持续到《越过山丘》。

1993年,IBM华南分公司于广州成立,我当时是开业盛典筹备小组的一员,负责统筹、协调和落实各个环节的事项,我好奇6月18日开业典礼的主持人是谁?时任总经理的张总回复我:"会从北京总部请来一位同事。""怎样的人?"我问。"很厉害的,不用担心。"张总答道。

见到Juliet时,她面带微笑又不失高管范儿,既有女人的优雅又走路生风,气场八米!在刚进IBM的我眼里,感觉"离得好远啊"!

拔苗助长

次年,Juliet 正式调任到广州工作,当时我负责人力资源部门,近距离的沟通就非常多、非常频繁,也开启了被 Juliet "拔苗助长"的职业生涯。

刚成立的华南分公司业务发展迅猛,一年多的时间里销售业绩突飞猛进,获得总部的高度肯定和嘉奖,管理层决定举办一场华南分公司全体员工的庆祝和嘉奖典礼。

Juliet 说:"Sandy,你来当主持!"

我慌了:"不行,我这么安静的一个人,怎么可能当主持,而且是这么大型的活动……"

Juliet 说:"我见过你在中山大学做校招时面对几百名学生做的演讲,你有你的风格和方式吸引他人与你沟通互动,很有说服力。我对你有信心,我要'拔苗助长'!"

接下来的三天我天天逮着 Juliet 到楼道抽烟的机会跟她磨,希望能换人选,她就是不松口,最后实在磨不掉,我接受了由一位会拉动气氛的同事与我同台主持的安排,就这样,我被推上了舞台!这一推,把我推出了自己的舒适圈,也帮助我看到自己潜藏的天赋和能力。这突破性的一步,为后来我接任 IBM 大中华区领导力培训与发展(MD, Management Development)

工作,注入了底气。

接 MD 的工作前,当时 Juliet 已是我直属上司,她提名我参加高潜管理者(HMP, High Management Potential)培训项目。HMP 是 IBM 内部培养高潜能管理者的培训项目,培训为期半年,这半年多的课内和实际工作既是一个学习的过程,同时也是一个被观察的过程。结课时导师会把每位学员在学习期间表现出来的行为特质客观地分享给其上司以及大中华区总裁,作为安排未来发展路线的参考,这也是公司人才库储备的甄选过程。

在项目结束的结果呈现会上,大中华区的老大们都来了,要面对一众大佬做汇报,说没有压力没有紧张是假的,事前 Juliet 给我出主意,我前一天晚上自己在酒店房间对着镜子演练了好几遍。第二天上场,Juliet 坐在台下,投来温暖而坚定的目光,用目光传递"我对你有信心"。那次的结果自然是好的。后来,大佬们关起门来讨论,对我的评价是:最适合做 MD 的人选!

就这样,从 1996 年起,我进入了领导管理发展这个专业领域,"激发他人发现内在最好的自我"是我喜欢也享受做的事情。一直做到今天!

人生在某一个时点,被人推一推、拔一拔,就成就了后面的路了!

我喜欢读被誉为"现代庄子"的蔡志忠先生的文章，蔡先生的文章有两个理念频繁出现："制心一处""当我们很小，就想通这辈子要走的路，自然走得比别人顺畅如意"。

虽然我没有在很小时候想通这辈子要走的路，但在我职业生涯初期被给予了很多机会去体验不同的路，从而确定自己要走的路，也是顺畅如意的！

教练的教练

多年后，我们相继选择教练行业作为人生下半场的事业，有了更多关于教练的话题和默契。

2010年我成为一名专业认证教练，我所在的教练领域专注于领导力发展，企业宗旨是激发组织及其领导者的全部潜能，这与当年我在IBM的MD角色的初心一脉相承，是我喜欢和享受的事情。

在教练事业发展过程中我也会遇到"蒙尘"——看不清自己的时候，纠结角色如何选择的时候，也需要专业教练的辅导，就像我们照镜子很容易看清自己的正面，而背面则需要更多面镜子来反照。几年前Juliet给我做了一次教练对话，我把关注点引向内心想要的景象，画面里出现了安静的家、安静的小院、安静的我，Juliet还帮我增加了一面旗幡，要让人知道这屋子里住的人是做什么的。一直以来我好像清楚自己要什么，又好像常常忽略了自己的需求，当时我有些纠结，这个画面与我在意的家庭、事业是什么关系？

这幅画，一直卷着收藏在我脑海里，直至2021年我旅居英国大半年，有了大量入静的时间、自我对话的时间，我又调出"展"开这幅画卷，对比现实，感觉现实里好像有太多东西要拂去，又有太多东西要加入，才发现，核心不是如何应对外界，而是做什么，才是真正关照和回应自己的内心。

我开始浅尝易经、哲学，开始练习站桩，学习白线绣，保留自己独处和思考的时间。我感受到了内心安静带来的力量！当内在有了力量，自然会由内而外生成能量，可以不受外界太多干扰更好地做自己，更好地做自己人生领域里不同方面的事情。

这些都缘于几年前Juliet与我对话时产生的那幅画面，它提醒了我应该置心何处！

Juliet的另一面

在很多人眼里Juliet很强势，但我有很多机会感受到她特立独行的风格外，温情的一面。每次我从她家离开，无论多晚，无论是在同一城市,还是我从北京飞回广州,总会在踏入家门那刻收到她的信息:"到家了?"

这让我懂得了人是一个多面体,要真懂一个人,必须从多角度去看他,去接近,去接纳。这些,在我与人相处时,在我做教练定位教练状态时,都有极大的好处!

今年是我与 Juliet 认识的第三十年了。当年,我差点就有机会成为她出阁的伴娘!而 Juliet,则见证了我事业起步、结婚生女的人生历程(婚礼当天,她专程从深圳赶来参加婚礼,作为娘家人致辞:"娶到 Sandy 是新郎的福气,请珍惜。"这一定也道出了我父母的心声!),也见证了我事业转型、进步进化的全过程(Juliet 原话)!她一直提醒我:"你很好!足够好!做好你自己就好!"

我相信,Juliet 一定是上天派来"拨"我成长的!

Sandy Liang

2010 年至今,美国领导管理发展中心 (LMI) 领导力发展顾问 / 教练
(1993-2009 年,任职 IBM 大中华区人力资源部,曾负责区域人力资源管理、领导力与组织发展、员工多元化发展等管理职位)

2023 年 1 月 30 日

写给吴老师的一封信

1999年,我买到《逆风飞飏》这本书。

当时,我在用友软件一个省分公司挂帅,这本书给了我全新的视角和眼界。我和您有好多相似的经历,因此,当时一个行业领导称我为"小吴士宏"。当时的您,被称为"打工女皇",您的一言一行同样激励着我,书上的很多话我都圈圈画画用在了很多发言中,您和这本书一直激励我十几年,我也一直关注着您的动向,不过,从您到TCL集团提出"PC进万家"的理念后我就再没找到您的消息。

一晃二十三年过去,2022年10月,我突然通过视频号看到您,我欣喜若狂,连夜看了您所有的视频还不过瘾,又下单购买了《越过山丘》,同样圈圈点点恨不得背下来那些座右铭一般的文字,更让我兴奋的是我又找到了职业发展新方向——

商业教练!

  在我从事了二十多年职业经理人的工作之后,我感到其他职业都是越老越值钱,而经理人为什么不是?这本书带给我全新的视角和职业发展,我如饥似渴地反复研读《越过山丘》,并买来送给好友,极力推荐。这就是一本最高境界的管理实操手册,也是人生管理的最高境界指导。感谢您,给我们这些职业经理人如此丰厚的精神食粮,让中国的企业管理能和国际接轨,让企业老板不再困惑重重而无从诉说。

  我已经五十五岁,但依然觉得年轻、精力旺盛,商业教练将是我职业生涯的最后一站,学好、做好,以您为榜样!期待能与您有线下见面致谢的机会!

  吴老师,我心目中永远的"打工女皇"!感谢您影响了几代管理人,祝您身体健康,多出视频、多出好书!期待见面!

邵羽
某公司联合创始人、高管
2023 年 1 月 24 日

改变我生命轨迹的一本书

《逆风飞飏》是改变我生命轨迹的一本书。

1999年,我师专毕业,分配到燕郊二中工作。第一次远离家乡,我承受着对家人的思念和与恋人分手的双重痛苦。那是我有生以来第一个巨大的低谷期。在万念俱灰之际,我读到了吴老师的《逆风飞飏》。书中吴老师自学许国璋英语的劲头感染了我,于是我简单复制吴老师的作息——每天睡四个小时,凌晨一点睡觉,早上五点起床。为了时刻提醒自己,我请爷爷把"顺风兮,逆风兮,无阻我飞飏"这句话写下来,贴在墙上。在那些挑灯夜战的日子里,这句话一直激励着我。我背英语,背法语,做GRE试题,以至于我的室友常常调侃我:"王丽华,你到底有没有睡觉?我睡的时候你坐在书桌前,我醒来的时候你还坐在书桌前,你是超人吗?"我肯定不是超人,是吴老师

> 顺风兮逆风兮
> 无阻我飞飏

- 当年爷爷为我题的吴老师的名言，在那些挑灯夜战的日子里，这句话一直激励着我。

的刻苦精神，鼓舞着我这个在师专考倒数三名的"学渣"，最后以全校第二的成绩考入了天津外国语大学，攻读英语语言文学专业翻译方向，实现我人生第一次自觉选择的目标，开启了我的自我成长之路。

在过去的二十年里，我拿到硕士学位，成为大学老师，2010年辞职教雅思，2012年进入大都会人寿工作至今，考取CPCC教练资格。早起的习惯已经刻进我的基因，"顺风兮，逆风兮，无阻我飞飏"也成为我的座右铭，成为我价值观的重要组成部分。

王丽华

大都会人寿高级业务经理

2023年1月29日

我的"氧气"

我是黑龙江省北安市庆华工具厂靶场的员工，下岗后，我开始自谋职业，来到了中国人寿保险公司做跑街的业务员，《逆风飞飏》这本书陪伴着我，从跑街的业务员做到黑河地区中国人寿保险公司的业务经理助理，统管爱辉、孙吴、五大连池、嫩江、北安的保险业务，也曾经在人民大会堂领奖。为了陪女儿读书，我开始到黑龙江省哈尔滨市双城区太平洋保险公司做经理，一路上从双城区到哈尔滨市、长春市（女儿在长春大学读本科，现在日本北海道大学工作和生活），这本书一直陪伴着我。2010年，我来到北京，在北京搬过N次家，但是《逆风飞飏》这本书一直是我的"氧气"。

邹红

中科智库职员

2023年1月27日

迟到的感恩

我从来没有想过自己有如此福报，能成为士宏姐的师妹。2000年千禧年，我正在职场翻滚，那个时候，互联网还没普及，热销的书籍要去新华书店排队购买，我没有排队，直接从朋友那里借阅了《逆风飞飏》。吴士宏，是当时全国无人不知、无人不晓的职场神话，《逆风飞飏》对我最大的震动就是———个女人，还可以这样活！

缘分就是如此奇妙，我们都是带着对自己人生的终极追问，在十八年后先后走进了东岳学习坊，否则，我和她没有任何交集。2018年12月毕业典礼排演，我们六位同学一起读诗咏词，我并没有听清班主任昕然介绍学姐的名字。第一次见面，只觉得她气场温润强大，礼堂很大，人来人往，陌生人很多，她的电话更多，接起电话就随手把包和衣服一放，径直走了。我心想，这位姐真是神经大条，就只好给她看着。排演时间紧凑，排演多少次我就找了她多少次，但她准能在开始前一分钟出现，这就是我们的第一次见面。当天晚上闲聊，昕然问："你知道她是谁吗？"

我说："谁啊，我没听清。"

昕然："她就是吴士宏啊。"

"吴士宏？这名字怎么这么熟？"我突然断片儿。

昕然乐了："她就是IBM和微软……"没等说完，我恍然大悟一般："啊！真的？"

感恩昕然，让我这个破锣嗓子和士宏姐一起诵诗。第二天，我再见到她，一股子兴奋，一把抓住她："姐，原来你就是……吴……士宏啊，太开心啦……"后来，士宏姐说："你知道你哪点特别有趣吗？呵呵，就是你的憨！"我想，这就是机缘巧妙，她这个段位的人，一定很挑人，而很多见到她的人一定是肃然起敬，产生自然的距离，没有人像我这样没心没肺，不识庐山真面目，第一次见她就说："姐姐，你可真行，神经大条，你就不怕别人把你的包顺走了，我不光要看着包，我还得看住人。"这就是我们在一个大剧场里戏剧性的初识。

2019年是我极度痛苦迷茫的一年，无法面对父亲的突然离世，我就像被拿走了半条命。在职场打拼十年，我也遇到了前所未有的情况。很偶然,我们在微信中聊起来,我约士宏姐见面。我在上海,她在深圳,刚好去TCL做教练,我从上海奔着她飞过去。我俩喝了点酒,她特别耐心地听了我的倾诉,轻轻地问了我一句:"你有没有想过,用人生这个尺度思考,你到底想要什么?"我愣住了,她接着说:"你不用着急回答,要问问你自己的内心!"是啊,我想要什么?我到底要什么?那种简单、深刻且猝不及防的教练式发问,令我震撼。我们聊了很多,都喝得小晕。我很幸运地在一种轻松自然的用餐环境中,不经意地体会了一次国际水准的教练技术,不知道像学姐这个级别的国际教练给别人指导两个小时该怎样收费?那天是学姐买的单,我憨得连客气都没客气,就如我们的初识,时间是很戏剧性的4月1日愚人节。

三个月后,我果断离开了供职十年的公司,放下了那个曾经被我视为生命的事业。士宏姐冷不丁的一句追问,不是主因,但它唤醒了我。我当时内心很坚定,缘尽的征兆早已显现,不再回头、不解释,也不再试图挽回,只有一个念头——"不要那样生活,我要找回我自己……"

自从知道士宏姐在写书,我就没有断过骚扰,《越过山丘》足足等了三年,翻开第一篇,热泪盈眶,曾经的飞飏,后经的困境——投资失败、万念俱灰、人生迷茫、父亲离世的痛苦,学姐把一颗鲜活的心合掌托出，赤诚无畏。之于我，则共鸣了所有的苦痛，感受的苦痛是一样的，实际的级别，她振幅十级，我振幅三级而已。但士宏姐可能不知道的是，这个学妹有一个和她的共性，那就是，像个孤兽，只在无人看见的地方舔舐伤口……

学姐写书的三年，我与外隔绝，疗愈着父亲的离开、职场的撕裂带给我的创痛，爬山、书画、思考反省，过着深居简出的生活。我们不够完美，需要磨砺。2021年7月父亲三年祭满，我也走出了低谷，能提起父亲而不再心痛，能笑对以往全然感恩。我终于迎来事业的再次起航，虽然还在拼搏，但已经找到了生命中的那个唯一，做自己的品牌，匍匐在生活美学和艺术的脚下发愿。如果身边的人没有因为我的存在而变得更美好，是我的失败；如果我的创业没能让各方都获益，仍然是我的失败。为此，我愿付出一切。

从未提起，连学姐都不知道，这个"憨师妹"受了她二十余年的恩惠，却还没有一次真诚的面对面的感谢。人有时就是这样，因为熟悉了，就不知如何开口表达谢意。于是，时值《逆风飞飏》再次出版，我和学姐说："姐，我可以以一个读者的身份给你写一篇文章吗？"姐回答说："好好写！"

人，只有穿过伤痛才能拿到生命的礼物，《越过山丘》我不眠不休地精读了两遍。第一遍共情，泪点婆娑；第二遍精读，因为营养极高需要消化，我用思维导图分类记录。我和士宏姐说："姐，这本书每个人会读出不同，需要阅历才能悟到，谁能读到都是福分。"是的，这本书是有门槛的，应该于人生的不同阶段反复阅读。这本书之于我，是为我的人生再一次立起来了一个灯塔，是生命的能量和状态，是一个生命自然而得的无我境界，那是书的尾音给我的泪点。她在书中写道："很久以前，很多年，我拼命、努力，要让自己不落后……然后又开始努力学着带团队、教团队、领导指挥团队，很长时间，一直是团队乃至人群的中心；再独处，自己和自己较劲，仍然以我自己为中心。我的世界越来越小，小得只剩下我自己……原来，不以我为中心乃至接近'无我'，竟有如此多的美好。悦己，利他，这个事业才是医好我的神药。"

李柏

北大 EMBA 总裁班客座教授、

零步思维课程体系研发提出者、坤造国际创始人

2023 年 1 月 10 日

我和《逆风飞飏》的故事

《逆风飞飏》这本书，在当时不但激励了我，而且启发了我。

在 TCL 集团工作的二十多年里，我特别重视并且积极参与公司提供的各种培训，从中获益匪浅。

2009 年，吴老师到仲恺工厂参观时，我第一次见到她本人。我当时心情很激动。但那时她不认识我（其实现在也不认识）。

2014 年，知悉吴老师要给我们培训，我网购了 5 本《逆风飞飏》请吴老师签字后，送给了我的子侄外甥们。既是沾一沾吴老师的"仙气"，也寄托着我对他们的美好期许。

今天看到吴老师的视频，很开心。

吴老师的心永远都是年轻的，眼神总是那么清澈明亮，如果说变化，就是在威严的气势中多了几分柔和。

元旦伊始，祝吴老师工作开心，生活快乐！

越过山丘！天蓝海青。

张平民

TCL 华瑞照明（科技）有限公司经理

2023 年 1 月 7 日

当"教练"的种子在心中发芽

二十多年前读到吴士宏老师的《逆风飞飏》，我被震撼的同时又感受了某种现实的指引。印象最深刻的是从美国来的教练"莫师傅"帮助她和团队训练的情节，自那时起，"教练"已在我心里播种。

若干年后，我在管理中面对全新的挑战，便借鉴了"莫师傅"的思路教练自己的团队，迅速理清了战略与策略，凝聚了团队共识，并在三个月内逆转局势。

十多年前，我开始深入艺术创作中探索人的天赋和经营管理之道。当我带着实践所获再与企业家、高管和教练团队进行艺术与领导力共创时，突破了传统的知识与技法模式，从人的独特内在激发天赋潜能，从组织的根本需求开启深层领导力，这种方式也可谓教练的艺术。

而今我虽然跨界经营不同领域的事业,但教练和艺术的思维已渐深入潜意识,帮我迅速发现事物的本质和规律,在经营管理和人才培养中发挥着重要作用。

两年前不知何故,我突然想到吴士宏老师和她的《逆风飞飏》,于是从网上淘到了一本旧书。当时我还想,作者现在何处?这么好的书何时会再版?

最近读到吴老师新书《越过山丘》,才知道她已从事企业家教练工作近十年,并将之视为毕生事业。这对渴望成长与突破的企业家和高管们来说,实在是件幸事。

现获悉《逆风飞飏》即将再版,我十分期待,也希望新版《逆风飞飏》能激励、启发更多渴望在事业和人生中搏击风浪的人。

涂文开
画家、艺术与领导力教练
开心课堂创始人、某科技企业联合创始人、作家
著有《这是一件好事》《开心课堂》
2023年2月3日